Am Anfang unserer Zukunft

Am Anfang unserer Zukunft

Weichenstellungen für das 21. Jahrhundert

Dr. Reinfried Pohl zum 70. Geburtstag

Herausgegeben von Friedhelm Ost

Deutsche Verlags-Anstalt Stuttgart

Inhalt

ZUR PERSON

Vorwort

An der Schwelle zum 21. Jahrhundert haben Futurologen, selbsternannte Propheten und Sterndeuter wieder einmal Hochkonjunktur. Die Nachfrage nach Prognosen steigt mit jedem Tag, der uns noch vom Jahr 2000 trennt. Die Menschen begehren zu wissen, was auf sie zukommen wird, worauf sie sich einstellen sollen und was sie tun können, um in dem neuen Jahrhundert, das zugleich das dritte Jahrtausend nach Christi Geburt einläuten wird, zu leben und zu überleben, zu wirtschaften und zu arbeiten, zu genießen und zu gestalten. Frei nach Immanuel Kant wird gefragt: Was dürfen wir hoffen? Was sollen wir glauben? Was müssen wir tun?

Für die Zukunft, so hat es der französische Schriftsteller Paul Valery einmal scharfsinnig beobachtet, haben die meisten Menschen nur vage Hoffnungen, aber konkrete Befürchtungen. In der Tat ist es wohl so, wie der Stuttgarter Historiker Eberhard Jäckel feststellte, daß die Deutschen das 20. Jahrhundert offenbar nicht mit der starken Zuversicht verlassen wollen, mit der sie es betraten, obwohl sie doch mehr Anlaß dazu hätten: Die friedliche Wiedervereinigung unseres Vaterlandes war ein historischer Glücksfall – und ist es für heute und morgen.

Mit dem Fall von Mauer und Stacheldraht wurde zugleich der Eiserne Vorhang niedergerissen, der bis 1989 die Welt in zwei Blöcke geteilt hatte. Die Sowjetunion, bis zu ihrem Zusammenbruch von größter militärischer Stärke, zerfiel in eine Vielzahl neuer Staaten. Mittel- und Osteuropa befindet sich inzwischen auf dem Weg zu Demokratie und Marktwirtschaft. Der Beitritt von Polen, Ungarn und der Tschechischen Republik zur NATO kennzeichnet eine historische Entwicklung, die vor einem Jahrzehnt selbst kühnste Visionäre der Weltpolitik nicht einmal vorauszuahnen gewagt hätten. In wenigen Jahren werden zentraleuropäische Länder in die Europäische Union aufgenommen. Das »Haus Europa« wird damit an Größe und Bedeutung gewinnen.

Mit dem entscheidenden Schritt in die dritte Stufe der Europäischen Wirtschafts- und Währungsunion, die für viele EU-Staaten die gemeinsame Währung, den Euro, bringen wird, erfolgt eine enge gegenseitige politische und wirtschaftliche Einbindung, die den europäischen Integrationsprozeß unumkehrbar macht. Das vereinigte Europa stellt die entschlossene Antwort auf eine Welt dar, die einst bipolar aufgeteilt war, in Zukunft jedoch multipolar orientiert sein wird. Die Triade der Weltwirtschaft mit Asien, Amerika und Europa, Globalisierung und Internationalisierung erfordern neues Denken und neues Handeln. Wer die Besitzstände und Strukturen von gestern verteidigen will, hat schon verloren. Wenn wir nicht bereit sind, alles zu verändern, wird nichts so bleiben, wie es ist.

Neue Weichenstellungen müssen in Politik, Wirtschaft und Gesellschaft, in Unternehmen, Banken und Versicherungen, in den Bildungssystemen und der Arbeitswelt erfolgen, um die Herausforderungen des 21. Jahrhunderts mit Erfolg annehmen zu können. Wir stehen nicht am Ende, sondern am Anfang unserer Zukunft. Denn mit der Globalisierung und Internationalisierung erleben wir einen enormen technologischen Wandel, dem sich niemand entziehen kann.

Die Welt ist längst zu einem »globalen Dorf« geworden. Die digitale Revolution durch die sprunghafte Entwicklung der Informationstechnologie wird zu Recht mit der Zäsur durch die industrielle Revolution des vergangenen Jahrhunderts verglichen. Die Strukturen ganzer Volkswirtschaften, aller Branchen und Unternehmen wandeln sich: Tele-Shopping, Tele-Service,

Tele-Arbeit – die Informationsnutzung und -beschaffung erfolgt ohne zeitliche und räumliche Grenzen. Weltweit wird im Jahre 2000 rund eine Milliarde Menschen im Cyber-Space des Internet surfen. Ein weiteres revolutionäres High-Tech-Feld wird die Gen- und Biotechnologie sein. Mit geradezu atemberaubendem Tempo vollziehen sich diese innovativen Entwicklungen. Schöpferische Kreativität, gepaart mit dynamischem Unternehmertum und qualifiziertem Human-»Kapital«, ist die wichtigste Ressource für Wachstum und Beschäftigung, für Arbeit und Wohlstand.

Maß und Mitte in dieser Welt der neuen Technologien ist der Mensch, und er wird es bleiben – als Forscher und Wissenschaftler, als Manager und Arbeiter, als Verkäufer und Kunde. In vielen Sektoren der Wirtschaft und vor allem der Dienstleistungen werden die persönlichen Interaktionen, die individuelle Beratung und das menschliche Miteinander für den Erfolg noch wichtiger als bisher. Schon heute stellen sich deshalb zukunftsorientierte Unternehmen in ihren Strategien auf eine Repersonalisierung ein: Das »Know-how« und das »Know-who« müssen miteinander gesteigert werden!

Der Wandel von der Produktions- zur Dienstleistungsgesellschaft wird sich noch beschleunigen. An der Schwelle zum 21. Jahrhundert besteht kein Grund für Pessimismus. Gewiß, die Welt steckt weiterhin voller Risiken. Sie sind indessen nicht mit der Beschwörung von Crash und Krisen zu meistern, sondern nur mit offensiven Strategien. So eröffnen sich neue Chancen durch eine mutige und bewußte Gestaltung der Zukunft. Die Sicherung von Frieden und Freiheit, die Pflege des wirtschaftlichen Wachstums und die Schaffung neuer Arbeitsplätze, die Versöhnung von Ökonomie und Ökologie sowie die solidarische Hilfe für die unterentwickelten Länder unserer Erde – die Agenda der Aufgaben für das 21. Jahrhundert fordert die mutigen Mitmacher und Gestalter heraus.

Orientierungen für die Welt von morgen bieten in diesem Buch Politiker, Unternehmer, Bankiers und Gewerkschaftsführer – wichtige Hinweise für den Aufbruch in die eigene Zukunft. Der Anlaß dafür ist der Geburtstag von Reinfried Pohl, der 1928 – am Vorabend der Weltwirtschaftskrise – geboren wurde und als dynamischer Unternehmer mit Engagement und Erfolg zum Pionier auf dem weiten Feld der privaten Vermögensbildung wurde. Privates Eigentum, individuelle Vorsorge und Risikoabsicherung helfen, die großen kollektiven Systeme zu sichern, und stärken die Freiheit des einzelnen Bürgers. Innovationen sind auch hier stets die Voraussetzung für Erfolge, die Reinfried Pohl mit seinem Allfinanz-Konzept für viele erzielt. Neue Herausforderungen zeichnen sich rund um die Geldanlage ab – von der Versicherung über das Bausparen bis hin zum Investmentfonds. Die Vermögensberatung ist und bleibt eine große Aufgabe: Vertrauen, Service und erstklassige Angebote sind im Dienst für jeden einzelnen Kunden stets aufs neue individuell zu verbessern – für Kunden, die in der Welt von morgen feste Koordinaten für ihre eigenen Dispositionen suchen.

Im März 1998 *Friedhelm Ost*

VISION EUROPA

Dr. Helmut Kohl
1930 in Ludwigshafen geboren, studierte Rechts- und Staatswissenschaften sowie Geschichte in Frankfurt und Heidelberg; er promovierte 1958. Seit 1948 ist Helmut Kohl Mitglied der CDU, von 1954 bis 1961 war er stellvertretender Landesvorsitzender der Jungen Union und von 1955 bis 1966 im Landesvorstand der CDU Rheinland-Pfalz. Von 1959 bis 1970 gehörte er dem rheinland-pfälzischen Landtag an. Von 1961 bis 1963 war er dort stellvertretender Fraktionsvorsitzender und anschließend bis 1969 Fraktionsvorsitzender der CDU. Seit 1973 ist Helmut Kohl Bundesvorsitzender der CDU. Von 1969 bis 1976 war er Ministerpräsident von Rheinland-Pfalz. Anschließend wurde er Mitglied des Bundestages und war bis 1982 Vorsitzender der CDU/CSU-Bundestagsfraktion. Seit 1982 ist Helmut Kohl Bundeskanzler.

Helmut Kohl

Die Einheit Europas

Gemeinschaft der Werte und Kulturen

Mit großen Schritten nähern wir uns dem Ende eines Jahrhunderts nie dagewesener Gegensätze. In der ersten Hälfte war Europa der Schauplatz des schlimmsten Grauens, das die Menschheit je erlebt hat: totalitäre Herrschaft, Weltkriege und Völkermord. Für den westlichen Teil unseres Kontinents stand die zweite Hälfte des Jahrhunderts dagegen im Zeichen von Frieden und Freiheit, von Verständigung und Völkerfreundschaft.

Wir Deutschen blicken zurück auf die längste Friedensepoche in der jüngeren Geschichte überhaupt. Dies verdanken wir vor allem dem gemeinsamen Weg zu einem geeinten Europa. Niemand hat deutlicher und überzeugender auf die Gefährlichkeit nationaler Egoismen und nationalistischen Machtstrebens hingewiesen als François Mitterrand, als er am 17. Januar 1995 vor dem Europäischen Parlament in Straßburg erklärte: »Der Nationalismus, das ist der Krieg.«

Im Osten des Kontinents hätten sich Freiheit, Menschenrechte und Selbstbestimmung kaum durchsetzen können ohne das ermutigende Vorbild des immer engeren und erfolgreichen Miteinanders im Rahmen der Europäischen Gemeinschaft. Für die unterdrückten Menschen im damaligen Ostblock war die Wertegemeinschaft des vereinten Europa stets ein wichtiger Bezugspunkt für ihre Hoffnungen und Sehnsüchte. Die Magnetkraft, die von der europäischen Einigung ausging, hat wesentlich dazu beigetragen, daß Demokratie und Marktwirtschaft ihren Siegeszug durch ganz Europa antreten konnten.

Das vereinte Europa ist gerade für uns Deutsche ein Glücksfall: Wir haben das Geschenk der Wiedervereinigung nur erhalten, weil sich unsere Partner sicher sein konnten, daß unser Land fest in europäisch-atlantische Strukturen eingebettet ist. Die Überwindung der deutschen und der europäischen Teilung hat gezeigt, daß die Visionäre, die sich nach dem Zweiten Weltkrieg gemeinsam für Frieden, Freiheit und Einheit einsetzten, die wahren Realisten vor der Geschichte sind.

Wir befinden uns heute in einer Phase wichtiger Weichenstellungen, die das Gesicht unseres Kontinents bis weit in das nächste Jahrhundert hinein prägen werden. Nach dem Fall des Eisernen Vorhangs geht es jetzt darum, Frieden, Freiheit und Wohlstand in Europa dauerhaft zu sichern. Grundlage hierfür ist die konsequente Fortsetzung der europäischen Einigungspolitik. Nur gemeinsam können wir die Herausforderungen der Zukunft meistern.

Unser Ziel ist ein Haus Europa, in dem alle Völker unseres Kontinents, die sich den gemeinsamen europäischen Werten verpflichtet fühlen, ihren Platz finden können. Ein Haus, dessen Bau nicht vollendet wird, droht zu zerfallen. Deshalb muß die europäische Integration weitergehen. Unser europäisches Haus braucht ein festes Dach, das auch künftigen Stürmen trotzen kann.

Eine gemeinsame Hausordnung, an die sich alle halten müssen, soll dafür sorgen, daß Meinungsverschiedenheiten, Interessenkonflikte und Streitigkeiten immer nur friedlich und nie wieder kriegerisch ausgetragen werden. Es soll ein Haus sein mit eigenen Zimmern für die Bewohner und mit einem festen Platz für unsere amerikanischen Freunde.

Mit der Einigung auf den Vertrag von Amsterdam haben die Mitgliedstaaten der Europäischen Union eine wichtige Etappe bei der Gestaltung des Europa von morgen erfolgreich abgeschlossen. Dadurch wurde zugleich die Grundlage für die Aufnahme neuer Mitglieder gelegt. Seit dem Luxemburger Gipfeltreffen im Dezember 1997 gibt es einen klaren Fahrplan für die

Beitrittsverhandlungen mit den jungen Demokratien Mittel- und Osteuropas sowie mit Zypern.

Für uns Deutsche ist die Erweiterung der Union nach Osten von ganz besonderer Bedeutung. Sie sichert den revolutionären Wandel von 1989/90 politisch ab und ist ein deutliches Zeichen dafür, daß die widernatürliche Spaltung Europas endgültig überwunden ist. Ein Europa ohne Polen oder Ungarn, ohne Prag oder Krakau bliebe ein Torso.

Die Bundesregierung wird sich auch in Zukunft mit allem Nachdruck für die Osterweiterung der Union einsetzen. Wir wollen, daß das ganze Europa zu einer handlungsfähigen Gemeinschaft wird, die auf dem Fundament der Grundwerte Freiheit, Demokratie und Rechtsstaatlichkeit steht.

Allerdings muß der Beitritt neuer Mitgliedstaaten so gestaltet werden, daß er die Europäische Union oder einzelne Mitgliedstaaten nicht überfordert. Wir können den Beitrittskandidaten die eigentlich schwierige Arbeit nicht abnehmen: Sie müssen mit einer zügigen und zielgerichteten Reformpolitik die politischen und wirtschaftlichen Voraussetzungen für ihre Aufnahme in die Europäische Union herstellen. Konsequente Reformpolitik bleibt der Schlüssel zu einer baldigen Erweiterung.

Mit der Wirtschafts- und Währungsunion setzen wir einen weiteren tragenden Pfeiler für die Europäische Union. Dieser Integrationsschritt ist von größter wirtschaftlicher und auch politischer Bedeutung. Der Euro ist die notwendige Ergänzung des europäischen Binnenmarktes mit derzeit 370 Millionen Menschen. Eine stabile gemeinsame Währung wird unsere Wettbewerbsposition in der ganzen Welt sichern. Sie wird einen Schub für den Handelsaustausch bringen, unseren Export stärken, die Wachstumschancen verbessern und so auch neue Arbeitsplätze ermöglichen. Der Euro wird die Union noch enger zusammenschließen.

Bereits im nächsten Jahr beginnt die dritte Stufe der Wirtschafts- und Währungsunion. Mit Beginn des Jahres 2002 werden wir dann den Euro in Münzen und Scheinen in den Händen halten. Durch die gemeinsame Währung wird den Menschen auch im Alltag deutlich, wie sehr Europa inzwischen zusammengewachsen ist.

Doch Europa war und ist mehr als eine Frage von Geld und Wirtschaft. Uns Europäer vereinen gemeinsame Werte, eine gemeinsame Geschichte und die gemeinsame europäische Kultur. Vielleicht ist die kulturelle Dimension der europäischen Einigung die wirklich entscheidende, wie Jean Monnet, einer der Gründerväter des geeinten Europa, es einmal gesagt hat.

Die Ideen und geistigen Traditionen, die das Fundament des gemeinsamen europäischen Hauses bilden, reichen weit in die Vergangenheit zurück. Die Philosophie der Antike gehört ebenso dazu wie die Werte des Humanismus und die Rationalität der Aufklärung – vor allem natürlich aber auch die prägende Kraft des Christentums. Besonders markant hat dies Karl Jaspers formuliert: »Europa, das ist die Bibel und die Antike.«

Aus diesen Quellen schöpft Europa geistige Kraft und ethische Orientierung. Dies ist die Voraussetzung für die gemeinsame Arbeit an einer guten Zukunft für unseren Kontinent. Denn Europa braucht ein Bewußtsein seiner Identität – gerade weil wir Europäer am globalen Dialog der Kulturen teilnehmen wollen.

Letztlich entscheidend für die Einigung Europas ist der dauerhafte Wille der Menschen zusammenzugehören, sich als Gemeinschaft zu verstehen. Für uns sollte Europa nicht nur ein geographischer Begriff, sondern eine Herzensangelegenheit sein. Das Europa der Zukunft wird aber nur dann die Gefühle der Bürger ansprechen, wenn es von kultureller Vielfalt, seinen regionalen Besonderheiten und seinen unterschiedlichen Traditionen geprägt bleibt. Unser Ziel ist nie ein europäischer »Superstaat« mit einer allzuständigen Hauptstadt Brüssel gewesen. Die nationalen Identitäten müssen ebenso gewahrt bleiben wie die spezifischen regionalen Merkmale.

Für ein solches Europa ist das im Vertrag von Amsterdam – vor allem auf deutsches Betreiben – konkretisierte Subsidiaritätsprinzip ein grundlegendes Element. Durch die konsequente Umsetzung dieses Grundsatzes wird sichergestellt, daß nur das auf europäischer Ebene geregelt wird, was nicht auf lokaler, regionaler oder nationaler Ebene entschieden werden kann. Die Nationalstaaten und die Europäische Union werden auch künftig unterschiedliche, einander zum Teil ergänzende Aufgaben erfüllen.

Deshalb war es gut und richtig, daß bereits nach dem Vertrag von Maastricht die traditionellen Träger und Verantwortlichen der Kulturpolitik ihre gestaltende Kraft bewahren. Bei uns sind dies vor allem die Länder, aber auch der Bund und die Gemeinden. Ich wünsche mir sehr, daß sich möglichst viele Bürger einer europäischen Kulturpolitik verpflichtet fühlen; deren wichtigste Aufgabe liegt nach dem Text des Maastrichter Vertrages darin, »einen Beitrag zur Entfaltung der Kulturen der Mitgliedstaaten unter Wahrung ihrer nationalen und regionalen Vielfalt sowie gleichzeitiger Hervorhebung des gemeinsamen kulturellen Erbes« zu leisten.

Wir wollen die Zukunft unseres Kontinents gemeinsam mit unseren Freunden und Partnern gestalten. Nur so können wir Frieden und Freiheit auf Dauer sichern. Unsere gemeinsame Zukunft liegt im vereinten Europa – in einem Europa, das sich einer freiheitlichen Ordnung in Staat, Wirtschaft und Gesellschaft sowie dem Respekt vor unterschiedlichen Traditionen verpflichtet fühlt. Unser Europa ist das Europa der Einheit in Vielfalt. »Heimat – Vaterland – Europa« – das ist der Dreiklang der Zukunft.

Dr. Romano Prodi

1939 in Scandiano (Regio Emilia) geboren,
studierte nach dem Abschluß am
Humanistischen Gymnasium an der
Katholischen Universität Mailand
Jura und ab 1963 Wirtschaftswissenschaften
an der London School of Economics.
1969 erhielt er einen Lehrauftrag als
Professor für Industriewirtschaft
an der Universität Bologna;
1974 übernahm er eine Gastprofessur
an der Harvard University.
1976 entwickelte er für Maserati
Sanierungsprogramme.
Unter Ministerpräsident Andreotti
wurde er 1978 Industrieminister.
Von 1982 bis 1989 war er
Vorsitzender der staatlichen italienischen
Holding IRI (Institut für den
industriellen Wiederaufbau).
Nach einer Lehrtätigkeit über Industrie-
organisation und Industriepolitik
an der Universität Bologna von 1990
bis 1993 und als Berater bei verschiedenen
internationalen Unternehmen
berief ihn Ministerpräsident Ciampi
im Mai 1993 erneut zum Präsidenten
der IRI. Seit 1996 ist Romano
Prodi Ministerpräsident Italiens.

Romano Prodi

Der Reformkurs Italiens

Erfolgreiche Annäherung an die Europäische Währungsunion

Wenn es stimmt, daß – um es mit den Worten des *Economist* auszudrücken – »Italien noch viele Berge erklimmen muß«, dann muß ich ehrlicherweise auch sagen, daß meine Regierung in den zwanzig Monaten ihres Bestehens ihr Bestes getan hat, um Italien auf den richtigen Weg zu führen.

Europa ist die Richtung, die meine Regierung verfolgt, und die Philosophie unseres Handelns. Ich denke, daß das wirtschaftliche Wachstum Italiens seit den fünfziger Jahren gezeigt hat, daß wir unseren Platz in Europa haben: Unsere besten Leistungen sind eng mit der Integration unseres Landes in ein erweitertes Europa verbunden.

Die Römischen Verträge von 1957 – Italien war eines der »Gründungsmitglieder« – waren Anreiz und richtungweisend für den Aufbau eines neuen Landes. Die Maastrichter Verträge aus jüngerer Zeit (1992) lieferten den Rahmen für die Angleichung der italienischen Wirtschaft.

I.

Meines Erachtens steht Europa für vieles. Es steht für einen immensen Markt und ein enormes Wettbewerbsfeld, das in der Lage ist, Wohlstand und technologische Innovationen hervorzubringen. Europa steht für ein gesellschaftliches Modell auf der Grundlage individueller Rechte. Es steht für in der Geschichte bisher unübertroffenen sozialen Zusammenhalt. Und es ist eine große Macht, die in internationalen Angelegenheiten ihre Rolle wahrnimmt. In den vergangenen Jahren stand »Europa« jedoch vor allem für die Herausforderung der gemeinsamen Währung.

Die Wirtschafts- und Währungsunion stellt mit der Einführung des Euro einen Akt des Vertrauens in Europa und gleichzeitig eine Herausforderung im breiteren globalwirtschaftlichen Kontext dar. So etwas hat es vorher noch nie gegeben. Der Verzicht auf das Münzrecht ist in der Tat eine grundlegende politische Entscheidung. Der Staat gibt damit eines seiner traditionellen Instrumente der Staatsgewalt auf. An der Schwelle zum 21. Jahrhundert ist diese sogar noch erkennbar als die militärische Souveränität, das symbolische Schwert einer Nation.

Der Euro stellt jedoch auch eine Herausforderung für die neue internationale Wirtschaft dar. Mit der gemeinsamen Währung sind die Mitgliedstaaten der Europäischen Union gut für die ständigen Unruhen der Finanzmärkte gerüstet. Darüber hinaus ist die gemeinsame Währung der logische Triumph des von uns geschaffenen »Gemeinsamen Markts«. Tatsächlich können wir nur mit einer gemeinsamen Währung vollständige Freiheit aller Produktionsfaktoren erreichen. Nur mit einer gemeinsamen Währung ist ein gemeinsamer Markt möglich.

Die Ereignisse der jüngsten Zeit geben sicherlich guten Grund zum Optimismus: Während der »Asien-Krise« fluktuierten die europäischen Währungen als Gruppe, während bei vergleichbaren Gelegenheiten in der – nicht allzuweit zurückliegenden – Vergangenheit die Deutsche Mark gegenüber den meisten anderen Währungen innerhalb des Währungskursmechanismus aufgewertet wurde. Dies bestätigt erneut, daß der von uns vor einigen Jahren eingeschlagene Kurs der richtige ist. Es ist die Bestätigung, daß das Währungssystem, das wir uns in Europa geschaffen haben, gut funktioniert.

Die Europäische Währungsunion wird die Gleichgewichtsverhältnisse im internationalen Währungssystem verändern. Die Schaffung des Euro wird zu revolutionären Veränderungen führen, da er eine potentielle neue Reservewährung mit Parität zum Dollar darstellen wird. Dies wird wiederum ein komplexeres internationales Währungssystem schaffen, das nicht mehr nur auf einer einzigen Währung basiert, sondern auch stabiler ist, da die Finanzregelungen nicht mehr allein von den wirtschaftlichen Vorgängen in nur einem Land bestimmt werden, sondern sich vielmehr auf eine größere Zahl starker Währungen stützen. Ich bin daher der Ansicht, das der Euro Chancen birgt und einen positiven Einfluß auf die Weltwirtschaft ausüben wird, wenn dies auch sorgfältiger Beratungen und Diplomatie bedarf. Wie dies im Bereich des Handels bereits zu beobachten war, wird Europa daher eine größere Währungsverantwortung zu übernehmen haben.

II.

Italiens erfolgreiche »Annäherung« an die Europäische Währungsunion ist die Leistung, die uns 1997 am meisten Anerkennung gebracht hat, sowohl seitens der internationalen Gemeinschaft – »1997 war ein außergewöhnliches Jahr«, so der IWF in der Zusammenfassung seiner Tätigkeit vom vergangenen Dezember – als auch seitens der Finanzmärkte – das Ertragsgefälle gegenüber anderen Mitgliedstaaten verringerte sich kontinuierlich.

Lassen Sie mich Italiens Annäherungskurs nach den Kriterien der Maastrichter Verträge zusammenfassen:

Preisstabilität: Seit Juli 1997 liegt die durchschnittliche Inflationsrate in Italien über zwölf Monate gesehen unterhalb der Konvergenzschwelle. Im Dezember ergaben vorläufige Hochrechnungen des Lebenshaltungskostenindex eine Steigerung von 1,5 Prozent über zwölf Monate.

Allgemeines Staatsdefizit: Der staatliche Kreditbedarf ging von 6,8 Prozent im Jahr 1996 auf 2,7 Prozent im Jahr 1997 zurück, entsprechend der Vorgabe von 3 Prozent für die allgemeine Staatsbilanz.

Allgemeine Staatsverschuldung: In den kommenden Jahren

wird sich die deutliche Reduzierung der Verschuldung auf die Bruttoinlandsproduktquote fortsetzen, da die Steuerpolitik die Anforderungen des Stabilitäts- und Wachstumspakts erfüllen und die Erträge aus den laufenden Privatisierungen anfallen werden.

Wechselkursstabilität: Seit ihrem Beitritt zum Wechselkursmechanismus am 25. November 1996 ist die Lira, verglichen mit den anderen Währungen des Wechselkursmechanismus, ihren wesentlichen Paritäten sehr nahe geblieben.

Langfristige Zinsentwicklung: Seit Februar 1997 liegt der harmonisierte langfristige Zinssatz für Italien (Zehn-Jahres-BTP-Ertrag) unterhalb der Konvergenzschwelle. In Italien lag der durchschnittliche langfristige Zinssatz in den zwölf Monaten vor November 1997 bei 7 Prozent und damit unter dem Vergleichswert von 7,8 Prozent.

III.

Somit stehen uns nun nach Jahren der von den Maastrichter Verträgen diktierten makroökonomischen Annäherung, die im übrigen sehr viel besser verlief als erwartet, erhebliche Änderungen der kollektiven Strukturen, die das wirtschaftliche und soziale Leben der europäischen Länder regeln, bevor. Dabei handelt es sich nicht um vorläufige, sondern im Gegenteil um dauerhafte Veränderungen.

Spätestens seit der letzten Ölkrise Anfang der siebziger Jahre leben die westlichen Länder in einer Art »Zeit der Ungewißheit«. Diese Ungewißheit war mit der Umverteilung der Ressourcen der Erde verbunden. International traten neue Protagonisten auf den Plan. Heute besteht der Umverteilungsmechanismus nicht mehr darin, die Rohstoffpreise nach oben zu drücken – was Inflation auslöst –, sondern die Umverteilung erfolgt durch das Bemühen der aufstrebenden Länder, ihren Anteil am Produktionsmarkt zu erhöhen.

Während in den siebziger Jahren viele Länder, darunter auch

Italien, die Notwendigkeit der Überprüfung des Kollektivverhaltens und auch individueller Erwartungen möglicherweise nicht erkannten, so ist die Situation heute eine andere. Nun ist die Ungewißheit über den externen Kontext mit der Erkenntnis gekoppelt, daß wirtschaftliches Wachstum nicht mehr linear verläuft.

Hinzu kommt, daß dort, wo die alte »Fordistische« Wirtschaftsorganisation schon aus der Natur ihrer Sache heraus mehr Gleichheit (bei der Einkommensverteilung) schaffen wollte, die neuen auf Elektronik und Informationstechnologie basierenden Produktionssysteme zur Ungleichheit beitragen. Mit anderen Worten: Sie führen zu einer verschärften Zweiteilung zwischen »Gebildeten« und »Ungebildeten«, zwischen Dazugehörenden und Ausgeschlossenen, Insidern und Outsidern.

Diese wirtschaftlichen und sozialen Veränderungen haben die Zahl derjenigen, die auf soziale Wohlfahrtssysteme vertrauen müssen (Ausgeschlossene), drastisch erhöht. Dies bedeutet, daß sich unsere Systeme der sozialen Absicherung auf eine erste »Kompatibilität« einstellen müssen: die makroökonomische Übereinstimmung.

Wegen der knappen Haushaltsmittel besteht die einzige Möglichkeit, die begrenzten Mittel zur Unterstützung der wirtschaftlich und sozial am stärksten Notleidenden umzuverteilen, in einer Reduzierung dieser Garantien.

Es gibt jedoch noch eine zweite nicht minder wichtige »Kompatibilität«: Die Systeme der sozialen Absicherung müssen an die neuen Arten von Arbeit und das neue Modell sozialer Mobilität angepaßt werden. Die europäische Antwort auf die Herausforderung des asiatischen Kapitalismus kann nicht in der Aufgabe des europäischen Modells bestehen, sondern in seiner möglicherweise sehr tiefgreifenden Reform.

Im Laufe der Jahre waren die verschiedenen kollektiven Wohlfahrtssysteme ein wesentliches Instrument zum Ausgleich von Klassenunterschieden, woraus sich ein Mechanismus sozialer Integration und ein Ansatz zu nationaler Identität entwickelte. Der Erfolg dieser Systeme fiel – nicht nur rein zufällig – mit Europas stärkster wirtschaftlicher Wachstumsphase zusammen.

Heute erscheint der Neubeginn des Wirtschaftswachstums wiederum enger mit der Fähigkeit verbunden, im nationalen und internationalen Wettbewerb zu bestehen, jedoch kann die Leistungsfähigkeit des Systems durch Wohlfahrtssysteme, die verzerrte Anreize schaffen, reduziert werden.

Die implizite Notwendigkeit, die steigenden Sozialausgaben in allen europäischen Ländern zu drosseln, um dem Bevölkerungsaltern und dem internationalen Wettbewerb zu begegnen, wird durch wirtschaftliche Annäherung und den Stabilitätspakt erhöht. Wird eine solche Ausgabenkürzung nicht den Prozeß der nationalen Identifizierung unterhöhlen? Wenn dies zuträfe, was für ein Europa hätten wir dann am Ende des Prozesses?

Soziale Wohlfahrtssysteme befinden sich am Schnittpunkt aller dieser Probleme. Dabei hat insbesondere das italienische Wohlfahrtssystem noch seine eigenen Anomalien: erstens die Hyperabsicherung einiger Gruppen und einiger Risikoarten und unzureichende Absicherung anderer Gruppen und Risiken; zweitens die Überkanalisierung von Leistungszahlungen durch das Rentensystem.

Aus allen diesen Gründen steht die Wohlfahrtsreform nun seit vielen Monaten ganz oben auf der politischen Tagesordnung Italiens. Der von der italienischen Regierung erstellte und vom ECOFIN-Rat am 19. Januar und mit dem Haushaltsgesetz für 1998 genehmigte Konvergenzplan zeigt einen vernünftigen und gangbaren Weg für ein neues Wohlfahrtssystem auf: die Wohlfahrt der »Chancen«. Die Synergiewirkung zwischen freiem Markt, breitem Wettbewerb und Chancen stellt das Gerüst des neuen europäischen Hauses dar.

Die Vereinbarung von Gerechtigkeit und sozialem Zusammenhalt – hierbei handelt es sich nicht nur um moralische, sondern auch um wirtschaftliche Werte – mit Arbeitsmarktflexibilität, das heißt mehr Arbeitsplatzchancen für die Bürger, ist am

Ende dieses Jahrhunderts nach wie vor die schwierigste Aufgabe der westlichen Gesellschaften. Dem europäischen Wohlfahrtsmodell steht das amerikanische gegenüber.

In jedem Fall sind wir fest davon überzeugt, daß »makroökonomische Stabilisierung« die Grundvoraussetzung für anhaltendes Wirtschaftswachstum ist. Vor diesem Hintergrund ist die von allen Mitgliedstaaten der europäischen Union einschließlich Italiens erzielte drastische Reduzierung der Inflation als ein großer Erfolg und eine Voraussetzung für den erfolgreichen Kampf gegen die Arbeitslosigkeit zu werten.

Ergebnis der makroökonomischen Stabilisierung ist eine Senkung des Zinssatzes, die für das Investitionsverhalten von Unternehmen und Haushalten von Vorteil ist. Ein wesentlicher Teil jeder ernstgemeinten wirtschaftlichen Stabilisierungspolitik ist die Reduzierung der Staatsschuld. In vielen europäischen Ländern hatte die Schuld ein untragbares Maß erreicht. Finanzausgleich und die Einhaltung der Maastrichter Kriterien sind Mittel, um dem staatlichen Handeln eine angemessene und zweckmäßige Grenze zu setzen.

Eine Regierung darf den zukünftigen Generationen keine endlose Schuldenlast aufbürden. Die Maastrichter Verträge schrieben den Ausgleich vor, genauer betrachtet ist dieses Ziel jedoch aus eigenem Recht erstrebenswert, weil es die Gerechtigkeit zwischen den Generationen wiederherstellt.

IV.

Seit den Römischen Verträgen hat Europa als Integrationsmodell mit Beispielcharakter für andere Teile der Welt einen indirekten Einfluß auf die internationale Gesamtpolitik. Die spektakuläre Beilegung uralter Streitigkeiten zwischen Frankreich und Deutschland sowie zwischen Rumänien und Ungarn barg in der Tat eine Hoffnung für andere Regionalkonflikte. Das Ziel der Friedenschaffung auf dem Alten Kontinent, das den Gründervätern Europas am Herzen lag, ist heute erfolgreich erreicht.

Nun ist die Zeit für eine neue Ära gekommen, in der Europa mehr direkte Verantwortung im Management internationaler Beziehungen übernimmt.

Die beiden Schwerpunkte, die in den vergangenen Jahren unsere Aufmerksamkeit am stärksten gebunden haben – Währungsunion und Erweiterung –, stehen nun zur Beschlußfassung an. Obwohl diese ehrgeizigen Aufgaben kurzfristig immer noch den größten Teil unserer Energie beanspruchen werden, wird – sobald die Übergangsphase abgeschlossen ist – ein größeres und stärker integriertes Europa entstehen, das seine Ressourcen mehr auf eine Globalpolitik konzentrieren kann.

Das Engagement Italiens für die Europäische Währungsunion ist bei genauerem Hinsehen Ausdruck unseres Wollens, auf dem Weg dorthin eine bedeutende Rolle zu spielen.

Hans-Dietrich Genscher
1927 in Reideburg (Saalkreis) geboren, trat nach Militärzeit und Kriegsgefangenschaft 1946 als Student in die Liberal-Demokratische Partei, Landesverband Sachsen-Anhalt, ein. 1949 beendete er sein Studium der Rechtswissenschaften und Volkswirtschaft in Leipzig mit dem Ersten juristischen Staatsexamen. 1952 wurde er Mitglied der F.D.P. Nach dem Zweiten juristischen Staatsexamen (1954) arbeitete er als Rechtsanwalt in Bremen. Seit 1965 gehört er dem Deutschen Bundestag an, war von 1965 bis 1969 Parlamentarischer Geschäftsführer der Bundestagsfraktion der F.D.P., von 1968 bis 1974 stellvertretender Bundesvorsitzender und von 1974 bis 1985 Bundesvorsitzender der F.D.P. Bundesminister des Innern war Hans-Dietrich Genscher von 1969 bis 1974, danach bis zu seinem Rücktritt im Mai 1992 Bundesminister des Auswärtigen und Stellvertreter des Bundeskanzlers.

Hans-Dietrich Genscher

Auf dem Weg zu einer neuen Stabilitätsordnung

Die Erweiterung der Europäischen Union

Acht Jahre nach der großen Wende hat sich die Lage in Europa in vielerlei Hinsicht grundlegend gewandelt. Die Teilung Deutschlands und Europas gehört der Vergangenheit an. Die Ziele der Charta von Paris, Demokratie, Menschenrechte, Rechtsstaat und Marktwirtschaft, konnten in vielen Staaten Mittel-, Südost- und Osteuropas schon in großem Maße verwirklicht werden. Nach dem Ende des Kalten Krieges hat ganz Europa die Chance, eine dauerhafte und gerechte Friedensordnung zu verwirklichen, so wie es schon der Harmel-Bericht der NATO von 1967 als wesentliche Zielsetzung formulierte.

Neue Herausforderung in einer multipolaren Welt

Offenkundig ist jedoch, daß auf dem Weg dorthin noch eine erhebliche Strecke vor uns liegt. Das Wohlstandsgefälle zwischen der Europäischen Union und ihren östlichen Nachbarn ist weiterhin groß. Der grausame Konflikt im früheren Jugoslawien hat gezeigt, daß die alten Dämonen des aggressiven Nationalismus noch nicht endgültig gebannt sind. Neue Stabilitätsrisiken wie wirtschaftliche und soziale Instabilität, ungelöste Minderheitenfragen, offene Grenzfragen, Proliferation von Massenvernichtungsmitteln, unkontrollierte Migration, grenzüberschreitende Kriminalität und Terrorismus sowie die Gefährdung unserer natürlichen Lebensgrundlagen sind entstanden. Daraus folgt, daß sich Stabilität nach dem Ende des Kalten

Krieges in Europa immer stärker wirtschaftlich, sozial und ökologisch definiert. Als neuer Faktor kommt hinzu, daß das gesamte Europa auf die Herausforderung der Globalisierung zukunftsfähige Antworten geben muß.

Zur Verwirklichung einer dauerhaften und gerechten Friedensordnung für ganz Europa bedarf es deshalb einer tragfähigen Stabilitätsarchitektur von Vancouver bis Wladiwostok. Diese Stabilitätsordnung muß kooperativ angelegt sein. In dem neuen Europa dürfen Trennlinien und Gräben gleich welcher Art ebensowenig einen Platz haben wie altes Denken in Einflußsphären. Im Zeitalter der Globalisierung wird sich nur ein ungeteiltes, demokratisches und prosperierendes Europa behaupten können. Die Verwirklichung dieses Ziels verlangt Kooperation und Integration, nicht Rückfall in Konfrontation und Machtpolitik alten Stils.

Das zu gewährleisten, ist die gemeinsame Aufgabe der europäisch-atlantischen Institutionen: der Europäischen Union, der NATO, der OSZE und des Europarates. Es ist das Verdienst der Gründerväter der europäischen Einigung, nach dem Zweiten Weltkrieg eine zukunftsfähige Antwort auf die europäischen Bruderkriege im Zeichen eines übersteigerten Nationalismus und auf zwei Weltkriege gefunden zu haben. Seitdem ist in Europa mit den Europäischen Gemeinschaften eine einzigartige, neue Kultur der Zusammenarbeit zwischen großen und kleinen Staaten auf der Grundlage gemeinsamer Werte gewachsen: Freiheit, Demokratie und Menschenrechte. Die Europäische Union kann daher als die erfolgreichste Initiative für Frieden, Stabilität und Wohlstand in der europäischen Geschichte bezeichnet werden. Jedoch wäre es für die Verwirklichung gesamteuropäischer Stabilität unzureichend, im Istzustand zu verharren: Die Europäische Union darf deshalb nicht auf ihre gegenwärtigen Grenzen beschränkt bleiben.

Stabilität für ganz Europa durch die Erweiterung der Europäischen Union

Die Ausweitung der Stabilitätszone Europäische Union nach Osten ist eine entscheidende Voraussetzung für die Verwirklichung der dauerhaften und gerechten Friedensordnung für ganz Europa. Die Vernetzung der europäischen Gesellschaften im Zeichen von Demokratie und Marktwirtschaft kann nur die Europäische Union leisten. Seit der großen Wende zu Beginn der neunziger Jahre hat die EU ihre Verantwortung für gesamteuropäische Stabilität wahrgenommen durch den Abschluß von Assoziierungsverträgen mit den baltischen Staaten, mit Polen, Tschechien, der Slowakei, Ungarn, Slowenien, Bulgarien und Rumänien. Die Europaverträge eröffnen diesen Staaten die Perspektive auf die volle Mitgliedschaft in der Europäischen Union; zu Recht: Ohne die Völker Mittel- und Südosteuropas würde die Europäische Union ein Torso bleiben.

Die Erweiterung wird die Europäische Union europäischer machen, weil auch diese Völker die Geschichte, die Kultur und die Identität Europas geprägt haben. Die Völker in Mittel- und Südosteuropa haben sich aus eigenem Willen für Demokratie, Menschenrechte und Marktwirtschaft entschieden. Innerhalb nur weniger Jahre haben sie bei der politischen und wirtschaftlichen Transformation gewaltige Fortschritte gemacht.

Die Erweiterung der Europäischen Union wird aber auch großen wirtschaftlichen Nutzen bringen. Der Beitritt von elf oder noch mehr Mitgliedsländern zur EU mit mehr als 100 Millionen Menschen wird der Wirtschaft in ganz Europa neue Wachstumsimpulse verleihen. Schon in der ersten Hälfte der neunziger Jahre hat der Handel zwischen der Europäischen Union und den Staaten Mittel- und Südosteuropas das Handelsvolumen zwischen der EU und den USA erreicht. Die hierin liegenden wachstums- und beschäftigungspolitischen Impulse werden sich langfristig gesehen noch verstärken, wenn die assoziierten Staaten der EU beitreten.

Anläßlich des Treffens der europäischen Staats- und Regierungschefs vom Dezember 1997 in Luxemburg hat die Europäische Union über den Fortgang des Erweiterungsprozesses entschieden. Das wesentliche Ergebnis des Europäischen Rates von Luxemburg, mit fünf ostmitteleuropäischen Staaten (Polen, Ungarn, der Tschechischen Republik, Estland und Slowenien) sowie mit Zypern im Frühjahr 1998 Beitrittsverhandlungen zu beginnen und die übrigen mit der EU assoziierten Staaten in eine umfassende Heranführungsstrategie einzubetten, ist für die Völker in Mittel- und Südosteuropa richtungweisend. Dennoch wird die historische Bedeutung der Entscheidung über die Aufnahme neuer Mitglieder durch das Zögern beim Beginn der Beitrittsverhandlungen gemindert.

Der Gipfel hat Einigkeit in der Frage gezeigt, daß keiner der elf Beitrittskandidaten jetzt schon die Kriterien für eine Aufnahme erfüllt. Unverständlich ist daher, daß man dennoch fünf Ländern – nämlich Lettland, Litauen, der Slowakei, Bulgarien und Rumänien – einen Platz auf der Wartebank zugewiesen hat. Besser wäre es gewesen, der Entschließung des Europäischen Parlamentes zu folgen, das den gleichzeitigen Verhandlungsbeginn mit allen Beitrittsaspiranten gefordert hatte, mit Ausnahme der Slowakei aufgrund der dortigen unklaren politischen Verhältnisse.

Die in Luxemburg auf Vorschlag der Kommission getroffene Auswahl läßt befürchten, daß die baltischen Staaten, die aus politischen wie wirtschaftlichen Gründen enger zueinandergehören, nun voneinander getrennt werden. Dabei haben Lettland und Litauen längst zu einer Aufholjagd angesetzt und können auf eindrucksvolle Erfolge verweisen. Durch die Gipfelentscheidung könnte der Abstand wieder größer werden, denn Investitionsentscheidungen aus dem Ausland werden sich auf die Staaten der ersten Verhandlungsrunde konzentrieren.

Nicht minder folgenreich könnte die Entscheidung von Luxemburg für Rumänien und Bulgarien sein. Hier haben die jüngsten Wahlen ein eindeutiges Bekenntnis für die Parteien gebracht, die eine schnelle Mitgliedschaft in der EU anstreben. Die Luxemburger Entscheidung kann daher zu einem Rückschlag für die europa- und reformorientierten Kräfte werden.

Von Anfang an war klar, daß die Beitrittsverhandlungen mit den einzelnen Bewerbern unterschiedlich lange dauern werden, so daß dem unterschiedlichen Entwicklungsgrad auch auf diese Weise hätte Rechnung getragen werden können. Dabei bedeutet gleichzeitige Verhandlungsaufnahme nicht gleichzeitigen Beitritt. Der Zeitpunkt des Beitritts bestimmt sich für jedes einzelne Land durch seine Fähigkeit, die politischen und wirtschaftlichen Beitrittskriterien zu erfüllen. Auch wenn die von der Kommission zunächst vorgesehene scharfe Trennung zwischen den beiden Gruppen durch eine alle assoziierten Staaten umfassende Heranführungsstrategie abgemildert wurde, ist nun sehr viel Staatskunst notwendig, um dem Schock der doppelten Zurückweisung durch NATO und EU in den betroffenen Ländern entgegenzuwirken.

Die Erweiterung bedeutet nicht nur für die betroffenen Länder, sondern auch für die Europäische Union eine große Herausforderung. Letztere muß die Notwendigkeit erkennen und die Chance ergreifen, mit längst überfälligen Reformen endlich ernst zu machen. Das gilt insbesondere für drei Bereiche: die Institutionen der Europäischen Union, die Vollendung der Wirtschafts- und Währungsunion und die Reform des Finanzsystems einschließlich der gemeinsamen Agrarpolitik. Eine Europäische Union mit 20 und mehr Mitgliedstaaten benötigt handlungsfähige Institutionen, um ihre Verantwortung nach innen und außen wahrnehmen zu können. Der im Sommer 1997 unterzeichnete Vertrag von Amsterdam war ein wichtiger Schritt auf diesem Weg. Er darf jedoch nicht das letzte Wort der EU bleiben.

Größte Bedeutung kommt der Vollendung der Wirtschafts- und Währungsunion zum 1. Januar 1999 zu. Die Erkenntnis, daß sie die einzig zukunftsfähige Antwort Europas auf die Herausforderung der Globalisierung und die logische Konsequenz aus dem Bestehen des gemeinsamen Binnenmarktes ist, setzt sich nun immer stärker durch. Selbst für Großbritannien ist nicht mehr das »ob«, sondern nur noch der Zeitpunkt der Teilnahme offen. Auch bezweifelt niemand mehr, daß die sechs Gründerstaaten, Luxemburg, Belgien, die Niederlande, Italien, Frankreich und Deutschland, von Anfang an dabeisein werden. Doch nicht nur sie; die meisten Mitgliedstaaten der EU werden im Frühjahr 1998 die Voraussetzungen für den Eintritt zur Wirtschafts- und Währungsunion erfüllen.

Schließlich müssen längst überfällige Reformen in anderen Bereichen in Angriff genommen werden, vor allem in der Agrar- und Strukturpolitik der EU. Die nun anstehende Osterweiterung bedeutet für die Europäische Union eine Chance, mit der Reform der gemeinsamen Agrar- und Strukturpolitik endlich ernst zu machen. Staatliche Eingriffe und Subventionen müssen auf das notwendige Maß reduziert werden.

Es wäre verfehlt, all diese Herausforderungen isoliert zu betrachten. Vertiefung und Erweiterung der Europäischen Union stehen vielmehr in einem inneren Zusammenhang. Sie sind gleichermaßen bedeutsam für die Zukunftsfähigkeit der Europäischen Union im kommenden Jahrhundert. Reformdefizite der EU dürfen allerdings nicht als Vorwand dienen, die Erweiterung zu verzögern.

Das größere Europa: Rußland, die Ukraine und die anderen Nachfolgestaaten der Sowjetunion

Nichts wäre im Zeitalter der Globalisierung und ständig wachsender Interdependenz falscher, als das größere Europa ohne oder gar gegen Rußland, die Ukraine und die anderen Nachfolgestaaten der früheren Sowjetunion bauen zu wollen. Zum einen sind sie alle für europäische und globale Stabilität von entscheidender Bedeutung. Zum anderen waren die Voraussetzungen für eine umfassende Partnerschaft mit diesen Staaten nie so günstig wie heute.

Das russische Volk und seine Nachbarvölker haben aus eigenem Entschluß den Weg zur Demokratie und Marktwirtschaft beschritten. Rußland empfindet sich als zutiefst europäisches Land, auch wenn über die Hälfte seines Staatsgebiets in Asien liegt. Es ist richtig, daß Rußlands Reformweg nicht immer geradlinig verlief und verläuft; sein Ziel ist jedoch deutlich erkennbar: ein demokratisches Rußland zu einem gewichtigen Faktor in einer stabilen Weltordnung zu machen. Hierfür die politischen und wirtschaftlichen Voraussetzungen zu schaffen, bedeutet für Rußland eine gewaltige Herausforderung. Deutschland ist deshalb von Anfang an für Rußland und die anderen Nachfolgestaaten ein konstruktiver Partner beim Übergang zu Demokratie und Marktwirtschaft gewesen.

In diesem Sinne hat auch die Europäische Union mit diesen Staaten Partnerschafts- und Kooperationsabkommen abgeschlossen. Es geht dabei um politischen Dialog, mehr gemeinsames Handeln auf allen Gebieten und immer tiefere wirtschaftliche Zusammenarbeit. Schon heute ist die Europäische Union Rußlands wichtigster Handelspartner; sie macht ca. 55 Prozent im russischen Außenhandel aus. Der Ausbau des Handels mit der EU wird die Integration Rußlands, der Ukraine und der anderen Staaten der GUS in die Weltwirtschaft fördern.

Manches bleibt jedoch noch zu tun; sowohl die EU als auch Rußland und die anderen Nachfolgestaaten der Sowjetunion sollten noch bestehende Handels- und Investitionshemmnisse so weit wie möglich abbauen. Mit der Aufnahme Rußlands in die G 7 – nun G 8 – wurde ein wichtiger Schritt für die Integration Rußlands in die Weltwirtschaft getan. Darüber hinaus sollte Rußland sobald wie möglich Aufnahme in der WTO und der OECD finden. Allerdings muß auch Rußland seinen Beitrag leisten, um dies möglich zu machen.

Die Möglichkeiten gesamteuropäischer Zusammenarbeit sind jedoch bei weitem noch nicht ausgeschöpft. Die Europäische Union und die Nachfolgestaaten der früheren Sowjetunion müssen jetzt das große Projekt einer gesamteuropäischen Freihandelszone verwirklichen. Sie bildet eine entscheidende Voraussetzung für die Bildung eines gesamteuropäischen Wirtschaftsraumes vom Atlantik bis Wladiwostok. Das bedingt auch eine gesamteuropäische Infrastruktur in den Bereichen Telekommunikation, Verkehr und Transport. Zugleich ist eine gesamteuropäische Energieunion verlangt, die nicht nur die Sicherheit der Energieversorgung gewährleistet, sondern auch die Sicherheit von Transport und Produktion. Mehr gesamteuropäische Kooperation ist auch im Bereich des Umweltschutzes gefordert. Die Schaffung eines gesamteuropäischen Wirtschaftsraumes wird uns dem Ziel eines dauerhaften und gerechten Friedens für Europa ein ganzes Stück näher bringen. Je mehr die Völker Europas durch gemeinsame Strukturen verbunden werden, um so stärker werden sie im Zeitalter der Globalisierung ihre gemeinsamen Interessen erkennen, und je geringer ist die Gefahr eines Rückfalls in altes machtpolitisches Denken und Handeln.

Transatlantische Partnerschaft

Zu den grundlegenden Lehren aus der Geschichte dieses Jahrhunderts gehört die Einsicht, daß Stabilität in Europa auf Dauer nicht ohne die Vereinigten Staaten von Amerika möglich ist. Daran hat sich auch nach dem Ende des Kalten Krieges nichts geändert. Auch in Zukunft ist die enge Partnerschaft zwischen Europa und den USA unverzichtbar für gesamteuropäische und für globale Stabilität. Auch nach dem Ende des Kalten Krieges haben die USA und Europa mehr an Werten und Interessen gemeinsam als mit jedem anderen möglichen Partner in der Welt. Deshalb muß es jetzt darum gehen, die transatlantische Partnerschaft auf ein noch breiteres und festeres Fundament zu stellen. Sie muß Politik, Wirtschaft und Kultur umfassen, und sie muß mehr gemeinsames Handeln bei der Bewältigung der neuen Herausforderungen im Raum von Vancouver bis Wladiwostok und weltweit möglich machen. Die Unterzeichnung der transatlantischen Agenda zwischen der EU und den USA und des transatlantischen Aktionsplanes vor zwei Jahren war ein wichtiger Schritt in dieser Richtung. Es war wichtig und richtig, daß sich die EU und die USA dabei auch auf eine verstärkte Zusammenarbeit bei der Förderung des Transformationsprozesses in Mittel-, Südost- und Osteuropa verständigt haben.

Die NATO wird trotz der Tatsache, daß die Bedeutung des militärischen Faktors im Rahmen der transatlantischen Partnerschaft weiter abnehmen wird, in Zukunft den Kern der atlantischen Partnerschaft bilden. Sie wird neben der EU wichtigster Stabilitätsanker einer gesamteuropäischen Friedens- und Stabilitätsordnung sein. Nach dem Ende des Kalten Krieges steht die NATO allerdings vor der Herausforderung, ihre Rolle in einem grundlegend gewandelten weltpolitischen Umfeld zu bestimmen. Das gilt auch für das Verhältnis zwischen den Bündnispartnern auf beiden Seiten des Atlantiks.

Die neue Lage ermöglicht es den Europäern, ihre Verantwortung für Sicherheit und Stabilität in ganz Europa unter veränderten Rahmenbedingungen wahrzunehmen. Das verlangt die Schaffung einer europäischen Sicherheits- und Verteidigungsidentität im Rahmen der weiterhin unverzichtbaren NATO. Hierbei kommt der Stärkung der Westeuropäischen Union und der Entwicklung einer wirksamen gemeinsamen Außen- und Sicherheitspolitik der EU größte Bedeutung zu. Für die künftige Stabilität in Europa wird es von ausschlaggebender Bedeutung sein, daß die Geschlossenheit der Allianz und damit die transatlantische Partnerschaft durch eine europäische Sicherheits- und Verteidigungsidentität weiter gestärkt und nicht geschwächt wird.

Zu den großen Herausforderungen der NATO nach dem Ende des Kalten Krieges gehört die Neugestaltung des Verhältnisses zu den Staaten Mittel-, Südost- und Osteuropas. Eine tragfähige gesamteuropäische Stabilitätsordnung kann nur auf der Grundlage einer umfassenden Zusammenarbeit mit Rußland, der Ukraine und den anderen Nachfolgestaaten der früheren

Sowjetunion errichtet werden. Daher war die Unterzeichnung der Grundakte zwischen der NATO und Rußland sowie eines entsprechenden Dokuments zwischen der Ukraine und der NATO ein entscheidender Schritt auf dem Weg zu einer umfassenden Sicherheitspartnerschaft mit diesen beiden wichtigen Staaten in Europa. Durch die Schaffung des »Ständigen Gemeinsamen NATO-Rußland-Rates« ist Rußland gleichberechtigter Partner der NATO geworden. Jetzt geht es darum, diese neue Institution rasch mit Leben zu erfüllen und ein neues Kapitel in den Beziehungen zwischen NATO und Rußland aufzuschlagen. Der NATO-Rußland-Rat muß mehr als ein gemeinsames Dialogforum für die NATO und Rußland sein. Er muß den Rahmen bilden für entschlossenes gemeinsames Handeln bei der Gewährleistung von Sicherheit und Stabilität in ganz Europa.

Heute hat ganz Europa die Chance, ein für allemal Rivalitäts- und Machtpolitik durch die vertrauensvolle und gleichberechtigte Zusammenarbeit großer und kleiner Staaten zu ersetzen. In einer dauerhaften und gerechten Friedensordnung müssen alle europäischen Staaten ihre berechtigten Sicherheitsinteressen gemäß dem Grundsatz der gleichen Sicherheit für alle zur Geltung bringen können. Hierzu gehört das Recht eines jeden Staates, entsprechend der KSZE-Schlußakte von Helsinki selbst über seine Bündniszugehörigkeit zu entscheiden.

Das sich vereinigende Deutschland hat vor sieben Jahren von diesem Recht Gebrauch gemacht. Heute tritt es dafür ein, daß die Ausübung dieses Rechts auch den Staaten Mittel- und Südosteuropas die dies wünschen, ermöglicht wird.

Im Dezember 1997 wurden die Protokolle über den Beitritt Polens, Tschechiens und Ungarns zur NATO unterzeichnet. Das zeigt, wie grundlegend die Lage sich mit dem Ende des Kalten Krieges gewandelt hat. Hieraus ergeben sich ganz neue Chancen für den Aufbau kooperativer Sicherheitsstrukturen, an denen auch jene Staaten teilnehmen, die zumindest vorläufig nicht für eine Aufnahme in die NATO in Betracht kommen. Deshalb müssen Dialog und Zusammenarbeit zwischen der NATO und ihren Partnern im Rahmen des neu geschaffenen Euro-Atlantischen Partnerschaftsrates und der Partnerschaft für den Frieden weiter vertieft werden.

Stabilität von Vancouver bis Wladiwostok durch Stärkung und Vertiefung der OSZE

Eine kooperative Stabilitätsordnung von Vancouver bis Wladiwostok erfordert auch eine Stärkung und Vertiefung der OSZE. Sie ist weiterhin die einzige europäisch-atlantische Institution, die sowohl alle Nachfolgestaaten der Sowjetunion als auch die nordamerikanischen Demokratien umfaßt. Hieran wird auch die Aufnahme einiger der beitrittswilligen Staaten Mitteleuropas in der NATO nichts ändern. Deshalb darf die OSZE nicht zum Stiefkind der europäischen Politik werden. Eine dauerhafte Stabilitätsordnung ist ohne eine wirksame gesamteuropäische Institution wie die OSZE nicht denkbar. Das gilt um so mehr, als die OSZE einem umfassenden, nicht ausschließlich militärischen Sicherheitsbegriff folgt.

Allerdings muß die OSZE auf die neue Lage nach dem Ende des Kalten Krieges eingestellt und handlungsfähiger gemacht werden. Deshalb müssen die Arbeiten an der »Europäischen Sicherheitscharta« substantiell vorangebracht werden. Diese Charta muß über die Bekräftigung der bekannten OSZE-Prinzipien hinaus die Grundlagen der Zusammenarbeit zwischen der OSZE und den europäisch-atlantischen Institutionen, vor allem mit EU/WEU und NATO und mit deren Kooperationspartnern, definieren. Zugleich müssen die Mechanismen zur Durchsetzung der OSZE-Verpflichtungen verbessert werden. Das verlangt effizientere Entscheidungsprozesse innerhalb der OSZE – etwa auch ohne die Zustimmung der betroffenen Staaten, Beschlüsse fassen zu können. »Konsensus minus eins« heißt im übrigen, daß die OSZE den UN-Sicherheitsrat mit einer Krise auch ohne die Zustimmung der betroffenen Staaten befassen kann. Schon 1992 hat sich die OSZE zur regionalen Organisation im Sinne von Kapitel VIII der UN-Charta erklärt. Die darin liegenden Möglichkeiten müssen entschlossen genutzt werden. Dringlich ist auch die Schaffung eines überschaubaren Gremiums in der OSZE, also eines OSZE-Sicherheitsrates, mit der Möglichkeit einer rascheren Entscheidungsfindung. Darin müßten neben den großen Staaten und der EU auch kleinere und mittlere Staaten vertreten sein.

Die Verpflichtungen und Prinzipien der OSZE binden die Teilnehmerstaaten bislang nur politisch. Es würde die Autorität der OSZE stärken, sie schrittweise auf eine völkerrechtliche Grundlage zu stellen. Die Möglichkeiten friedlicher Streitbeilegung durch den Vergleichs- und Schiedsgerichtshof der OSZE müssen endlich genutzt werden. Daß die ständigen Sicherheitsratsmitglieder USA und Rußland das Abkommen zur Gründung des Gerichtshofes immer noch nicht unterzeichnet haben, ist zu bedauern.

Schließlich erfordert eine dauerhafte und gerechte Friedensordnung in ganz Europa auch Fortschritte bei der Abrüstung. Der Vertrag über die konventionelle Abrüstung in Europa aus dem Jahr 1990 war ein Meilenstein in der Geschichte der Abrüstung in Europa. Allerdings muß er jetzt den neuen Gegebenheiten nach der Auflösung des Warschauer Paktes und der Sowjetunion angepaßt werden. Dabei ist von entscheidender Bedeutung, destabilisierende Streitkräftekonzentration überall in Europa und noch wirksamer als heute auszuschließen. Durch die Einführung territorialer Obergrenzen würde größere Stabilität ohne Diskriminierung geschaffen. Bei der Anpassung des Vertrages über konventionelle Abrüstung müssen sich die NATO und alle anderen beteiligten Staaten von gesamteuropäischen Stabilitätsinteressen leiten lassen.

In den Jahren seit der großen Wende der Jahre 1989/90 hat sich das Antlitz Europas grundlegend gewandelt. Heute geht es nicht mehr um die Entspannung des Verhältnisses zweier sich feindlich gegenüberstehender Blöcke. Heute hat ganz Europa die Chance, die dauerhafte und gerechte Friedensordnung zu verwirklichen, von der der Harmel-Bericht als fernem Ziel sprach. Dies wird uns aber nur gelingen, wenn wir bereit sind, die Einheit des größeren Europa zur Grundlage unseres Handelns zu machen. Das verlangt Verantwortungspolitik, nicht Machtpolitik alten Stils. Dies war die Standortbestimmung der Bundesrepublik Deutschland im Zeitalter des Kalten Krieges, und dies muß auch die Standortbestimmung des vereinten Deutschland bleiben, wenn es heute darum geht, Frieden und Stabilität in ganz Europa dauerhaft zu sichern.

Dr. Theo Waigel
1939 in Oberrohr (Schwaben) geboren, studierte nach dem Abitur 1959 Rechts- und Staatswissenschaften in München und Würzburg. 1963 legte er das Erste juristische Staatsexamen ab, 1967 folgte die Promotion und das Zweite juristische Staatsexamen. Anschließend wurde er Gerichtsassessor bei der Staatsanwaltschaft am Landgericht München I. Von 1969 bis 1972 war er im Bayerischen Staatsministerium der Finanzen und im Bayerischen Staatsministerium für Wirtschaft und Verkehr tätig. Theo Waigel ist seit 1960 Mitglied der CSU. Nach der Arbeit in der Jungen Union in Bayern ab 1961 war er von 1971 bis 1973 deren Landesvorsitzender. Von 1973 bis 1988 war er Vorsitzender der Grundsatzkommission der CSU, seit 1988 ist er Vorsitzender der CSU. 1972 wurde er Mitglied des Bundestages; von 1982 bis 1989 als Vorsitzender der Landesgruppe und 1. stellvertretender Vorsitzender der CDU/CSU-Bundestagsfraktion. Seit 1989 ist Theo Waigel Bundesminister der Finanzen.

THEO WAIGEL

Deutschlands Platz in Europa

Mittelpunkt eines Staatenverbunds

Als Otto von Bismarck nach dem erfolgreichen Verlauf des Deutsch-Französischen Krieges 1871 mit der Proklamation des Kaiserreichs Deutschlands Einigung auf den Weg brachte, äußerte der englische Politiker Benjamin Disraeli die Befürchtung, damit sei das europäische Gleichgewicht zerstört. Für Disraeli war offensichtlich das Gewicht eines deutschen Nationalstaats im Herzen Europas so groß, daß es das machtpolitische Gleichgewicht auf dem alten Kontinent aus den Angeln hob.

Europas staatspolitische Landkarte der Neuzeit ist weitgehend das Ergebnis der Entwicklung eigenständiger Nationalstaaten. Während in England, Frankreich und Spanien die nationale Einigung schon recht früh erfolgte, zählen bekanntlich Deutschland und Italien zu den Nachzüglern, den sogenannten »verspäteten Nationen«. Die Staatsmänner des vergangenen Jahrhunderts waren – ausgehend von Metternichs strategischen Überlegungen auf dem Wiener Kongreß – darauf bedacht, in Europa eine Friedensordnung zu errichten, in deren Mittelpunkt ein Gleichgewicht zwischen den großen Nationalstaaten herrschen sollte.

Wie der Historiker Eberhard Jäckel jüngst aufgezeigt hat, waren die großen Kriege der Neuzeit geprägt durch die Bemühungen, dieses Gleichgewicht zu durchbrechen »auf der einen Seite zur Erkämpfung und auf der anderen Seite zur Verhinderung einer Hegemonie«, wobei England eine Art Schiedsrichterrolle zukam. Das Streben nach Vorherrschaft ist ein Wesensmerkmal nationaler Machtstaatspolitik des vergangenen wie des unsrigen Jahrhunderts.

Mit dem Aufkommen des Imperialismus griff diese Machtstaatspolitik über die Grenzen des europäischen Kontinents hinaus. Die Großmächte waren bestrebt, den vielzitierten »Platz an der Sonne« zu erobern. Selbst ein so gemäßigter Liberaler wie der Soziologe Max Weber schloß sich den Befürwortern deutscher Großmachtpolitik an. In seiner Freiburger Antrittsvorlesung im Jahr 1895 bekundet er: »Wir müssen begreifen, daß die Einigung Deutschlands ein Jugendstreich war, den die Nation auf ihre alten Tage beging und seiner Kostspieligkeit halber besser unterlassen hätte, wenn sie der Abschluß und nicht der Ausgangspunkt einer deutschen Weltmachtpolitik sein sollte.«

I.

Das Gleichgewicht der Großmächte in Europa stand immer auf einer brüchigen Grundlage. Im August 1914 stellte der damalige britische Außenminister Sir Edward Grey resigniert fest: »Die Lichter gehen aus in Europa, sie werden in unserer Lebenszeit nicht mehr erstrahlen.«

Das 1871 geeinte Deutschland hatte von Anfang an innerhalb des vermeintlichen Gleichgewichts der Mächte eine besonders prekäre Position inne. Ausschlaggebend hierfür ist Deutschlands europäische Mittellage, die nach erfolgter Reichsgründung die deutsche Außen- und Sicherheitspolitik maßgeblich bestimmte. Von einem Befürworter aktiver Kolonialpolitik des Deutschen Reiches gedrängt, antwortete Bismarck: »Ihre Karte von Afrika ist ja sehr schön. Aber da ist Rußland, und da ist Frankreich, und wir sind in der Mitte, und das ist meine Karte von Afrika.«

Das Deutsche Reich war der bevölkerungsstärkste Staat des Kontinents. Nachdem Deutschland die industrielle Aufholjagd erfolgreich bewältigt hatte, befürchteten unsere Nachbarstaaten, Deutschland strebe nach der Vormachtstellung in Europa.

Umgekehrt hegten die deutschen Verantwortlichen aus der Mittellage heraus Einkreisungsängste, also das, was Bismarck als *cauchemar des coalitions* bezeichnet hatte. Es nimmt deshalb nicht wunder, wenn sich die Pfeiler des Gleichgewichts als morsch erwiesen.

Europa schlitterte in die Katastrophe des 20. Jahrhunderts mit zwei verheerenden Weltkriegen, an deren Ende eine totale Verschiebung des weltpolitischen Koordinatensystems stand. Die ehemalige Vormachtstellung der europäischen Staaten wurde abgelöst durch das Gleichgewicht der beiden großen nuklearen Supermächte. Kern dieses neuen Gleichgewichts bildete das System von Jalta. Dieses war bestimmt durch die territoriale Teilung Europas, in deren Mittelpunkt wiederum die Teilung Deutschlands stand. Grundgedanke der Befürworter dieses Systems war offensichtlich die These, »daß die Existenz von zwei deutschen Staaten auf lange Sicht dem Gleichgewicht und damit der Ruhe in Europa dienlicher sei als ein wiedervereinigter Staat« (Jäckel).

II.

Nach dem Ende des Zweiten Weltkriegs, das gleichzeitig ein Ende der weltpolitischen Vormachtstellung Europas war, setzt auf dem alten Kontinent ein politischer Bewußtseinswandel ein. Während die eine Denkrichtung nach dem Zweiten Weltkrieg auf eine Verhinderung nationaler Vorherrschaft durch Teilung Deutschlands und Europas hinauslief, tendierte eine andere Denkrichtung auf eine Beendigung nationalen Vormachtstrebens durch Zusammenarbeit.

Die Väter der europäischen Vereinigung – die Christdemokraten Alcide de Gasperi, Robert Schuman und auf deutscher Seite der alte Konrad Adenauer und der junge Franz Josef Strauß – waren geprägt von der Einsicht in das Versagen nationaler Machtstaatspolitik. Sie sahen in der ökonomischen und politischen Zusammenarbeit die entscheidende Versicherung gegen einen Rückfall in den unheilvollen Chauvinismus des 19. und der ersten Hälfte des 20. Jahrhunderts. Ihr Ziel war der Aufbau einer ökonomischen und politischen Union gleichberechtigter Staaten, die sich wertemäßig auf Frieden und Freiheit, Demokratie und Rechtsstaatlichkeit verpflichten.

Das Werk der europäischen Gründungsväter war erfolgreich. Die vermeintliche Erbfeindschaft zwischen Deutschen und Franzosen gehört mittlerweile der Geschichte an. Der Zusammenschluß der Westeuropäer hat – gestärkt durch die transatlantische Zusammenarbeit – den Wettbewerb der Systeme für sich entschieden. Die von der europäischen Wirtschaftsgemeinschaft ausgehende Anziehungskraft hat entscheidend zum Zusammenbruch der sozialistischen Staaten wie auch des Comecon als dem Gegenpart zur EG geführt und dadurch demokratische und marktwirtschaftliche Revolutionen in Mittel- und Osteuropa ausgelöst. Dies war der Beginn der Rückkehr der mitteleuropäischen Staaten nach Europa, dem sie jahrhundertelang angehörten.

Ohne die konsequente Einbettung der Bundesrepublik in die westeuropäische Staatenfamilie wäre auch die Beseitigung der Teilung Deutschlands nicht möglich gewesen. Die Verankerung der alten Bundesrepublik war entscheidend für die Zustimmung der Nachbarn und der Siegermächte zur Wiedervereinigung Deutschlands.

III.

Der Vertrag über die Schaffung einer Währungs-, Wirtschafts- und Sozialunion zum 1. Juli 1990 machte den Prozeß zur Wiederherstellung der Deutschen Einheit unumkehrbar. Mit dem sogenannten 2 + 4-Vertrag wurden Voraussetzungen zur Wiedervereinigung Deutschlands in voller innerer und äußerer Souveränität geschaffen. Gleichzeitig wurde die volle Verankerung des vereinten Deutschlands sowohl in der NATO als auch in der europäischen Union festgelegt.

Auch 45 Jahre nach dem verlorenen Weltkrieg war dies keine Selbstverständlichkeit. Am 9. Oktober 1990 konnte ich mit der

Unterzeichnung des Überleitungsvertrags den ersten Vertrag des souveränen Deutschlands mit der Sowjetunion abschließen.

Mit der Wiedervereinigung wurde Deutschland sowohl vom Bevölkerungsumfang als auch von der wirtschaftlichen Leistungskraft her wieder zur zentralen Macht in Mitteleuropa. Das damit verbundene Vertrauen unserer Partner und Nachbarn mußte sich Deutschland erarbeiten. Deutschlands Bemühungen als Motor im europäischen Einigungsprozeß wurden anerkannt.

Die Bundesrepublik Deutschland gilt weltweit als verantwortungsbewußter und zuverlässiger Partner. Im Innern ist Deutschland ein demokratisch und rechtsstaatlich gefestigtes Staatswesen, in dem radikale Kräfte auf Dauer keine Chance mehr haben. Und trotz unbestreitbarer Standortdefizite zählt Deutschland ökonomisch und technologisch zu den weltweit führenden Staaten. Ohne das in 50 Jahren gewachsene internationale Vertrauen in die Stabilität der deutschen Demokratie und in die internationale Verläßlichkeit der Deutschen wäre es nicht zur Wiedervereinigung gekommen.

Am Ende dieses Jahrhunderts kann sich Deutschland zu den Gewinnern der Geschichte zählen. Es hat seine volle innere und äußere Souveränität wiedererlangt. Es ist gleichberechtigtes Mitglied der demokratischen Staatengemeinschaft. Und das vereinigte Deutschland ist, um an ein Wort Bismarcks zu erinnern, ein »saturierter Staat«, der gegenüber seinen Nachbarstaaten keine Gebietsansprüche erhebt, wie auch umgekehrt. Erstmals in diesem Jahrhundert kann das vereinigte Deutschland gegenüber all seinen Nachbarn auf gute und freundschaftliche Beziehungen verweisen.

IV.

Da sich Geschichte bekanntlich nicht wiederholt, ist es recht schwierig, konkrete Lehren aus ihr zu ziehen. Dennoch trifft Roman Herzogs Feststellung zu: »Wenn es eine zentrale Erfahrung der deutschen Geschichte dieses Jahrhunderts gibt, so kann diese doch nur lauten: Keine Alleingänge.«

Diese Einsicht hat seit der Entstehung der Bundesrepublik die Europapolitik von CDU und CSU geprägt. Was mit der Gründung der EWG begann, hat sich in den folgenden Jahrzehnten sukzessive fortgesetzt. Auch wenn politische Rückschläge nicht ausblieben, wurde das Projekt der europäischen Einigung in den vergangenen zehn Jahren auf eine qualitativ neue Stufe gestellt: Das Binnenmarktprogramm, der Vertrag von Maastricht, die Inangriffnahme der Währungsunion, die Vertiefung der politischen Zusammenarbeit im Rahmen der Union und zuletzt die Beschlüsse zur Osterweiterung sind die wichtigsten Etappen dieses Erfolgswegs.

Die Verankerung Deutschlands in der EU liegt im existentiellen Interesse Deutschlands. Ein in eine europäische Union eingebettetes Deutschland wird nicht mehr von Bismarcks Koalitionsängsten heimgesucht. Die Verankerung Deutschlands in der EU liegt aber auch im Interesse unserer Nachbarn. Sie nimmt deren historisch verständliche Angst vor den *incertitudes allemandes*. Und sie ist aus der Sicht unserer Nachbarn gleichsam eine politische Rückversicherung gegen die politisch-ökonomische Machtstellung eines vereinten Deutschlands im Zentrum des Kontinents.

Mit der europäischen Einbindung ändert sich auch die Erwartungshaltung der Nachbarn an die politische Verantwortung des wiedervereinigten Deutschlands. Unsere politischen Freunde im Westen erwarten vor allem die verstärkte Übernahme internationaler Verantwortung sowohl auf weltwirtschaftlicher Ebene als auch im Bereich weltweiter Friedensstiftung und Friedenserhaltung. Unsere Nachbarn und Freunde im Osten erwarten darüber hinaus Deutschlands Unterstützung bei ihren Bestrebungen zur politischen und wirtschaftlichen Stabilisierung ihrer Staaten. Allein auf sich gestellt wäre Deutschland mit seiner Brückenfunktion gegenüber Osteuropa überfordert.

V.

Innenpolitisch ist die Vertiefung der europäischen Einigung durch Maastricht – trotz großer Zustimmung in Bundestag und Bundesrat – nicht gerade auf überschäumende Begeisterung gestoßen. Ähnliche Vorbehalte haben sich auch in den anderen Mitgliedsländern ergeben. Dieses Phänomen ist jedoch kennzeichnend für alle Richtungsentscheidungen in der Geschichte der Bundesrepublik, angefangen von der Einführung der sozialen Marktwirtschaft und dem Aufbau der Bundeswehr über den Vollzug des Nato-Doppelbeschlusses bis hin zur innerdeutschen Währungsunion 1990.

Auf der einen Seite wächst die Einsicht der großen Mehrheit in die Notwendigkeit der grenzüberschreitenden Zusammenarbeit in praktisch allen politischen Bereichen. Auf der anderen Seite hat sich in allen Bevölkerungsschichten eine latente Angst vor dem Verlust der nationalen Identität breitgemacht.

Vergessen wird dabei sehr schnell: Mit dem Projekt der europäischen Einigung geht es nicht vorrangig um Mark und Märkte, sondern vor allem um die Errichtung einer dauerhaften Friedensordnung auf dem europäischen Kontinent. Es geht darum, nationale Identität in einer Welt zu sichern, deren Wirtschaft im Zeichen der Globalisierung steht und deren weltpolitisches Koordinatensystem sich nach dem Ende des Ost-West-Konflikts verschoben hat.

Die Sorgen vieler Bürger um die Stabilität der europäischen Währung sind aus historischen Gründen verständlich. Aber es wurde alles Erdenkliche unternommen, um die Stabilität der künftigen Währung sicherzustellen – von den überaus harten Konvergenzkriterien über die völlige Unabhängigkeit der Europäischen Zentralbank bis zum Stabilitätspakt mit seinen Sanktionsmechanismen. Dieses Regelwerk schafft die Grundlagen für eine wirksame und dauerhafte Stabilitätsgemeinschaft.

Jenseits aller aktuellen Diskussionen über Haushaltsdefizite und Inflationsraten gilt es jedoch, Maastricht im Gesamtzusammenhang zu betrachten. Im Zeitalter der Globalisierung von Wirtschaft und Finanzmärkten und der weltweiten Bildung von Wirtschaftsblöcken braucht Europa einen einheitlichen Wirtschaftsraum mit gemeinsamer Währung, um seine Weltmarktanteile und seine Wettbewerbsfähigkeit und damit auch sein Wohlstandsniveau zu erhalten. Wem »die ganze Richtung« in der Europapolitik nicht paßt, der riskiert bei den heutigen weltweiten Interdependenzen nicht nur den wirtschaftlichen, sondern auch den politischen Abstieg der europäischen Staaten. Und wer glaubt, die Verbrechensbekämpfung und die Wanderungsbewegungen auf der einen und die außen- und sicherheitspolitischen Herausforderungen auf der anderen Seite mit nationalstaatlicher Politik lösen zu können, der leidet an nationaler Selbstüberschätzung.

Eines der Hauptargumente gegen Maastricht ist immer wieder der Einwand: Das kommt zu früh; das geht zu schnell. Dem steht jedoch entgegen: Hoffentlich ist es nicht einmal zu spät. Wann, wenn nicht jetzt – nach dem Zusammenbruch des Sowjet-Marxismus und dem Ende des Systems von Jalta –, ist es an der Zeit, Europa neu zu ordnen und eine dauerhafte Friedensordnung zu schaffen? Wann, wenn nicht jetzt – im Zeitalter der Globalisierung der Güter- und Finanzmärkte –, ist es an der Zeit, einen echten Binnenmarkt mit einheitlicher Währung zu schaffen? Es geht doch darum, die sich in der jetzigen Phase des weltweiten Umbruchs bietende Chance mit Mut und Augenmaß zu ergreifen.

Auf sich allein gestellt sind kleinere Nationen bei der Bewältigung der politischen Probleme überfordert. Das Zeitalter nationalistischer Machtstaatspolitik hat sich als Irrweg erwiesen. Wer sich dennoch zur Nation bekennt, aber das Wiederaufflammen eines pervertierten Nationalismus verhindern will, der muß auf eine Europäische Union hinarbeiten, in der die Macht der selbständigen Nationen gewissermaßen »gezähmt« ist.

Instrumente zur Lösung dieses vermeintlichen Dilemmas zwischen Zwang zur Einigung und Festhalten an der Nation bilden die Prinzipien des Föderalismus und der Subsidiarität. Das Projekt Europa kann und wird gelingen, wenn es auf einem Verbund unabhängiger Staaten aufbaut, der den einzelnen Nationen und Regionen ausreichend Luft zum Atmen läßt.

Nicht vereinbar mit einem solchen Konzept wäre die unmittelbar nach dem Zweiten Weltkrieg von Winston Churchill erhobene Forderung nach Vereinigten Staaten von Europa. Ein europäischer Bundesstaat muß auf absehbare Zeit Utopie bleiben, denn ihm fehlt ein europäisches Staatsvolk und vor allem ein europäisches Bewußtsein seiner Bürger.

Ob es je zur Herausbildung eines europäischen Bewußtseins im Sinne eines »transnationalen Identitätsgefühls« in den breiten Schichten der Bürger der Mitgliedstaaten kommen wird, läßt sich gegenwärtig nicht abschätzen. Was Europa bewußtseinsmäßig zusammenhält, sind jedoch die gemeinsamen Werte, die gemeinsame Geschichte und Kultur und die gemeinsame Verwurzelung in der Tradition von Christentum und Aufklärung. »Das Bewußtsein der Vielfalt geschichtlicher Teilidentitäten konstituiert die politische Kultur Europas« (Werner Weidenfeld). Aus dieser Kultur heraus könnte dereinst eine europäische Identität erwachsen, die Václav Havel vorgreifend als »europäische Heimat« bezeichnet hat.

VI.

Im Rahmen der aktuellen politischen Diskussion müssen wir das Projekt Europa als offenen Prozeß begreifen und gestalten. Die Gemeinschaft muß geographisch offen bleiben für die Reformstaaten in Mittel- und Osteuropa. Die Gemeinschaft muß aber auch konstitutionell offen bleiben im Hinblick auf die inneren Strukturen und die Kompetenzverteilungen. Deshalb wäre es falsch, zum gegenwärtigen Zeitpunkt einen festen Endpunkt mit einer europäischen Verfassung anzustreben.

Das deutsche Bundesverfassungsgericht hat hierzu den Weg gewiesen mit dem Begriff des »Staatenverbundes«. Danach gilt es, auf eine Konföderation hinzuarbeiten, die demokratischen und rechtsstaatlichen Anforderungen gerecht wird, ihre Ökonomie nach marktwirtschaftlichen Grundsätzen gestaltet und sich in gesellschaftlicher Hinsicht zu Toleranz und Pluralismus bekennt. Ziel muß ein Verbund sein, der unter den weltweit veränderten Rahmenbedingungen Platz bietet für »einen reformierten, einen kooperativen, grundrechtlich domestizierten Nationalstaat« (Hans Maier) und dessen existentielles Ziel die Errichtung und irreversible Absicherung einer dauerhaften Friedensordnung in Europa bildet.

Ob mit Maastricht hierzu die erforderlichen Fundamente geschaffen wurden, wird die Geschichte erweisen. Die Folgerungen für eine verantwortungsbewußte Europapolitik Deutschlands liegen jedoch auf der Hand. In der Mitte Europas gelegen, müssen wir die politische und soziale Stabilität nach innen festigen, die wirtschaftliche und technologische Leistungskraft aufrechterhalten und durch eine aktive Mitarbeit am Prozeß der europäischen Einigung internationales Verantwortungsbewußtsein nach dem Ende der Phase historisch verordneter Passivität unter Beweis stellen.

Durch seine Geschichte und seine geographische Lage hat gerade das wiedervereinigte Deutschland im Herzen des alten Kontinents eine besondere Verantwortung für Europa. Denn es gilt unverändert das, was der Historiker Michael Stürmer 1985 in der Festschrift für Franz Josef Strauß formuliert hat: »Zu den Lehren der deutschen Geschichte gehört nicht allein der nüchtern zu konstatierende Umstand, daß Europa die längste Zeit, ohne etwas zu vermissen, ohne deutsche Einheit auskam. Es zählt auch die Einsicht dazu, daß, was immer in der Mitte des Kontinents geschieht, die Nachbarn in Mitleidenschaft zieht und deshalb ihre Aufmerksamkeit beansprucht, ihre Angst und ihr Interesse: meist mehr, als den Deutschen willkommen.«

LOTHAR DE MAIZIÈRE
1940 in Nordhausen geboren, studierte nach dem Abitur an der Musikhochschule im Fach Viola und von 1969 bis 1975 an der Humboldt-Universität Berlin im Fernstudium Rechtswissenschaften. Bis 1975 gehörte er verschiedenen Theater- und Kulturorchestern an, unter anderen dem Berliner Rundfunk-Sinfonieorchester. Anschließend arbeitete er als Rechtsanwalt. Seit 1985 ist Lothar de Maizière Mitglied der Synode des Bundes der Evangelischen Kirchen der DDR, von 1986 bis 1990 war er einer der beiden Vizepräsides, und seit 1987 ist er Mitglied der Arbeitsgruppe Kirchenfragen der CDU. Im November 1989 wurde er Vorsitzender der CDU der DDR und von März bis Oktober 1990 Mitglied der Volkskammer. Im April 1990 wurde er zum (letzten) Ministerpräsidenten der DDR gewählt. Im Oktober 1990 wurde Lothar de Maizière einziger stellvertretender Vorsitzender der CDU und Mitglied des Deutschen Bundestages. Von Oktober bis Dezember 1990 war er Bundesminister für besondere Aufgaben; im Oktober 1991 schied er aus dem Deutschen Bundestag aus.

Lothar de Maizière

Mittel- und Osteuropa im Kontext der deutschen Einigung

Orientierungen nach dem Untergang des Sowjetimperiums

Nachdem sich die deutsche Geschichte in den Jahren 1989/1990 im Zeitraffertempo bewegte, ja von historischer Plötzlichkeit geprägt war, ist es nötig, darüber nachzudenken, wie sich der Prozeß der deutschen Einigung für unsere mittel- und osteuropäischen Nachbarn darstellt.

Wir werden uns fragen müssen oder fragen lassen müssen, ob wir in dieser Zeit unsere deutsch-deutschen Interessen nicht so wichtig genommen haben, daß wir darüber die Interessen unserer östlichen Nachbarn nicht mehr erkannten oder vergaßen, ihre Interessen als unsere eigenen Interessen mit zu bedenken.

Das Thema Mittel- und Osteuropa im Kontext der deutschen Einigung kann man nicht behandeln, ohne die damalige Sowjetunion und deren Interessenlage in die Überlegungen mit einzubeziehen.

Erschwerend kommen zwei weitere Umstände hinzu: Zum einen war zum damaligen Zeitpunkt aus den offiziellen Verlautbarungen aller nicht immer hinreichend erkennbar, was das tatsächliche Interesse des jeweiligen Landes war und was möglicherweise taktische Aussagen zur Erreichung des eigenen Interesses waren. Und zum anderen gab es nur wenige Interessen, die konstant waren (so beispielsweise das Interesse der Polen an einer sicheren, unumstrittenen Westgrenze). Andere Interessen wechselten in dem Maße, wie unser Koordinatensystem, in dem wir lebten, sich änderte. Und diese Veränderungen vollzogen sich sehr schnell.

Bei meinen nachfolgenden Ausführungen stelle ich die Probleme aus meiner damaligen Sicht, aus der Sicht meines Umfeldes, meiner Berater und Regierungskollegen dar. Ob und inwieweit diese mit der damaligen bundesrepublikanischen Sicht identisch ist oder korrespondiert, mag der vergleichenden Betrachtung des Lesers überlassen bleiben.

Der Ostblock – oder wie es offiziell hieß: das »sozialistische Lager« – war, wenn auch unfreiwillig, unter sowjetischer Vorherrschaft durch zwei Bündnisse vernetzt und verzahnt: im wirtschaftlichen Bereich im Rat für gegenseitige Wirtschaftshilfe (RGW) und im Sicherheitsbereich in der Warschauer Vertragsordnung (WVO).

Jeder, der sich einmal näher mit den Vertragswerken des RGW, mit den Fünfjahresplänen, den jährlichen bilateralen Handelsabkommen, mit den ALB/RGW, das heißt, den Allgemeinen Liefer- und Leistungsbedingungen des RGW (ein RGW-internes Zivilrecht), und den dazu ergangenen bilateralen Ergänzungsprotokollen befaßt hat, mußte erkennen, daß es sich um eine sehr enge Vernetzung zur Befriedigung vorwiegend sowjetischer Interessen handelt, daß aber eine Loslösung daraus auch zur Verletzung eigener Interessen des Ausscheidenden führen mußte.

Eine ähnliche Vernetzung der Interessen gab es in der Warschauer Vertragsordnung nicht, es sei denn, man gehörte zu denen, die in dem »Gleichgewicht des Schreckens« der beiden Blöcke den Garanten der Sicherheit sahen, statt im Abbau der Blockkonfrontation und der Schaffung bündnisüberwölbender Strukturen, beispielsweise der KSZE.

Mit dem Fall der Mauer und den im Dominoeffekt sich vollziehenden Änderungen der politischen Verhältnisse in den Vertragsstaaten war klar, daß die Tage der beiden Konstrukte gezählt waren. Offen war nur die Frage, in welchem Tempo, in welchen Schritten sollte sich das wechselseitige Freigeben vollziehen.

Auf dem Gebiet der Wirtschaft, das heißt des RGW, bestimmte dies die Sowjetunion, bestimmte dies Michail S. Gorbatschow, indem er im Januar 1990 auf dem letzten RGW-Gipfel in Sofia den Handel auf der Basis des Verrechnungsrubels aufkündigte und per sofort den Handel mittels konvertierbarer Währungen und auf der Grundlage von Weltmarktpreisen forderte.

Seitens der DDR nahmen an dieser Tagung noch Hans Modrow und Christa Luft teil, die – zurück in Berlin – berichteten, daß es der Anstrengung aller anderen bedurft hätte, eine Verlängerung des Handels auf Verrechnungsrubelbasis bis zum 31. Dezember 1990 zu erreichen.

Der Forderung Gorbatschows sofort zu entsprechen, hätte zum Wegfall der zum Teil langfristig angelegten Liefer- und Abnahmeverpflichtungen und zur Neuverhandlung aller Preise führen müssen. Dies wäre das totale Ende des RGW-Handels schon im Januar 1990 gewesen.

Die Sowjets, auch Gorbatschow, glaubten, daß sie mit ihrem fast unendlichen Vorrat von weltmarktfähigen Rohstoffen einerseits und dem Angewiesensein der mitteleuropäischen Volkswirtschaften auf diese Rohstoffe andererseits ihre eigenen wirtschaftlichen Probleme auf diese überwälzen könnten. Ein verhängnisvoller Irrtum! Tatsächlich beraubten sie auf diese Weise ihre bisherigen Vasallen der Abnahmefähigkeit für diese Rohstoffe und damit ihrer Produktionsfähigkeit für den eigenen, den sowjetischen Markt.

Nur um eine Vorstellung von der Größenordnung zu geben, sei ausgeführt, daß die DDR im Laufe der Jahre 48000 Diesel-Notstromaggregate in die Sowjetunion geliefert hatte, daß vier Fünftel aller dort betriebenen Mähdrescher aus DDR-Produktion stammten, daß über 28000 Diesel-Schiffsmotoren gen Osten geliefert waren und daß einige hundert Anlagen des Chemie- und Erdölanlagenbaus aus der DDR stammten.

Der Vertragsbruch im Großen legitimierte die Vertragsbrüche im Kleinen. Jeder versuchte nun, sich nach der Devise »Rette sich, wer kann« aus für ihn unbequemen Verpflichtungen zu befreien, und war erstaunt, daß andere mit ihm ein Gleiches taten. Spätere Bemühungen, den Schaden wieder zu beheben und seine Folgen zu mildern, scheiterten an der mangelnden Autorität der sowjetischen Zentralregierung im eigenen Land und an der Ignoranz einiger Wirtschaftsvertreter in Bonn und Brüssel für die spezifische Situation und die mangelnde Einsicht in die Mechanik von Kredit-Bartergeschäften.

Die entscheidenden Weichenstellungen für den RGW-Handel waren längst vollzogen, als am 18.März 1990 die erste freie Volkskammer gewählt wurde, die sich am 12. April 1990 ihre Regierung wählte.

Spätere Behauptungen, diese Regierung hätte mit der »vorschnellen Einführung« der D-Mark den Osthandel zerstört, gehören ebenso in das Reich der Legende wie die Behauptung, dadurch hätte sie die zehntstärkste Industrienation ruiniert. Stimmte der erste Vorwurf, hätte ja der Handel der Sowjetunion mit Polen, mit Ungarn oder der damaligen Tschechoslowakei weiter funktionieren können. Nein, die Implosion vollzog sich im ganzen und unabhängig von der Währungsunion.

An dem bereits erwähnten 12. April 1990 wurden nicht nur die Regierung gewählt und die dieser Regierungsbildung zugrundeliegende Koalitionsvereinbarung unterzeichnet, sondern es wurde auch eine Erklärung der Volkskammer verabschiedet, die weltweite Beachtung fand und in der wir, die Mitglieder, uns zu unserer Verantwortung für die ganze deutsche Geschichte und die Zukunft bekannten. Vier bewußt als Schuldbekenntnis formulierte Punkte sollten unser Selbstverständnis beschreiben und uns im Verhältnis zu unseren mittel- und osteuropäischen Nachbarn positionieren.

Wir bekannten uns zu unserer Mitverantwortung am Holocaust ebenso wie zu den Leiden, die von Deutschen im Zweiten Weltkrieg den Völkern der Sowjetunion angetan wurden. Voll Scham bekannten wir uns zur Mitschuld der DDR an der Niederschlagung des »Prager Frühlings«, und wir versicherten dem polnischen Volk die Sicherheit seiner Westgrenzen. Besonders diese letzte Feststellung war uns wichtig, dies um so mehr, als bereits kurz nach dem Fall der Mauer polnische Besorgnisse laut wurden, daß unkluge Äußerungen einiger Bundespolitiker Boden gewinnen könnten.

Bereits am 9. März 1990 erklärte Ministerpräsident Tadeuz Mazowiecki in einem Interview für die französische Zeitung *Le Monde:* »Wenn es an der Zeit ist, die Nachkriegsgeschichte abzuschließen, dann muß Polen seine alliierten Rechte geltend machen und sein Wort mitreden.«

Ich war zwar nicht der Auffassung Mazowieckis, daß Polen einen »Stammplatz« bei den auf der Konferenz »Offener Himmel« in Ottawa im Februar begonnenen 2 + 4-Gesprächen hatte. »2 + 4« bezeichnete den durch die Geschichte legitimierten Teilnehmerkreis endgültig, wohl aber war ich der Auffassung, daß Polen zu allen Polen tangierenden Fragen zu hören und zu berücksichtigen sei. »Insbesondere das polnische Volk soll wissen, daß sein Recht in sicheren Grenzen zu leben, von uns Deutschen weder jetzt noch in Zukunft durch Gebietsansprüche in Frage gestellt wird.« So hatten wir in der Erklärung vom 12. April 1990 in der Volkskammer gesagt, und ich hatte Verständnis dafür, daß die Polen diese Aussage gerne in einer völkerrechtlich verbindlicheren Form gelesen hätten.

Die Frage der endgültigen Anerkennung der deutsch-polnischen Grenze überschattete den 2 + 4-Prozeß zur Einigung Deutschlands von seinen ersten Anfängen bis zu seinem Ende, bis es endlich in dem am 12. September 1990 unterzeichneten 2 + 4-Vertrag wie folgt hieß: »Das vereinte Deutschland und die Republik Polen bestätigen die zwischen ihnen bestehende Grenze in einem völkerrechtlich verbindlichen Vertrag.«

Noch bis heute gibt es für mich keine plausible Erklärung dafür, daß von unserer Volkskammererklärung am 12. April 1990 an eine Frist von mehr als zwei Monaten verstreichen mußte, bis wir am 21. Juni 1990 in beiden Parlamenten eine gleichlautende Erklärung zu dieser sensiblen Problematik abgaben.

In einem wenige Tage nach der Regierungsbildung überreichten sowjetischen Nonpaper heißt es, daß die inneren und äußeren Aspekte der deutschen Einheit miteinander verbunden werden müßten, und was die äußeren Aspekte seien, bestimme die sowjetische Führung. Beispielhaft wurden genannt:

– Vertragstreue hinsichtlich der völkerrechtlichen Verträge der DDR;

– die »Unannehmbarkeit der Eingliederung des geeinten Deutschlands in die NATO«;

– eine gemeinsame, abgestimmte Haltung der DDR und der Sowjetunion bezüglich des VKSE-Prozesses in Wien;

– der Fortbestand der NATO und der Warschauer Vertragsordnung;

– die Nichtanwendbarkeit des Art. 23 des Grundgesetzes;

– die Forderung nach einem Friedensvertrag mit der Regelung der Nachkriegsgrenzen;

– der Vertrauensschutz für bestehende Wirtschaftsverträge zwischen der Sowjetunion und der DDR.

Wir wissen, die Geschichte hat manches anders gerichtet.

Von besonderer Wichtigkeit war für unsere unmittelbaren mitteleuropäischen Nachbarn, die Polen, die Tschechen und Slowaken und die Ungarn, schon damals die Lösung der Sicherheitsfrage. Einerseits wollten sie schnell und deutlich eine Loslösung von der sowjetischen Hegemonialmacht, aber andererseits fürchteten sie, in ein sicherheitspolitisches Vakuum oder in eine Isolation zu geraten.

Vaclav Havel formulierte am 10. Mai 1990 beim Europarat sein Ziel wie folgt: Er hoffe auf die »Idee einer europäischen Sicherheitskommission als Fortentwicklung der KSZE«. Am 7. Juni 1990 fand in Moskau die letzte Tagung des »Politischen beratenden Ausschusses der Teilnehmerstaaten des Warschauer Paktes« statt.

Am späten Nachmittag des 6. Juni kam in Moskau Istvan Horvath, der damalige ungarische Botschafter in Deutschland, zu mir und lud mich für den Abend in die dortige ungarische

Botschaft ein. Das Hotel »Oktjaberskaja«, in dem wir alle wohnten, sei zu verwanzt, und man wolle daher an sicherem Ort, das heißt, in der ungarischen Botschaft, das morgige Vorgehen besprechen. Anwesend waren Josef Antal, Vaclav Havel, Tadeuz Mazowiecki und ich.

Antal war durch einen Parlamentsbeschluß gebunden und sollte nach Möglichkeit sofort die Warschauer Vertragsordnung verlassen. Havel und Mazowiecki waren etwas bedächtiger, erhoben aber die Forderung nach Veränderungen des Bündnisses, und zwar der Umwandlung in ein politisches Bündnis und die Auflösung des Bündnisses im ganzen binnen Jahresfrist.

Ich mußte den Gesprächspartnern für die DDR erklären, daß sich für uns die Lösung dieses Problems im Zusammenhang mit den 2 + 4-Gesprächen ergeben würden und daß wir von daher ihnen in ihren Bemühungen kein starker Partner sein könnten.

Ich bin noch heute dankbar, daß von meinen damaligen Gesprächspartnern diese Position akzeptiert wurde. Ich erinnere mich noch gern an das amüsierte Gesicht Havels, der sagte, daß er es schon sehr komisch fände, wenn ein Philosoph wie Mazowiecki, ein Historiker wie Antal, ein Schriftsteller wie Havel und ein Musiker wie de Maizière im Hinterzimmer Weltgeschichte spielten.

Immerhin haben wir uns mit unseren Vorstellungen am Folgetag gegen Gorbatschow – aber auch gegen den Rumänen Iliescu und den Bulgaren Mladenow – durchgesetzt, die eine militärische Stärkung der Warschauer Vertragsordnung forderten. Dieses unser »Sichdurchsetzen« war die eigentliche Sterbestunde des einst mächtigen Warschauer Paktes.

Der Versuch beim Treffen der Verteidigungsminister am 14. Juni 1990 in Berlin, das Bündnis zu demokratisieren und zu einem politischen Bündnis umzubauen, das heißt, das Rotationsprinzip einzuführen und einen zivilen Generalsekretär an die Spitze zu setzen, scheiterte am Veto der Sowjetunion.

Das Wissen um das Ende der Warschauer Vertragsordnung und damit einer noch benennbaren Alternative zur NATO und die Zunahme eigener innerer Schwierigkeiten auf politischem und ökonomischem Gebiet mögen Gorbatschow unter anderem auch dazu bewogen haben, seine bisherige starre Haltung in der Frage der Bündniszugehörigkeit des geeinten Deutschlands in der NATO zunächst auf dem Gipfel mit George Bush und dann im Kaukasus gegenüber Helmut Kohl aufzugeben.

In beiden Staatsverträgen zur Herstellung der deutschen Einheit, das heißt, sowohl im Vertrag zur Schaffung einer Währungs-, Wirtschafts- und Sozialunion als auch im Einigungsvertrag haben wir uns bemüht, dem Grundsatz des Vertrauensschutzes gegenüber unseren osteuropäischen Nachbarn Geltung zu verschaffen. In Art. 12 des Einigungsvertrags haben wir für die Staatssukzession gesorgt, dennoch haben manche erhaltungswürdige Verbindungen dem Strom der Zeit nicht standgehalten.

Je mehr Abstand wir gewinnen, stellt sich die deutsche Einigung eher als »Abfallprodukt« des Untergangs des Sowjetimperiums und weniger als Verdienst der Deutschen, sondern als Jahrhundertgeschenk an die Deutschen dar. Wenn ein Weltreich untergeht, hinterläßt es leider eine ziemliche Unordnung. Ausdruck dieser Unordnung sind zahlreiche Risiken – Risiken sozialer Art, militärischer Art und in diesem Jahrhundert neu hinzugekommen, Risiken ökologischer Art.

Die Mauer hatte eine merkwürdige oder wie man neudeutsch sagen würde, ambivalente Doppelfunktion. Uns Ostdeutsche und Osteuropäer hat sie zuverlässig eingesperrt, für uns war sie die fast unüberwindliche Gefängnismauer. Den Westen hat sie, so monströs es klingen mag, geschützt, hat ihn vor kalten sibirischen Winden bewahrt. Nun gibt es nicht mehr den anderen Block, der seine Probleme und Angelegenheiten mehr schlecht als recht, aber doch alleine regelt. Es ist quasi über Nacht der gemeinsame Kontinent, ein Kontinent ohne Ostgrenze entstanden. Die Probleme des Ostens sind nicht mehr nur die Probleme des Ostens, sondern auch die Existenzprobleme des Westens geworden.

Das in zurückliegenden Jahrzehnten vielfach beschworene »Gemeinsame Haus Europa« haben wir jetzt. Aber es fehlt uns noch die Hausordnung. Und ich fürchte, wir werden sie nicht finden, solange die Lebensverhältnisse der Souterrainbewohner so deutlich abweichen von den Lebensverhältnissen derer, die in der Beletage wohnen.

Die Schnittstelle der Systeme ist heute die Stelle, an der die Systemunterschiede überwunden werden müssen, und daraus ergeben sich Aufgaben:

1. Die Transformation in Ostdeutschland, und zwar sowohl, was die wirtschaftliche Situation anbelangt, als auch die gesellschaftliche Situation betreffend, hat für unsere mittelosteuropäischen Nachbarn Vorbildcharakter. In Gesprächen heißt es immer wieder »Wenn Ihr es nicht schafft, wer dann . . .?«

Das Treuhandmodell, so umstritten es sein mag, hat sich durchgesetzt. Inzwischen verfügen sowohl die Polen als auch die Tschechen und Ungarn über eine ähnliche Institution. Ebenso durchgesetzt hat sich der liquidatorische Ansatz zur Privatisierung. Der anfängliche Versuch, durch Subventionen international schrumpfende Industrien zu erhalten, hat sich als fehlerhaft und zu teuer erwiesen. Wenn dies schon in Deutschland zu teuer ist, um wieviel mehr in den MOE-Staaten.

2. Unsere östlichen Nachbarn, die MOE-Staaten, erwarten klare Unterstützungszusagen Deutschlands für ihren Weg nach Westeuropa. Wenn diese Nachbarn betonen, daß sie den Weg zurück nach Europa suchen, dann meinen sie ein Zurück in den Geltungsbereich der lateinischen Buchstaben und heraus aus dem Geltungsbereich der wenig geliebten kyrillischen Buchstaben. Wir erleben die Renaissance der Grenze zwischen lateinischem Westeuropa und byzantinischem Osteuropa.

Unsere mittelosteuropäischen Nachbarn streben in die NATO, siehe das überzeugende Votum der ungarischen Bevölkerung für den Beitritt Ungarns in die NATO. Sie suchen den Weg in die EU und versuchen, sich dafür wirtschaftlich fit zu machen.

Entscheidender aber noch ist, daß sie auch den geistig-kulturellen Anschluß suchen. Der »Prager Frühling« und der »Warschauer Herbst« warten darauf, als Beitrag zur Schaffung eines gemeinsamen Kultur- und Lebensraums Europa anerkannt zu werden.

3. Deutschlands Aufgabe in diesem Prozeß ist es, die Balance zu finden zwischen der Befriedigung von überbordenden Hoffnungen auf Unterstützung einerseits und der Angst unserer Nachbarn vor erneutem hegemonialem Streben Deutschlands. Letzteres wird nur vermieden werden können, wenn Deutschland zuverlässig verankert ist in der NATO, in der EU, in der WEU und anderen supranationalen Einrichtungen.

Deutschland hat dabei den Spagat zu leisten zwischen der Aufgabe, ein guter Westeuropäer zu sein und zugleich ein fairer Osteuropapartner.

4. Deutschland tut gut daran, ein klares Verhältnis zu Rußland zu gewinnen. Meine feste Überzeugung ist, daß wir Sicherheit in Europa auf Dauer nur gemeinsam mit Rußland und nicht gegen Rußland gewinnen können.

Ob die »NATO-Partnerschaft für den Frieden« oder »der offene Himmel« dafür schon ausreichende Modelle sind, mag dahingestellt sein.

Bei diesem Bemühen darf sich Deutschland keine Vernachlässigung der Interessen der Polen, der Weißrussen, der Ukrainer und der Bewohner der baltischen Staaten zuschulden kommen lassen. Die historischen Negativerfahrungen dieser Völker sind die, daß ihre Interessen zwischen den Interessen der Russen und der Deutschen zerrieben werden.

5. Deutschland muß noch die schwierige Aufgabe der Aussöhnung mit dem Osten bewältigen. Mit Bewunderung und Neid haben wir Ostdeutschen gesehen, wie es in den zurückliegenden Jahrzehnten den Westdeutschen gelungen ist, sich mit ihren westeuropäischen Nachbarn auszusöhnen.

6. Die problematischste Aufgabe, wie ich es sehe, ist die Aufgabe Deutschlands, erwachsen zu werden. Deutschland muß

seine eigene Größe und Bedeutung annehmen und eine dementsprechende Dialogkultur entwickeln.

Nach Jahren fremdverordneter Abstinenz folgte später die selbstverordnete Abstinenz, sich bei internationalen Problemen zu Wort zu melden und zu äußern. Dies wird auf Dauer nicht mehr reichen. Einige drücken dies so aus, daß die Zeit der Scheckbuchdiplomatie vorbei sei. Dies ist sicherlich richtig, insbesondere wenn man bedenkt, daß die Schecks inzwischen knapp geworden sind.

In meiner unmittelbaren Heimat, in Berlin-Brandenburg, gelang es den in der Berlin-Brandenburgischen Akademie der Künste Versammelten nicht, sich auf einen Präsidenten aus den eigenen Reihen zu einigen. Die Wahl fiel auf György Konrad, einen aus Budapest kommenden Schriftsteller jüdischer Herkunft. Eine gute Wahl. Eine an die Berliner gerichtete Rede schloß er unlängst mit folgendem Satz: »Liebe Berliner, ich wünsche Ihnen eine erfolgreiche Navigation zwischen der Szylla des Selbstmitleids und der Charybdis der Überheblichkeit.«

Ich denke, die Deutschen sind den Berlinern nicht unähnlich. Wir alle werden das Navigieren noch üben müssen.

Petra Roth
1944 in Bremen geboren,
absolvierte nach dem Besuch von
Gymnasium und Höherer Handelsschule
eine Ausbildung zur Arzthelferin
in Freiburg im Breisgau.
1972 trat sie in die CDU ein und war
von 1973 bis 1988 Sozialbezirksvorsteherin,
von 1977 bis 1989 Abgeordnete im
Landeswohlfahrtsverband Hessen,
gleichzeitig Stadtverordnete in Frankfurt
und unter anderem auch Jugendpolitische
Sprecherin der CDU-Fraktion.
Seit 1987 ist Petra Roth Mitglied des
Hessischen Landtags,
Vorsitzende des Arbeitskreises für
Wohnungswesen und Städteplanung
der CDU-Fraktion und Mitglied
des Innenausschusses des Landtags.
Von 1993 bis 1994 war sie
Stadtverordnetenvorsteherin in Frankfurt.
Seit 1990 ist sie Mitglied des
Landesvorstands der CDU Hessen.
Seit Juli 1995 bekleidet sie das
Amt der Oberbürgermeisterin
der Stadt Frankfurt am Main
und ist seit Juni 1997
Präsidentin des Deutschen Städtetages.

Petra Roth

Die Globalisierung der Kommunen

Frankfurts Zukunftsrezept: Stärken ausbauen, Schwächen abbauen

Unternehmen zeichnen sich dadurch aus, daß sie etwas unternehmen, Risiken einschätzen und gegebenenfalls eingehen. Mut gehört dazu, ein Restrisiko bleibt, Nüchternheit, Realismus, Differenzierungsvermögen und Wagemut charakterisieren den erfolgreichen Unternehmer, einen Unternehmer wie Reinfried Pohl.

Die genannten Eigenschaften kommen aber auch der kommunalen Wirtschaftspolitik zugute: Realitätsbewußtsein und Weitblick. Dazu gehört, die Krise der städtischen Finanzen als Chance zu sehen und zu nutzen. Einer ungeschminkten Bestandsanalyse müssen Weichenstellungen für die Zukunft folgen. Frankfurt hat dabei sicher eine Vorreiterfunktion unter den deutschen Großstädten.

Wir stehen unausweichlich vor der Entscheidung, die kommunalen Aufgaben neu zu bestimmen. Was muß aus der Stadtkasse finanziert werden? Wie läßt sich die Infrastruktur als essentielle Standortqualität bewahren, ohne die bereits horrenden Defizite weiter zu erhöhen? Wie lassen sich Schuldentilgung und politischer Gestaltungsraum in Einklang bringen?

Gewiß ist, daß Städte Investoren brauchen und daß ihre Attraktivität als Stadtgesellschaft dabei gar nicht zu überschätzen ist. Gewerbesteuersätze in schwindelerregender Höhe sind sicher kein Magnet für neue Unternehmen. Günstige Verkehrsverbindungen, ein anspruchsvolles Kulturangebot, eine serviceorientierte und flexible Stadtverwaltung sind es schon. Verkehrsschikanen, die nicht unbedingt eine Schadstoffminderung bedeuten, überzeugen keinen Investor.

Gute Schulen hingegen sind ein Aktivposten. Die Internationale Schule in Frankfurt etwa ist ganz wichtig für eine offensive Wirtschaftsförderung. Frankfurt ist die internationalste Stadt Deutschlands: Das gilt gleichermaßen für Finanzen, Wirtschaft, Kultur und Wissenschaft. Diesen Vorzug muß die Stadt der europäischen Zentralbank nutzen und verstärkt im Städtewettbewerb ausreizen. Unsere Ziele *müssen* ehrgeizig sein, um die Herausforderungen bestehen zu können. Diese Herausforderungen stellen sich für die Städte unterschiedlich, doch die Rahmenbedingungen sind ähnlich, und Frankfurt hat äußerst gute Karten.

Die Globalisierung des Wirtschaftsprozesses hat die Städte längst erreicht, was sich an grundlegend veränderten Unternehmensstrukturen und Strategien zeigt. Die Globalisierung findet längst vor den Rathaustüren statt, und wir müssen uns schnell stadtpolitisch wie psychisch darauf einstellen. Globalisierung kommt nicht, sie ist gegeben. Die Maxime des *global players* ist die Optimierung der Unternehmensentwicklung und der Unternehmensergebnisse über die nationalen Grenzen hinweg.

Dies bedeutet einen Quantensprung im Standortwettbewerb; er wird nicht nur erheblich schärfer, sondern er wird auch direkter: Stadt gegen Stadt, Region gegen Region. Nationale Bestimmungen und Regeln gereichen entweder zum Vorteil, oder sie werden zum Ballast. Global operierende Unternehmen haben die Wahl. Sie sondieren sorgfältig, wägen Standortfaktoren ab.

Von besonderer Bedeutung ist, daß die Globalisierung erhebliche Auswirkungen auf die Standortbindung von Unternehmen und deren Beiträge zur Wirtschaftsentwicklung und zum Steueraufkommen der Stadt hat. Nachlassende Standortbindung geht einher mit zunehmenden Anforderungen an die Qualität der Stadt als Ort zum Leben und zum Arbeiten. Auch wenn ein Unternehmen die harten Standortfaktoren in den Vordergrund stellt, werden die weichen Standortmerkmale zunehmend einer kritischen Bewertung unterzogen. Man kann es sich leisten, wählerisch zu sein; aber Konkurrenz soll bekanntlich das Geschäft beleben. Die europäische Integration bedeutet für Unternehmen wie Städte immense Expansionsmöglichkeiten. Schnell müssen sie sein, die Gelegenheit beim Schopf packen. Daß fast 60 Prozent der Ausfuhren der europäischen Länder eigentlich Binnenhandel innerhalb der Union ist, macht deutlich, wie stark die europäische Orientierung der Unternehmen in den Mitgliedsländern ist. Ähnliches läßt sich für die Direktinvestitionen sagen, 56 Prozent des Bestandes der deutschen Direktinvestitionen entfallen auf die Länder der Europäischen Union.

Mit dem grenzüberschreitenden Zusammenwachsen der Wirtschaft geht einher, daß bei der Beurteilung von Standorten auch internationale Maßstäbe gelten. Die Meßlatte verschiebt sich in Frankfurt nach oben, das ist keine Frage. Eine national herausragende Position, zum Beispiel des Flughafens oder des Finanzplatzes, relativiert sich im europäischen Vergleich.

Das Anlegen schärferer Maßstäbe gilt für ausländische Unternehmen in und außerhalb von Europa, aber auch für ansässige Unternehmen, deren Geschäftsfelder europäisch und international organisiert sind. Für Frankfurt ist die europäische Integration geradezu von existentieller Bedeutung. Verzagtheit, bedenkenschwere Verzögerungstaktik, das Aushöhlen des Maastricht-Vertrages wären fatal. Wir brauchen den Euro, wir wollen den Euro, und wir wollen ihn stabil. Die Stadt des Euro hat daran ein immenses Interesse, denn das Tempo der ökonomischen Veränderung ist rasant.

Der Strukturwandel der Wirtschaft hat viele Gesichter, er bringt Gewinner und Verlierer hervor. Der Abbau produzierender Industrien in Frankfurt bereitet uns große Sorge. Industrie ist nicht nur Wertschöpfung und wegen der Strukturvielfalt ein unverzichtbarer Bestandteil der Frankfurter Wirtschaft, sondern auch wegen der vielfältigen und engen Verflechtungsbeziehungen zum Dienstleistungssektor notwendig.

Produktions- und unternehmensbezogene Dienstleister sind im besonderen Maße auf die heimische Industrie angewiesen. Die Sicherung und Schaffung von Arbeitsplätzen muß höchste Priorität haben. Das gilt für den boomenden Dienstleistungssektor ebenso wie für die Industrieproduktion oder das Handwerk. Wenn die Menschen keine beruflichen Perspektiven haben, ist der soziale Friede langfristig in Gefahr.

Der Rückgang der Produktion ist jedoch nur ein Aspekt eines viel umfassenderen Strukturwandels, der gemeinhin als Übergang von der Industriegesellschaft zur Informationsgesellschaft bezeichnet wird. Elemente dieses Prozesses sind die bereits angeführte Globalisierung, die Entwicklung der Information zum vierten Produktionsfaktor und die Digitalisierung jeglicher Information.

Frankfurt ist auf dem Weg in die Informationsgesellschaft ganz vorn. Das wissen wir aus einer Untersuchung des Landesarbeitsamtes über die berufliche Struktur der sozialversicherungspflichtig Beschäftigten in Deutschland Ende 1995. Frankfurt weist mit 61 Prozent die höchste Konzentration sogenannter Informationsberufe auf. In München sind es 59, in Stuttgart und Düsseldorf 58 und in Berlin (West) 48 Prozent. Im Bundesdurchschnitt gibt es 44 Prozent Informationsberufe, was deutlich weniger ist als zum Beispiel in den USA mit 60 Prozent.

Das ist eine erfreuliche, ermutigende Spitzenposition, die gehalten werden muß. Voraussetzung dafür ist nicht zuletzt die Konsolidierung des städtischen Haushalts, um den politischen Handlungsspielraum zu erweitern. Soziale Sicherheit, eine aktive Arbeitsmarktpolitik und die Erhaltung sowie Neugestaltung des außerordentlich vielfältigen Kulturlebens erfordern solide Finanzen. Es geht um viel.

Frankfurt verfügt über eine Reihe von Stärken, die eine gute Ausgangsposition für unser Europaprojekt bilden:

1. Die zentrale Lage in Deutschland wie in Europa. Frankfurt hat in seiner Entwicklung zu allen Zeiten verstanden, etwas daraus zu machen. Die Einbindung in das nationale und europäi-

sche Fernwegenetz ist hervorragend und gibt der geographischen Mittelpunktlage erst ihren Wert. Dazu kommt noch der ganze Charterverkehr. In ökonomischen Kategorien garantiert diese Infrastruktur den schnellen Zugang zu allen Schlüsselmärkten in Europa und Übersee. Frankfurt dient sozusagen als *gateway to business*.

2. Die Region selbst ist ein außerordentlich interessanter Markt. Die Konzentration von 4,7 Millionen Einwohnern, 320 000 Unternehmen mit 2,2 Millionen Arbeitsplätzen und ein Bruttoinlandsprodukt von 280 Milliarden D-Mark kennzeichnen den Frankfurter Raum als eine der stärksten Regionen Europas. Die Flughafenverwaltung hat ausgerechnet, daß im Umkreis von 200 Kilometern mit 34 Millionen mehr Menschen leben als in London oder Paris mit gleichem Radius.

3. Eine hochdifferenzierte Wirtschaftsstruktur, die dem einzelnen Unternehmen ein ideales geschäftliches Umfeld bietet. Die wichtigsten und überwiegend zukunftsorientierten Sektoren sind die Finanzwirtschaft, die Kommunikationswirtschaft, das gesamte Beratungswesen, die Messe, der Flughafen und die Industrie. Besonderes Merkmal ist die starke Durchdringung der Wirtschaft mit Informationsberufen.

Das Rezept für die Zukunft lautet also: »Stärken ausbauen, Schwächen abbauen«. Die standortpolitische Agenda ist klar: Die exzellenten infrastrukturellen Voraussetzungen sind weiterzuentwickeln. Konkret heißt das beispielsweise, die Position Frankfurts im europäischen Fernwegenetz zu sichern.

Wirtschaftlich attraktive Städte sind zugleich kulturell anziehende Städte, die die Sicherheitsbedürfnisse der Bevölkerung tagtäglich ernst nehmen. Lebenswerte und liebenswerte Städte sind sichere Städte. Die Verrottung des öffentlichen Raumes ist kein Zeichen von Urbanität, sondern Indiz ihres Niedergangs. Dem müssen wir uns entgegenstemmen. Wer sich vom Erfolg der strikten Durchsetzung von Recht und Gesetz überzeugen möchte, sollte ruhig einmal nach New York fahren. Wo der Wille ist, da ist auch ein Weg. Erfolgreich läßt er sich nur als

Gemeinschaftsprojekt der Stadtgesellschaft beschreiten: Politik, Wirtschaft, Verbände und Vereine müssen sich für ihre Stadt über divergierende Interessen hinweg zusammentun. Es ist immer auch *ihr* Standort, für den sie im Wettstreit der Städte und Metropolen werben.

Unternehmerpersönlichkeiten wie Reinfried Pohl sind für die kommunale Wirtschaftspolitik gleichermaßen Ratgeber wie Vorbilder.

AM ANFANG UNSERER ZUKUNFT

Dr. Roman Herzog
1934 in Landshut (Niederbayern) geboren,
studierte nach dem Abitur am Humanistischen
Gymnasium Rechtswissenschaften in München.
Von 1958 bis 1964 war er Assistent bei
Prof. Dr. Theodor Maunz an der Universität
München. Nach seiner Habilitation 1964
war Roman Herzog von 1965 bis 1969
an der Freien Universität Berlin,
von 1969 bis 1972 Professor für Staatslehre
und Politik an der Hochschule für
Verwaltungswissenschaften Speyer;
von 1971 bis 1972 deren Rektor.
1970 trat er in die CDU ein.
Von 1973 bis 1991 Ordentliches Mitglied
der Synode der EKD.
Roman Herzog war von 1979 bis 1980
Minister für Kultus und Sport,
anschließend bis 1983 Innenminister des
Landes Baden-Württemberg.
Von 1983 bis 1987 war er Vorsitzender
des Ersten Senats und Vizepräsident,
danach bis 1994 Präsident des
Bundesverfassungsgerichts in Karlsruhe.
Seit 1994 ist er Bundespräsident der
Bundesrepublik Deutschland.

Roman Herzog

Aufbruch ins 21. Jahrhundert

Durch Deutschland muß ein Ruck gehen

Am Pariser Platz, wo über Jahrzehnte die Wunden des Krieges klafften, wo während der Zeit der DDR das gespenstisch leere Sichtfeld auf das unerreichbare Brandenburger Tor gähnte, ist heute die größte Baustelle Europas. In Berlins Mitte werden die Konturen der neuen deutschen Hauptstadt sichtbar.

In Berlin wird Zukunft gestaltet. Nirgendwo sonst in unserem Land entsteht soviel Neues. Hier spürt man: Wir können etwas gestalten, ja sogar etwas verändern. Einen neuen Aufbruch schaffen, wie ihn nicht nur Berlin, sondern unser ganzes Land braucht. Ich wünsche mir, daß von dieser Berlin-Erfahrung Impulse auf ganz Deutschland ausgehen. Denn was im Laboratorium Berlin nicht gelingt, das wird auch in ganz Deutschland nicht gelingen.

Ich komme gerade aus Asien zurück. In vielen Ländern dort herrscht eine unglaubliche Dynamik. Staaten, die noch vor kurzem als Entwicklungsländer galten, werden sich innerhalb einer einzigen Generation in den Kreis der führenden Industriestaaten des 21. Jahrhunderts katapultieren. Kühne Zukunftsvisionen werden dort entworfen und umgesetzt, und sie beflügeln die Menschen zu immer neuen Leistungen.

Was sehe ich dagegen in Deutschland? Hier herrscht ganz überwiegend Mutlosigkeit, Krisenszenarien werden gepflegt. Ein Gefühl der Lähmung liegt über unserer Gesellschaft. Dabei stehen wir wirtschaftlich und gesellschaftlich vor den größten Herausforderungen seit fünfzig Jahren: 4,3 Millionen Arbeitslose, die Erosion der Sozialversicherung durch eine auf dem Kopf stehende Alterspyramide, die wirtschaftliche, technische und politische Herausforderung der Globalisierung.

Lassen wir uns nicht täuschen: Wer immer noch glaubt, das alles gehe ihn nichts an, weil es ihm selbst noch relativ gutgeht, der steckt den Kopf in den Sand. Ich will kein Blatt vor den Mund nehmen, sondern die Probleme beim Namen nennen.

Was ist los mit unserem Land? Im Klartext: Der Verlust wirtschaftlicher Dynamik, die Erstarrung der Gesellschaft, eine unglaubliche mentale Depression – das sind die Stichworte der Krise. Sie bilden einen allgegenwärtigen Dreiklang, aber einen Dreiklang in Moll.

In der Tat: Verglichen mit den Staaten in Asien oder – seit einigen Jahren wieder – auch den USA ist das Wachstum der deutschen Wirtschaft ohne Schwung. In Amerika und Asien werden die Produktzyklen immer kürzer, das Tempo der Veränderung immer größer. Es geht auch nicht nur um technische Innovation und um die Fähigkeit, Forschungsergebnisse schneller in neue Produkte umzusetzen. Es geht um nichts Geringeres als um eine neue industrielle Revolution, um die Entwicklung zu einer neuen, globalen Gesellschaft des Informationszeitalters. Der Vergleich mit Amerika und seinem leergefegten Arbeitsmarkt zeigt: Deutschland droht tatsächlich zurückzufallen.

Wer Initiative zeigt, wer vor allem neue Wege gehen will, droht unter einem Wust von wohlmeinenden Vorschriften zu ersticken. Um deutsche Regulierungswut kennenzulernen, reicht schon der Versuch, ein simples Einfamilienhaus zu bauen. Kein Wunder, daß es – trotz ähnlicher Löhne – so viel billiger ist, das gleiche Haus in Holland zu bauen.

Und dieser Bürokratismus trifft nicht nur den kleinen Häuslesbauer. Er trifft auch die großen und kleinen Unternehmer, und er trifft ganz besonders den, der auf die verwegene Idee kommt, in Deutschland ein Unternehmen zu gründen. Bill Gates fing in einer Garage an und hatte als junger Mann schon ein Weltunternehmen. Manche sagen mit bitterem Spott, daß sein

Garagenbetrieb bei uns schon an der Gewerbeaufsicht gescheitert wäre.

Und der Verlust der wirtschaftlichen Dynamik geht Hand in Hand mit der Erstarrung unserer Gesellschaft. Die Menschen bei uns spüren, daß die gewohnten Zuwächse ausbleiben, und sie reagieren darauf verständlicherweise mit Verunsicherung. Zum erstenmal werden auch diejenigen, die bisher noch nie von Arbeitslosigkeit bedroht waren, von Existenzangst für sich und ihre Familien geplagt. Das amerikanische Nachrichtenmagazin *Newsweek* sprach schon von der »deutschen Krankheit«. Das ist gewiß übertrieben. Aber soviel ist doch richtig: Wer heute in unsere Medien schaut, der gewinnt den Eindruck, daß Pessimismus das allgemeine Lebensgefühl bei uns geworden ist.

Das ist ungeheuer gefährlich; denn nur zu leicht verführt Angst zu dem Reflex, alles Bestehende erhalten zu wollen, koste es, was es wolle. Eine von Ängsten erfüllte Gesellschaft wird unfähig zu Reformen und damit zur Gestaltung der Zukunft. Angst lähmt den Erfindergeist, den Mut zur Selbständigkeit, die Hoffnung, mit den Problemen fertig zu werden. Unser deutsches Wort »Angst« ist bereits als Symbol unserer Befindlichkeit in den Sprachschatz der Amerikaner und Franzosen eingeflossen. »Mut« und »Selbstvertrauen« scheinen dagegen aus der Mode gekommen zu sein.

Unser eigentliches Problem ist also ein mentales: Es ist ja nicht so, als ob wir nicht wüßten, daß wir Wirtschaft und Gesellschaft dringend modernisieren müssen. Trotzdem geht es nur mit quälender Langsamkeit voran. Uns fehlt der Schwung zur Erneuerung, die Bereitschaft, Risiken einzugehen, eingefahrene Wege zu verlassen, Neues zu wagen. Ich behaupte: Wir haben kein Erkenntnisproblem, sondern ein Umsetzungsproblem. Während die Auswirkungen des technischen Wandels auf dem Arbeitsmarkt und die Folgen der Demographie für die sozialen Netze auch andere Industrieländer, etwa Japan, heimsuchen, gibt es für den Modernisierungsstau in Deutschland keine mildernden Umstände. Er ist hausgemacht, und wir haben ihn uns selbst zuzurechnen.

Dabei leisten wir uns auch noch den Luxus, so zu tun, als hätten wir zur Erneuerung beliebig viel Zeit: Ob Steuern, Renten, Gesundheit, Bildung, selbst der Euro – zu hören sind vor allem die Stimmen der Interessengruppen und Bedenkenträger. Wer die großen Reformen verschieben oder verhindern will, muß aber wissen, daß unser Volks insgesamt dafür einen hohen Preis zahlen wird. Ich warne alle, die es angeht, eine dieser Reformen aus wahltaktischen Gründen zu verzögern oder gar scheitern zu lassen. Den Preis dafür zahlen vor allem die Arbeitslosen.

Alle politischen Parteien und alle gesellschaftlichen Kräfte beklagen übereinstimmend das große Problem der hohen Arbeitslosigkeit. Wenn sie wirklich meinen, was sie sagen, erwarte ich, daß sie jetzt schnell und entschieden handeln! Ich rufe auf zu mehr Entschlossenheit! Eine Selbstblockade der politischen Institutionen können wir uns nicht leisten.

Innovationsfähigkeit fängt im Kopf an, bei unserer Einstellung zu neuen Techniken, zu neuen Arbeits- und Ausbildungsformen, bei unserer Haltung zur Veränderung schlechthin. Ich meine sogar: Die mentale und die intellektuelle Verfassung des Standortes Deutschland ist heute schon wichtiger als der Rang des Finanzstandorts oder die Höhe der Lohnnebenkosten. Die Fähigkeit zur Innovation entscheidet über unser Schicksal. Zwanzig Jahre haben wir gebraucht, um den Ladenschluß zu reformieren. Die zentralen Herausforderungen unserer Zeit werden wir mit diesem Tempo ganz gewiß nicht bewältigen. Wer 100 Meter Anlauf nimmt, um dann zwei Meter weit zu springen, der braucht gar nicht anzutreten.

Allzuoft wird versucht, dem Zwang zu Veränderungen auszuweichen, indem man einfach nach dem Staat ruft; dieser Ruf ist schon fast zum allgemeinen Reflex geworden. Je höher aber die Erwartungen an den Staat wachsen, desto leichter werden sie auch enttäuscht; nicht nur wegen knapper Kassen. Der Staat und seine Organe sind der Komplexität des modernen Lebens –

mit all seinen Grenzen und Sonderfällen – oft einfach nicht gewachsen, und sie können es auch gar nicht sein.

Der Staat leidet heute besonders unter dem Mythos der Unerschöpflichkeit seiner Ressourcen. Man könnte das auch so sagen: Die Bürger überfordern den Staat, der Staat seinerseits überfordert die Bürger. Je höher die Steuerlast, desto höher die Erwartungen an den Staat. Dem bleibt dann nichts anderes übrig, als sich weiter zu verschulden oder erneut die Steuern zu erhöhen. Bei überhöhter Verschuldung bleibt nur noch die Roßkur der Haushaltssanierung mit schmerzhaften konjunkturellen Folgen. Ein Teufelskreis?

Mit dem rituellen Ruf nach dem Staat geht ein – wie ich finde – gefährlicher Verlust an Gemeinsinn einher. Wer hohe Steuern zahlt, meint allzuleicht, damit seine Verpflichtungen gegenüber der Gemeinschaft abschließend erfüllt zu haben. Vorteilssuche des einzelnen zu Lasten der Gemeinschaft ist geradezu ein Volkssport geworden. Wie weit sind wir gekommen, wenn derjenige als clever gilt, der das soziale Netz am besten für sich auszunutzen weiß, der Steuern am geschicktesten hinterzieht oder der Subventionen am intelligentesten abzockt? Und jeder rechtfertigt sein Verhalten mit dem Hinweis auf die anderen, die es – angeblich – ja auch so machen.

Führen wir angesichts dieser Probleme überhaupt noch die richtigen Debatten? Ich will ganz unten ansetzen: Die Welt um uns herum ist hochkompliziert geworden, der Bedarf an differenzierten Antworten wird infolgedessen immer größer. Aber gerade bei den Themen, die am heftigsten diskutiert werden, ist der Informationsstand des Bürgers erschreckend gering. Umfragen belegen, daß nur eine Minderheit weiß, um was es bei den großen Reformen derzeit eigentlich geht. Das ist ein Armutszeugnis für alle Beteiligten: die Politiker, die sich allzuleicht an Detailfragen festhaken und die großen Linien nicht aufzeigen, die Medien, denen billige Schlagzeilen oft wichtiger sind als saubere Informationen, die Fachleute, die sich oft zu gut dafür sind, in klaren Sätzen zu sagen, »was Sache ist«.

Statt dessen gefallen wir uns in Angstszenarien. Kaum eine neue Entdeckung, bei der nicht zuerst nach den Risiken und Gefahren, keineswegs aber nach den Chancen gefragt wird. Kaum eine Anstrengung zur Reform, die nicht sofort als »Anschlag auf den Sozialstaat« unter Verdacht gerät: Ob Kernkraft, Gentechnik oder Digitalisierung: Wir leiden darunter, daß die Diskussionen bei uns bis zur Unkenntlichkeit verzerrt werden – teils ideologisiert, teils einfach »idiotisiert«. Solche Debatten führen nicht mehr zu Entscheidungen, sondern sie münden in Rituale, die immer wieder nach dem gleichen Muster ablaufen, nach einer Art Sieben-Stufen-Programm:

1. Am Anfang steht ein Vorschlag, der irgendeiner Interessengruppe Opfer abverlangen würde.

2. Die Medien melden eine Welle »kollektiver Empörung«.

3. Spätestens jetzt springen die politischen Parteien auf das Thema auf, die einen dafür, die anderen dagegen.

4. Die nächste Phase produziert ein Wirrwarr von Alternativvorschlägen und Aktionismen aller Art, bis hin zu Massendemonstrationen, Unterschriftensammlungen und zweifelhaften Blitzumfragen.

5. Es folgt allgemeine Unübersichtlichkeit, die Bürger werden verunsichert.

6. Nunmehr erschallen von allen Seiten Appelle zur »Besonnenheit«.

7. Am Ende steht meist die Vertagung des Problems. Der Status quo setzt sich durch. Alle warten auf das nächste Thema.

Diese Rituale könnten belustigend wirken, wenn sie nicht die Fähigkeit, zu Entscheidungen zu kommen, gefährlich lähmen würden. Wir streiten uns um die unwichtigen Dinge, um den wichtigen nicht ins Auge sehen zu müssen. Erinnert man sich heute noch an den Streit über die Volkszählung, der vor ein paar Jahren die ganze Nation in Wallung brachte.

Scheinsachverständige mit Doktortitel äußerten sich zu beliebigen Themen. Hauptsache, es wird kräftig schwarzgemalt und Angst gemacht. Wissenschaftliche und politische Scheingefechte werden so lange geführt, bis der Bürger restlos verwirrt ist; ohnehin wird die Qualität der Argumente dabei oft durch verbale Härte, durch Kampfbegriffe und »Schlagabtausche« ersetzt. Und das in einer Zeit, in der die Menschen durch die großen Umbrüche ohnehin verunsichert sind; in einer Zeit, in der der Verlust von eigenem Erfahrungswissen durch äußere Orientierung ersetzt werden müßte. Ich mahne zu mehr Zurückhaltung: Worte können verletzen und Gemeinschaft zerstören. Das können wir uns nicht auf die Dauer leisten, schon gar nicht in einer Zeit, in der wir mehr denn je auf Gemeinschaft angewiesen sind.

Können unsere Eliten über die dogmatischen Schützengräben hinweg überhaupt noch Entscheidungen treffen? Wer bestimmt überhaupt noch den Gang der Gesellschaft: diejenigen, die die demokratische Legitimation dazu haben, oder jene, denen es gelingt, die Öffentlichkeit für ihr Thema am besten zu mobilisieren? Interessenvertretung ist sicher legitim. Aber erleben wir nicht immer wieder, daß einzelne Gruppen durch die kompromißlose Verteidigung ihrer Sonderinteressen längst überfällige Entscheidungen blockieren können? Ich mahne zu mehr Verantwortung!

In Amerika hat man Interessengruppen, die durch die Mobilisierung der öffentlichen Meinung ihre Sonderinteressen verfechten, »Veto-Gruppen« genannt, eine treffende Bezeichnung. Sie führen dazu, daß über Probleme nur noch geredet, aber nicht mehr gehandelt wird. Die Parole heißt dann: durchwursteln, unter angestrengter Suche nach dem kleinsten gemeinsamen Nenner. Folge ist der Verlust der großen Perspektive.

Ich vermisse bei unseren Eliten in Politik, Wirtschaft, Medien und gesellschaftlichen Gruppen die Fähigkeit und den Willen, das als richtig Erkannte auch durchzustehen. Es kann ja sein, daß einem einmal der Wind der öffentlichen Meinung ins Gesicht bläst. Unser Land befindet sich aber in einer Lage, in der wir es uns nicht mehr leisten können, immer nur den Weg des geringsten Widerstands zu gehen.

Ich glaube sogar: In Zeiten existentieller Herausforderung wird nur der gewinnen, der wirklich zu führen bereit ist, dem es um Überzeugung geht und nicht um politische, wirtschaftliche oder mediale Macht – ihren Erhalt oder auch ihren Gewinn. Wir sollten die Einsichtsfähigkeit der Bürger nicht unterschätzen. Wenn es um die großen Fragen geht, honorieren sie einen klaren Kurs. Unsere Eliten dürfen den notwendigen Reformen nicht hinterherlaufen, sie müssen an ihrer Spitze stehen!

Eliten müssen sich durch Leistung, Entscheidungswillen und ihre Rolle als Vorbild rechtfertigen. Ich erwarte auch eine klare Sprache! Wer – wo auch immer – führt, muß den Menschen, die ihm anvertraut sind, reinen Wein einschenken, auch wenn das unangenehm ist. Ich mache den 35jährigen Kohlekumpeln, die in Bonn für den Erhalt ihres Arbeitsplatzes demonstriert haben, keinen Vorwurf. Ich weiß, daß den Bergleuten jetzt viel abverlangt wird, und ich fühle mit ihnen. Mein Vorwurf gilt aber denjenigen, die vor zwanzig Jahren die damals 15jährigen ermutigt haben, diesen Beruf zu ergreifen, indem sie ihnen wider besseres Wissen erzählt haben, er habe uneingeschränkt eine Zukunft.

Die einfache Wahrheit ist heute doch: Niemand darf sich darauf einrichten, in seinem Leben nur einen Beruf zu haben. Ich rufe auf zu mehr Flexibilität! In der Wissensgesellschaft des 21. Jahrhunderts werden wir alle lebenslang lernen, neue Techniken und Fertigkeiten erwerben und uns an den Gedanken gewöhnen müssen, später einmal in zwei, drei oder sogar vier verschiedenen Berufen zu arbeiten.

Das Problempanorama ließe sich beliebig vervollständigen. Es fehlt uns nicht an Analysen, sondern am Handeln. Deshalb will ich mich jetzt der Frage zuwenden: Was muß geschehen? Ich meine, wir brauchen einen neuen Gesellschaftsvertrag zugunsten der Zukunft. Alle, wirklich alle Besitzstände müssen auf den Prüfstand. Alle müssen sich bewegen. Wer nur etwas vom anderen fordert – je nach Standort von den Arbeitgebern, den Gewerkschaften, dem Staat, den Parteien, der Regierung, der Opposition –, der bewegt gar nichts.

Zuerst müssen wir uns darüber klarwerden, in welcher Gesellschaft wir im 21. Jahrhundert leben wollen. Wir brauchen wieder eine Vision. Visionen sind nichts anderes als Strategien des Handelns. Das ist es, was sie von Utopien unterscheidet. Visionen können ungeahnte Kräfte mobilisieren: Ich erinnere nur an die Vitalität des »American dream«, an die Vision der Perestroika, an die Kraft der Freiheitsidee im Herbst 1989 in Deutschland.

Auch die Westdeutschen hatten einmal eine Vision, die sie aus den Trümmern des Zweiten Weltkrieges emporführte: die Vision der sozialen Marktwirtschaft, die Wohlstand für alle versprach und dieses Versprechen gehalten hat. Die Vision, das im Krieg geschlagene und moralisch diskreditierte Deutschland in die Gemeinschaft demokratischer Staaten und nach Europa zurückzuführen. Und schließlich die Vision der Vereinigung des geteilten Deutschland.

Niemand darf von mir Patentrezepte erwarten. Aber wenn ich versuche, mir Deutschland im Jahre 2020 vorzustellen, dann denke ich an ein Land, das sich von dem heutigen doch wesentlich unterscheidet.

1. Wäre es nicht ein Ziel, eine Gesellschaft der Selbständigkeit anzustreben, in der der einzelne mehr Verantwortung für sich und andere trägt, und in der er das nicht als Last, sondern als Chance begreift? Eine Gesellschaft, in der nicht alles vorgegeben ist, die Spielräume öffnet, in der auch dem, der Fehler macht, eine zweite Chance eingeräumt wird. Eine Gesellschaft, in der Freiheit der zentrale Wert ist und in der Freiheit sich nicht nur durch die Chance auf materielle Zuwächse begründet.

2. Wäre es nicht ein Ziel, eine Gesellschaft anzustreben, die nicht mehr wie heute strikt in Arbeitsplatzbesitzer und Menschen ohne Arbeit geteilt ist? Arbeit wird in Zukunft anders sein als heute: Neue, wissensgestützte Berufe werden unqualifizierte Jobs verdrängen, und es wird mehr Dienstleistungen als industrielle Arbeit geben. Statt Lebens-Arbeitsplätzen wird es mehr Mobilität und mehr Flexibilität geben, auch zur besseren Ver-

einbarkeit von Beruf und Familie. Arbeit dient nicht nur dem Lebensunterhalt, Arbeit kann und soll auch Freude machen und Stolz vermitteln. Niemandem, der sich mit voller Kraft engagiert, darf deswegen ein schlechtes Gewissen eingeredet werden.

3. Wäre es nicht ein Ziel, eine Gesellschaft der Solidarität anzustreben – nicht im Sinne der Maximierung von Sozialtransfer, sondern im Vertrauen auf das verantwortliche Handeln jedes einzelnen für sich selbst und die Gemeinschaft? Solidarität ist Hilfe für den, dem die Kraft fehlt, für sich selbst einzustehen. Solidarität heißt aber auch Rücksicht auf die kommenden Generationen.

4. Ich erwarte eine Informations- und Wissensgesellschaft. Das ist die Vision einer Gesellschaft, die jedem die Chance einräumt, an der Wissensrevolution unserer Zeit teilzuhaben. Das heißt: bereit zum lebenslangen Lernen zu sein, den Willen zu haben, im weltweiten Wettbewerb um Wissen in der ersten Liga mitzuspielen. Dazu gehört vor allem auch ein aufgeklärter Umgang mit Technik.

5. Ich wünsche mir eine Gesellschaft, die die europäische Einigung nicht als Technik des Zusammenlebens versteht, sondern die Europa als Teil ihrer politischen und kulturellen Identität empfindet und bereit ist, diese in der bunter werdenden Welt zu bewahren und zu bewähren.

6. Ich wünsche mir deshalb eine Gesellschaft, die die internationale Verantwortung Deutschlands annimmt und sich für eine Weltordnung einsetzt, in der die Unterschiedlichkeit der Kulturen nicht neue Konflikt- und Kampflinien schafft. Auch im Inneren muß eine offene Gesellschaft entstehen, eine Gesellschaft der Toleranz, die das Zusammenleben von Menschen unterschiedlicher Kulturen möglich macht.

Wir brauchen aber nicht nur den Mut zu solchen Visionen, wir brauchen auch die Kraft und die Bereitschaft, sie zu verwirklichen. Ich rufe auf zur inneren Erneuerung! Vor uns liegt ein langer Weg der Reformen. Wir müssen heute mit dem ersten Schritt beginnen. Da sind zunächst die Reformen, über die wir schon viel zu lange reden.

Beispiel Lohnnebenkosten: Daß die Lohnnebenkosten zu hoch sind, weiß mittlerweile wirklich jeder. Wann endlich werden die Kosten der Arbeit von versicherungsfremden Leistungen befreit?

Beispiel Arbeitsmarkt: Wann finden Arbeitgeber und Gewerkschaften endlich die Kraft zu Abschlüssen, die Neueinstellungen möglich machen?

Beispiel Subventionen: Statt Subventionen mutig zu kürzen, fallen uns immer wieder neue Vorschläge für staatliche Leistungen ein. Dabei hat manches Förderprogramm längst seinen guten Sinn verloren.

Beispiel öffentliche Verwaltung: Ich frage mich manchmal, ob mancherorts bei öffentlichen Baumaßnahmen ein Wettlauf zwischen Ausbau und Rückbau stattfindet – und überall gilt. Die vielen kleinen Fälle öffentlicher Verschwendung ergeben zusammen Milliardensummen. Wo bleibt ein modernes Haushaltsrecht, das Sparen belohnt und Verschwendung bestraft?

Beispiel Deregulierung: Ist es wirklich ein Naturgesetz, daß man in Deutschland bis zu 19 Behörden fragen muß, wenn man einen Produktionsbetrieb errichten will, obwohl der neue Arbeitsplätze schafft?

Beispiel Arbeitslosigkeit bei den Niedriglohngruppen: Alle wissen heute, daß Löhne und Sozialhilfeleistungen so weit auseinanderliegen müssen, daß es sich für den einzelnen auch lohnt zu arbeiten. Dabei geht es mir nicht um die vielzitierte Mutter mit vier oder fünf Kindern. Aber warum ist es so schwierig, das Lohnabstandsgebot für die durchzusetzen, die wirklich arbeiten könnten? Und sei es auch um den Preis öffentlicher Lohnzuschüsse, die immer noch billiger wären als die vollen Sozialhilfeleistungen?

Beispiel Krankenversicherung: Warum finanzieren die Krankenkassen immer noch Erholungskuren, während auf der anderen Seite das Geld für lebenserhaltende Operationen knapp wird? Ständig steigende Beiträge sind hier gewiß kein Ausweg, denn sie gefährden Arbeitsplätze.

Beispiel Steuerreform: Dazu fällt mir nach der Entwicklung des letzten Jahres nichts mehr ein.

Der Weg in die von mir skizzierte Gesellschaft beginnt mit dem Nachholen all der Reformen, die bislang liegengeblieben sind. Wir müssen endlich die Reform-Hausaufgaben machen, über die wir schon so lange reden. Wir müssen aber ebenso schon heute den Blick darüber hinaus richten. Die angesprochenen Reformen werden, für sich allein genommen, nicht ausreichen, die Zukunft zu gewinnen.

Ich möchte dazu etwas grundsätzlicher werden. Wir erleben heute, daß dem Menschen ein Zuwachs an Sicherheit durch staatliche Vorsorge oft wichtiger ist als der damit einhergehende Verlust an Freiheit. Wir fordern Freiheit – aber was ist, wenn die Bürger ihre Freiheit als kalt empfinden und statt dessen auf die Geborgenheit staatlicher Für- und Vorsorge setzen?

Diese Frage läßt sich nicht mit dem Federstrich eines Gesetzestextes beantworten. Wir müssen also tiefer ansetzen: bei unserer Jugend, bei dem, was wir mit unserem Erziehungs- und Bildungssystem vermitteln. Wir müssen unsere Jugend auf die Freiheit vorbereiten, sie fähig machen, mit ihr umzugehen. Ich ermutige zur Selbstverantwortung, damit unsere jungen Menschen Freiheit als Gewinn und nicht als Last empfinden. Freiheit ist das Schwungrad für Dynamik und Veränderung. Wenn es uns gelingt, das zu vermitteln, haben wir den Schlüssel der Zukunft in der Hand. Ich bin überzeugt, daß die Idee der Freiheit die Kraftquelle ist, nach der wir suchen und die uns helfen wird, den Modernisierungsstau zu überwinden und unsere Wirtschaft und Gesellschaft zu dynamisieren. Deswegen gebe ich der Reform unseres Bildungssystems so hohe Priorität: Bildung muß das Mega-Thema unserer Gesellschaft werden. Wir brauchen einen neuen Aufbruch in der Bildungspolitik, um in der kommenden Wissensgesellschaft bestehen zu können.

Das ist nicht primär eine Frage des Geldes. Zuerst brauchen wir weniger Selbstgefälligkeit: Wie kommt es, daß die leistungsfähigsten Nationen in der Welt es schaffen, ihre Kinder die Schulen mit 17 und die Hochschulen mit 24 abschließen zu lassen? Es sind – wohlgemerkt – gerade diese Länder, die auf dem Weltmarkt der Bildung am attraktivsten sind. Warum soll nicht auch in Deutschland ein Abitur in zwölf Jahren zu machen sein? Für mich persönlich sind die Jahre, die unseren jungen Leuten bisher verlorengehen, gestohlene Lebenszeit.

Auch die Ausbildungsinhalte gehören auf den Prüfstand. Es geht in Zukunft noch weniger als bisher nur um die Vermittlung von Wissen. Mit dem Tempo der Informationsexplosion kann der einzelne sowieso nicht mehr Schritt halten. Also müssen wir die Menschen lehren, mit diesem Wissen umzugehen. Wissen vermehrt sich immer schneller, zugleich veraltet es in noch nie dagewesenem Tempo. Wir kommen gar nicht darum herum, lebenslang zu lernen.

Es kann nicht das Ziel universitärer Bildung sein, mit dreißig einen Doktortitel zu haben, dabei aber keine Perspektive auf dem Arbeitsmarkt. Unsere Hochschulen brauchen deshalb mehr Selbstverwaltung. Ich ermutige zu mehr Wettbewerb und zu mehr Spitzenleistungen. Ich weiß, daß solche Vorschläge schon lange auf dem Tisch liegen. Auch hier ist das Tempo der Umsetzung das Problem. Wir dürfen nicht so tun, als könnten wir die Schul- und Hochschulreform den Spezialisten überlassen. Es geht um eine zentrale Aufgabe. Sie betrifft die Zukunft unserer Gesellschaft insgesamt.

Wenn ich von der Zukunft unserer Gesellschaft rede, spreche ich zwangsläufig von der Jugend. Unsere Jugend ist das größte Kapital, das wir haben. Wir müssen ihr nur Perspektiven geben. Dazu gehört nicht nur, daß wir keine Schuldenpolitik zu ihren Lasten betreiben, mit der wir ihr alle Spielräume verbauen.

Ich frage weiter: Warum gibt es so wenige Angebote für Jugendliche zu einem freiwilligen sozialen Engagement? Es gibt sie doch wieder, die Jugendlichen, die dazu bereit sind. Ich erlebe es in persönlichen Begegnungen, und ich sehe durch die Umfragen bestätigt, daß wir längst eine Trendwende in diesem Land haben: Die Pflichtwerte gewinnen wieder an Bedeutung gegenüber dem, was die Soziologen so schön die »Selbstverwirklichungswerte« nennen. Man könnte vermutlich auch einfach sagen: Egoismus allein ist nicht mehr »in«, gerade unsere Jugend ist wieder bereit, sich für die Gemeinschaft einzusetzen. Wir müssen sie dann aber auch gewähren lassen, ihr Spielräume geben, Erfahrungen jenseits der materiellen Werte zu gewinnen.

Wir müssen unserer Jugend zu mehr Selbständigkeit, zu mehr Bindungsfähigkeit, zu mehr Unternehmensgeist und mehr Verantwortungsbereitschaft Mut machen. Wir sollten ihr sagen: Ihr müßt etwas leisten, sonst fallt ihr zurück. Aber: Ihr könnt auch etwas leisten. Es gibt genug Aufgaben in unserer Gesellschaft, an denen junge Menschen ihre Verantwortung für sich und das Ganze beweisen können. Wir Älteren aber müssen uns die Frage stellen: Was leben wir den jungen Menschen vor? Welche Leitbilder geben wir ihnen? Das Leitbild des ewig irritierten, ewig verzweifelten Versorgungsbürgers kann es doch wahrhaftig nicht sein! Die Jungen beobachten uns Alte sehr genau. Wirklich überzeugen werden wir sie nur, wenn wir ihnen unsere eigene Verantwortung glaubhaft vorleben.

Und schließlich: Wir müssen von dem hohen Roß herunter, daß Lösungen für unsere Probleme nur in Deutschland gefunden werden können. Der Blick auf den eigenen Bauchnabel verrät nur wenig Neues. Jeder weiß, daß wir eine lernende Gesellschaft sein müssen. Also müssen wir Teil einer lernenden Weltgesellschaft werden, einer Gesellschaft, die rund um den Globus nach den besten Ideen, den besten Lösungen sucht.

Die Globalisierung hat nicht nur einen Weltmarkt für Güter und Kapital, sondern auch einen Weltmarkt der Ideen geschaffen, und dieser Markt steht auch uns offen. Die meisten traditionellen Industriestaaten standen oder stehen vor ähnlichen Problemen wie wir. Eine ganze Reihe von ihnen hat aber bewiesen, daß diese Probleme lösbar sind.

In *Neuseeland* hat man aus alten, ineffizienten Strukturen eine moderne Kommunalverwaltung aufgebaut.

In *Schweden* hat man den überbordenden Sozialstaat erfolgreich modernisiert.

In *Holland* hat man im Konsens mit den Tarifpartnern die Arbeitsbeziehungen flexibler gemacht. Folge: Die Arbeitslosigkeit ist in Holland drastisch gesunken.

In den *USA* hat eine gezielte Strategie neuartiges Wachstum ausgelöst, das Millionen neue Arbeitsplätze geschaffen hat. Ich weiß, hier kommt gleich das Argument, daß nicht alles, was in Amerika geschieht, auf uns übertragbar ist und daß wir amerikanische Verhältnisse bei uns auch gar nicht wollen.

Das ist sicher richtig, aber es darf uns nicht hindern, einmal genauer hinzuschauen. Ich fordere auf, von anderen zu lernen, nicht sie zu kopieren! Tatsache ist doch: Die Mehrheit dieser Arbeitsplätze ist in Zukunftsindustrien und Zukunfstdienstleistungen wie Telekommunikation, Computer, Software, Finanzdienstleistungen entstanden. Das sind keine Billigjobs.

Die Amerikaner haben nicht versucht, den Wandel aufzuhalten, sondern sie haben sich an die Spitze des Wandels gesetzt: durch Förderung von Forschung und Technologie, durch Deregulierung, durch den Aufbau einer Infrastruktur für das Informationszeitalter. Sie haben das Potential der Durchbrüche in Mikroelektronik und Biotechnologie zur Schaffung neuer Produkte genutzt, aus denen ganz neue Industrien entstanden sind. Ein neues, wissensgestütztes Wachstum wurde zur Quelle für Millionen neuer Arbeitsplätze.

Auch wir müssen rein in die Zukunftstechnologien, rein in die Biotechnik, die Informationstechnologie. Ein großes, globales Rennen hat begonnen: Die Weltmärkte werden neu verteilt, ebenso die Chancen auf Wohlstand im 21. Jahrhundert. Wir müssen jetzt eine Aufholjagd starten, bei der wir uns Technologie- und Leistungsfeindlichkeit einfach nicht leisten können.

Die Aufgaben, vor denen wir stehen, sind gewaltig. Die Menschen fühlen sich durch die Fülle der gleichzeitig notwendigen

Veränderungen überlastet. Das ist verständlich, denn der Nachholbedarf an Reformen hat sich bei uns geradezu aufgestaut. Es wird Kraft und Anstrengung kosten, die Erneuerung voranzutreiben, und es ist bereits viel Zeit verlorengegangen. Niemand darf aber vergessen: In hochtechnisierten Gesellschaften ist permanente Innovation eine Daueraufgabe! Die Welt ist im Aufbruch, sie wartet nicht auf Deutschland!

Aber es ist auch noch nicht zu spät. Durch Deutschland muß ein Ruck gehen. Wir müssen Abschied nehmen von liebgewordenen Besitzständen. Alle sind angesprochen, alle müssen Opfer bringen, alle müssen mitmachen:

– die *Arbeitgeber*, indem sie Kosten nicht nur durch Entlassungen senken;

– die *Arbeitnehmer*, indem sie Arbeitszeit und -löhne mit der Lage ihrer Betriebe in Einklang bringen;

– die *Gewerkschaften*, indem sie betriebsnahe Tarifabschlüsse und flexiblere Arbeitsbeziehungen ermöglichen;

– *Bundestag und Bundesrat*, indem sie die großen Reformprojekte jetzt rasch voranbringen;

– die *Interessengruppen* in unserem Land, indem sie nicht zu Lasten des Gemeininteresses wirken.

Die Bürger erwarten, daß jetzt gehandelt wird. Wenn alle die vor uns liegenden Aufgaben als große, gemeinschaftliche Herausforderung begreifen, werden wir es schaffen. Am Ende profitieren wir alle davon. Gewiß: Vor uns liegen einige schwere Jahre. Aber wir haben auch gewaltige Chancen: Wir haben mit die beste Infrastruktur in der Welt, wir haben gut ausgebildete Menschen. Wir haben Know-how, wir haben Kapital, wir haben einen großen Markt. Wir haben im weltweiten Vergleich immer noch ein nahezu einmaliges Maß an sozialer Sicherheit, an Freiheit und Gerechtigkeit. Unsere Rechtsordnung, unsere soziale Marktwirtschaft haben sich andere Länder als »Modell Deutschland« zum Vorbild genommen. Und vor allem: Überall in der Welt – nur nicht bei uns selbst – ist man überzeugt, daß »die Deutschen« es schaffen werden.

John F. Kennedy hat einmal gesagt: Unsere Probleme sind von Menschen gemacht, darum können sie auch von Menschen gelöst werden. Ich sage: Das gilt auch für uns Deutsche. Und ich glaube daran, daß die Deutschen ihre Probleme werden lösen können. Ich glaube an ihre Tatkraft, ihren Gemeinschaftsgeist, ihre Fähigkeit, Visionen zu verwirklichen. Wir haben es in unserer Geschichte immer wieder gesehen: Die Deutschen haben die Kraft und den Leistungswillen, sich am eigenen Schopf aus der Krise herauszuziehen – wenn sie es sich nur zutrauen.

Und wieder glaube ich an die jungen Leute. Natürlich kenne auch ich die Umfragen, die uns sagen, daß Teile unserer Jugend beginnen, an der Lebens- und Reformfähigkeit unseres »Systems« zu zweifeln. Ich sage ihnen aber: Wenn ihr schon »dem System« nicht mehr traut, dann traut euch doch wenigstens selbst etwas zu!

Ich bin überzeugt: Wir können wieder eine Spitzenposition einnehmen, in Wissenschaft und Technik, bei der Erschließung neuer Märkte. Wir können eine Welle neuen Wachstums auslösen, das neue Arbeitsplätze schafft.

Das Ergebnis dieser Anstrengung wird eine Gesellschaft im Aufbruch sein, voller Zuversicht und Lebensfreude, eine Gesellschaft der Toleranz und des Engagements. Wenn wir alle Fesseln abstreifen, wenn wir unser Potential voll zum Einsatz bringen, dann können wir am Ende nicht nur die Arbeitslosigkeit halbieren, dann können wir sogar die Vollbeschäftigung zurückgewinnen. Warum sollte bei uns nicht möglich sein, was in Amerika und anderswo längst gelungen ist?

Wir müssen jetzt an die Arbeit gehen. Ich rufe auf zu mehr Selbstverantwortung. Ich setze auf erneuerten Mut. Und ich vertraue auf unsere Gestaltungskraft. Glauben wir wieder an uns selber. Die besten Jahre liegen noch vor uns.

Dr. Heinrich von Pierer
1941 in Erlangen geboren, studierte von 1960 bis 1969 Rechtswissenschaften und Volkswirtschaftslehre in Erlangen. Nach einer Assistententätigkeit promovierte er zum Dr. jur. 1969 trat er in die Siemens AG ein und war zunächst in verschiedenen Funktionen in der zentralen Rechtsabteilung und in der Vertrags- und Patentabteilung tätig. Von 1977 bis 1987 arbeitete Heinrich von Pierer für die Kraftwerk Union AG, dem späteren Siemens-Unternehmensbereich Energieerzeugung. Dort war er zunächst als Vertriebskaufmann mit der kaufmännischen Projektleitung großer Kraftwerksvorhaben in aller Welt befaßt. 1988 übernahm er die kaufmännische Leitung des Bereichs Energieerzeugung. 1989 wurde er Vorsitzender des Bereichsvorstands und 1990 Mitglied des Zentralvorstands. Seit 1992 ist Heinrich von Pierer Vorsitzender des Vorstands der Siemens AG.

Heinrich von Pierer

An der Schwelle zur Wissensgesellschaft

Lebenslanges Lernen

Die Wissensgesellschaft ist zur Zeit in aller Munde. Da kommt schnell der Verdacht auf, daß es sich um eine wissenschaftliche und publizistische Mode handelt. Ging es denn nicht schon immer in der Entwicklung der Menschheit um die Erweiterung des Wissens und dessen nutzbringende Anwendung? Heißt es nicht schon vor knapp 2000 Jahren bei Lucius Seneca »Wissen ist Macht«? Hat nicht auch Francis Bacon Anfang des 17. Jahrhunderts diesen Gedanken betont? Und hat nicht schon Benjamin Franklin formuliert, daß »eine Investition in Wissen immer noch die besten Zinsen bringt«? Was also ist das Neue an der sogenannten Wissensgesellschaft? Wo finden wir bereits ihre Spuren und wo führen sie hin?

Das Neue an der Wissensgesellschaft ist weniger das Wissen als vielmehr die Verknüpfung mit der Gesellschaft. Denker, Philosophen, Techniker und Erfinder gab es schon immer, doch blieb ihre Wirkung auf die Gesellschaft ihrer Zeit in der Regel sehr beschränkt. Mit der industriellen Revolution nahm die Rolle des Wissens zu. Wissen wurde zum Motor des technischen Fortschritts. Die Erkenntnisse der Naturwissenschaften wurden zur Verbesserung und Erneuerung von Verfahren, Produkten und Produktionsprozessen nutzbar gemacht. Erfindungen und technische Innovationen veränderten die Welt.

Heute nun im Zeitalter globaler Wissensnetzwerke und eines weltweiten Innovationswettlaufs hat sich die Bedeutung des Faktors Wissen abermals dramatisch erhöht. Es geht nicht mehr allein darum, daß Wissen in Form von bestimmten Innovationen, seien es nun Zeigertelegraphen, Telefone oder auch eine neue Automatisierungssoftware, Produktionsabläufe und Alltagsleben verändert. Informationen selbst und das Wissen, welches durch die Aufnahme und Einordnung dieser Informationen entsteht, verändern das gesellschaftliche Leben.

Bekanntestes Beispiel sind die internationalen Finanzmärkte: Sie dürften eines der weitestreichenden, höchstentwickelten und reaktionsschnellsten Informationsnetze sein, die es derzeit gibt. Der Motor der Börsenmaschine sind Konjunkturberichte, Expertenmeinungen, Marktzahlen, Wirtschaftsprognosen, Unternehmensdaten, Bilanzen. Die Börse ist also nicht nur ein Marktplatz für Devisen, Aktien, Rentenpapiere und andere Anlageinstrumente, sie ist vor allem der Austauschplatz für Informationen. Wer als erster über die wichtigen und relevanten Informationen verfügt und diese am schnellsten in seinen Wissenszusammenhang einordnen kann, macht das Geschäft. Wie wichtig hier die Ware »Information« ist, wird deutlich, wenn man sich vor Augen hält, daß weniger als zwei Prozent der weltweit erfolgenden Devisentransaktionen durch Gütertransaktionen erklärbar sind. Letztlich sind also Informationen, Wissen, Meinungen und Einschätzungen die Triebkraft hinter diesen gewaltigen Kapitalströmen. Und über diesen Umweg wirken Informationen auf das wirtschaftliche, politische und auch gesellschaftliche Leben zurück.

Informationen und Wissen wirken heute viel direkter auf die Gesellschaft als noch vor wenigen Jahrzehnten. Das ist aber nur die eine Richtung. Gleichzeitig werden auch viel mehr Informationen generiert, und Information wird auf viel breiterer Ebene verfügbar gemacht. Es gibt also viel mehr Wissen in der Gesellschaft, und dieses Wissen wird auch im wirtschaftlichen, politischen und gesellschaftlichen Leben viel stärker benötigt. Diese gesellschaftlichen Dimensionen sind das Neue an der Wissensgesellschaft.

Was bedeutet das konkret? Wo zeigt sich die Wissensgesellschaft?

Sie zeigt sich im boomenden Mediensektor, der auf einen weltweiten Umsatz von drei Billionen US-Dollar zusteuert. Sie zeigt sich in der immer größeren Palette von Medien, den vielfältigeren zielgruppenspezifischen Informationsangeboten und einem immer schnelleren Informationsumschlag. Besonders plastisch wird die Wissensgesellschaft in den neuen elektronischen Medien. CD-Roms, Datenbanken, die nicht mehr überschaubare Fülle von neuen Online-Medien mit ihren jeweiligen Informationsbrokerdiensten und Serviceangeboten – hier werden Informationen in ganz neuen Größendimensionen aufbereitet, gespeichert, verschickt und vor allem gehandelt.

Ein anderes Anzeichen für das weltweite Vordringen der Wissensgesellschaft sind natürlich die steigenden Investitionen in die Informations- und Kommunikationstechnik. Für das nächste Jahrzehnt sind weltweit Investitionen in die Informations- und Kommunikationsinfrastruktur von mehr als zehn Billionen D-Mark geplant. Fernseher, Telefone, PCs, Internetanschlüsse, Telekommunikationsnetze, Datenautobahnen und Netzwerke verbreiten sich immer schneller bis in den letzten Winkel der Erde und schaffen die Voraussetzung für eine global vernetzte Wissensgesellschaft: Weltweit sind nahezu eine Milliarde Fernsehgeräte in Betrieb, die Programme von insgesamt 3000 Fernsehstationen empfangen. Das globale Telekommunikationsnetz zählt 700 Millionen Anschlüsse. Der Personalcomputer ist noch keine zwanzig Jahre alt und doch sind schon weltweit 170 Millionen Personalcomputer installiert. Das Internet, ein loser Zusammenschluß von 120000 Computernetzen unter einer einheitlichen Protokollsprache, hat letzten Schätzungen zufolge fast 100 Millionen Teilnehmer, und der Zuwachs ist rasant.

Was Deutschland anbelangt, ist die Situation uneinheitlich. Das Netz und die verfügbaren Techniken sind gut, aber es mangelt an der Vernetzung und den Endgeräten. Deutschland verfügt über 115000 Kilometer Glasfaserkabel. ISDN ist flächendeckend verfügbar und das Fernsprechnetz vollständig digitalisiert. Mit 40 Millionen Anschlüssen ist das Telefonnetz dicht geknüpft. Doch diese Pluspunkte werden nur unzureichend genutzt. Die Übertragungskosten sind zu hoch und leistungsfähige Endgeräte weniger verbreitet als in wichtigen Konkurrenzländern. In Deutschland kommen auf 100 Einwohner 24 PCs, in den USA ist die PC-Dichte genau doppelt so hoch.

War früher die Zahl der Telefonanschlüsse ein wichtiger Maßstab für den Entwicklungsstand eines Landes, so wird es bald der Grad der Vernetzung sein. Und hier zeigen sich ebenfalls deutliche Unterschiede zwischen den entwickelten Ländern. Verfügen die USA über 32 Internetdirektanschlüsse pro 1000 Einwohner, so sind es in der Bundesrepublik weniger als sieben und damit gerade einmal halb so viele wie in unseren Nachbarländern Dänemark, Schweiz oder Niederlande. Dementsprechend sind auch die Unterschiede bei der Nutzung von Online-Diensten: In den USA nutzen 18,3 Prozent der Bevölkerung die digitalen Netzdienste, in Deutschland nur 7,6 Prozent. Das ist auch im Vergleich zu Großbritannien (8,4%) oder Frankreich (9,9%) wenig.

Diese statistischen Momentaufnahmen wären nicht weiter beunruhigend, wenn ein Trend zum Aufholen zu erkennen wäre. Doch auch bei den Investitionen in Informationstechnik liegt Deutschland deutlich zurück. Letztes Jahr (1996) wurden in Deutschland pro Einwohner 2100 D-Mark in die Informationstechnik investiert, in Dänemark und Japan 2500 D-Mark, in den USA 2800 D-Mark und in der Schweiz sogar 3800.

Wir werden in Deutschland darauf achten müssen, daß wir hier nicht den Anschluß verpassen, denn eine gut ausgebaute Informationsinfrastruktur ist die Voraussetzung für den Eintritt in die Wissensgesellschaft. Zudem haben gerade die Investitionen in Informationstechnologie große wirtschaftliche Hebeleffekte. Sie beschleunigen Arbeitsprozesse, forcieren Innovationen, schaffen neue Bedürfnisse, Märkte und Arbeitsplätze. So wichtig dieser Hardware-Aspekt der Wissensgesellschaft ist, noch wichtiger ist es, den gesellschaftlichen Wandel in Richtung Wissensgesellschaft voranzutreiben und dessen Folgen zu meistern.

Das Anschwellen der Informationsflüsse

Seit dem Beginn der industriellen Revolution, als man erstmals den wirtschaftlichen Wert technischer und fachlicher Informationen in größerem Maßstab nutzte, hat sich Informationsumsatz exponentiell vervielfacht. Noch 1830 gab es in ganz Deutschland kein einziges deutschsprachiges Buch zum Maschinenbau. Heute finden sich in jeder besseren Seminarbibliothek mehrere Regalmeter zum Thema. Vor einhundertfünfzig Jahren hatten die größten technischen Bibliotheken etwa 50000 bis 100000 Bände. Heute verfügt die Library of Congress in Washington über einen Bestand von naturwissenschaftlichen und technischen Schriften in der Größenordnung von vier Millionen Bänden, und auch das ist nur ein Bruchteil der gesamten technischen Fachliteratur. Die Quantität und Verfügbarkeit von gedruckten Informationen hat ganz andere Dimensionen erreicht. Heute wird an einem Tag mehr gedruckt als in der ganzen Zeit von der Erfindung des Buchdrucks bis zum Ersten Weltkrieg.

Angesichts derart stark anwachsender Informationsflüsse ist das Schlagwort von der »Informationsflut« schnell zur Hand. In der Tat lassen sich auch in Medienanalysen sehr eindrucksvolle Beispiele für dieses Bild finden. Die Fülle und Vielzahl der Informationen in den modernen Massenmedien führt dazu, daß nur ein kleiner Bruchteil der Informationen den Adressaten überhaupt erreicht. Abschalten, Ausblenden, Übersehen und Überhören – das sind die natürlichen Strategien, um die Informationsflut zu bewältigen. Doch darf man es nicht bei einer solchen zufälligen Auswahl belassen, sondern muß Kriterien entwickeln, um seine Informationsaufnahme gezielt zu steuern.

Deshalb wird es immer wichtiger, die Kompetenz bei der Medien- und Informationsauswahl zu schulen. Was immer man unter der Wissensgesellschaft verstehen mag, sie kann nur dann funktionieren, wenn ihre Mitglieder nicht wahllos in der Unendlichkeit der Informationsflut umhersurfen, sondern bewußt relevante Informationen aufspüren, auswählen und in Zusammenhänge bringen können. Es kommt also noch stärker als bisher auf die Fähigkeit an, sich in großen Stoffmengen zurechtzufinden, Probleme einzukreisen, zu definieren und die persönliche Informationsaufnahme zielgerichtet zu steuern. Voraussetzung dafür ist ein breites Orientierungswissen und die Fähigkeit, in Zusammenhängen zu denken und Fakten in Kontexte einzuordnen, denn erst durch den Zusammenhang wird aus der Information Wissen.

Höhere Wertschöpfung durch Wissen

Wissen wird der wichtigste Faktor in unserem Wirtschaftssystem. Nach Schätzungen der OECD geht bereits jeder dritte bis vierte Erwerbstätige mit neuen wissensintensiven Techniken um. Herkömmliche Arbeitsplätze in der Fertigung werden immer stärker verdrängt und ersetzt durch neue Aufgaben in Software, Engineering, Service und Beratung. Dieser Trend zeigt sich übrigens auch bei Siemens: Inzwischen stammen über 50 Prozent der Wertschöpfung aus wissensintensiven Dienstleistungen. Aber das ist nur der Durchschnitt quer über alle Bereiche. Wo Produktzyklen besonders kurz sind, wie in der Informationstechnik oder der Telekommunikation ist auch der Anteil wissensintensiver Wertschöpfung bedeutend höher: Teilweise liegt er bei über 80 Prozent.

Diese Entwicklung ist unter anderem das Ergebnis der großen Effizienzsteigerungen, die mit dem Vordringen der Mikroelektronik in alle Produkte und Produktionsabläufe verbunden sind. Computer- und Software-Wissen ersetzen mehr und mehr handwerkliche Fähigkeiten. Der Anteil an klassischer Elektrotechnik und Mechanik geht kontinuierlich zurück. Jede neue

Generation elektronischer Produkte reduziert den Fertigungsinhalt um 20 bis 40 Prozent und den Zeitaufwand für Montage und Service um 50 Prozent. Die Fertigung einer Anschlußeinheit für eine Telefon-Vermittlungsstelle zum Beispiel dauert heute dank Digitalisierung und Mikroelektronik nur noch 20 Minuten. Früher unter Verwendung von klassischer Elektrotechnik und Mechanik waren dazu noch 30 Stunden nötig.

Dagegen ist die Entwicklung wesentlich aufwendiger geworden. Um einen solchen digitalen Vermittlungsknoten zu betreiben, ist eine sehr anspruchsvolle Software erforderlich, deren Komplexitätsgrad sich mit jeder neuen Generation vervielfacht. Beispielsweise wurde für das amerikanische Gemini-Projekt in der zweiten Hälfte der sechziger Jahre Software im Umfang von rund zehn Millionen Objektcode-Instruktionen entwickelt. Den gleichen Umfang an Software benötigte unser digitales Vermittlungssystem EWSD in der Basisvariante bei seiner Einführung Anfang der achtziger Jahre. Das Mitte der achtziger Jahre gestartete Space-Shuttle-Projekt lag bereits bei mehr als 45 Millionen Objektcode-Instruktionen. In diesem Software-Umfang liegt heute auch unser EWSD-System für Breitband-ISDN-Anwendungen.

Ähnliche Umbrüche in den Wertschöpfungsstrukturen haben sich in den letzten Jahren in nahezu allen Branchen vollzogen. In der Automobilindustrie zum Beispiel spielen wissensintensive Produkte der Mikroelektronik eine immer wichtigere Rolle: In modernen, gut ausgestatteten Mittelklassewagen sind heute über 50 Mikroprozessoren eingebaut. Diese sind mehr wert, als der gesamte im Fahrzeug verbaute Stahl. Schon heute stammen mehr als 30 Prozent des Fahrzeugwertes aus der Elektrik und Elektronik, und dieser Anteil wird weiter wachsen.

Wissensintensive Produkte sind Wachstumsträger. In den vergangenen zehn Jahren hat sich der Anteil der Hochtechnologie an der Industrieproduktion der OECD-Länder und ihrer Exporte mehr als verdoppelt und liegt heute bei 20 bis 25 Prozent. Besonders dynamisch entwickelt sich dabei die Softwarebranche. Wies der Weltmarkt für Informationstechnologie im Jahr 1989 noch ein Verhältnis Hardware zu Software von 51 zu 49 Prozent auf, so liegt heute (1997) die Relation Hardware zu Software bei 41 zu 59 Prozent. Seit Mitte der achtziger Jahre sind die weltweiten Software-Umsätze jährlich um 12 Prozent gestiegen und damit deutlich schneller gewachsen als der Hardware-Markt. Doch gerade auf diesem besonders zukunftsträchtigen Gebiet hinkt Europa zurück. Der europäische Software-Markt wächst nur um 9,5 Prozent, der deutsche gar nur um 7,5 Prozent.

Große Nachfrage herrscht auch bei wissensbasierten Dienstleistungen. Paradebeispiel dafür sind die Unternehmensberatungen. Allein in dieser Branche entstanden in den letzten zwanzig Jahren etwa eine viertel Million neue Arbeitsplätze. Ein Ende dieses Trends ist nicht abzusehen. Aber auch für die Hersteller und Zulieferer von komplexen Produkten wird die Fähigkeit zur Integration von Produkten und Wissen zu einem Komplettangebot wettbewerbsentscheidend. Auf dem Gebiet der Software, zum Beispiel, sind längst nicht mehr nur maßgeschneiderte Anwenderprogramme gefragt, sondern Gesamtlösungen, die Beratung und Schulung mit einschließen.

Bei Infrastrukturprojekten, seien es Kraftwerke, Telefonnetze oder Verkehrssysteme, erwarten Kunden heute oft nicht mehr nur die Lieferung einzelner Produkte, sondern vollständig finanzierte, schlüsselfertige Komplettlösungen. Gefordert ist schon im Vorfeld die Ausarbeitung von Machbarkeitsstudien und Bereitstellung von Finanzierungslösungen, dann die Integration aller Komponenten zu einem funktionierenden System, die Schulung des Betriebspersonals und die Sicherstellung eines Rund-um-die-Uhr-Services. Oftmals wird sogar nach der Fertigstellung die komplette Übernahme von Betrieb, Wartung und Instandhaltung an den Hersteller delegiert.

Solche Dienstleistungen rund um das Produkt im engeren Sinne sind die beste Möglichkeit für ein Unternehmen, sich von der Konkurrenz abzuheben. Dank des weltweiten Vordringens moderner Fertigungstechnologie gleichen sich die Produkte in Qualität und Preis immer mehr an. Wer dem Kunden Mehrwert bieten will, muß daher fähig sein, spezifische, auf die Bedürfnisse des Kunden zugeschnittene Leistungspakete zu schnüren, die das Produkt, den Service und das erforderliche Know-how beinhalten.

Das Engagement auf dem Sektor der wissensintensiven Dienstleistungen ist aber für viele Industriebranchen auch aus einem anderen Grund unverzichtbar. Die Globalisierung der Märkte führt zu einem äußerst intensiven Preiswettbewerb, der stark auf die Produktpreise drückt. Die Elektroindustrie zum Beispiel hatte aufgrund der Deregulierung der Märkte und weltweiter Überkapazitäten in den letzten Jahren dramatische Preisverfälle zu verkraften. So sind die Marktpreise für Dampfkraftwerke in den letzten fünf Jahren um etwa die Hälfte, die für Gas- und Dampfkraftwerke sogar mehr als die Hälfte gesunken. Die Preise für Telefonvermittlungstechnik fallen um 8 bis 10 Prozent jährlich. Mit der Hardware, den Produkten selbst, ist daher nur noch wenig Geld zu verdienen. Auch deshalb geht der Trend zu wissensintensiven Dienstleistungen. Denn die Erfahrung und das Know-how für Finanzierung, Erstellung, Betrieb und Wartung finanziell aufwendiger und sehr komplexer technischen Großanlagen sind gefragte Kompetenzen. Deshalb sind solche wissensbasierten Dienstleistungen lohnende Ergänzungen des Kerngeschäfts.

Wandel in der Arbeitswelt

Die Entwicklung zur Wissensgesellschaft, die sich heute in vielen Branchen deutlicher denn je abzeichnet, ist kein plötzliches Ereignis. Sie ist vielmehr die Steigerung eines langfristigen Prozesses, der schon seit mehreren Jahrzehnten anhält: Die Technisierung und Automatisierung der Produktion und der damit verbundene Trend zu höher qualifizierter Arbeit. Der wachsende Akademikerbedarf und sinkende Einstellungszahlen bei

Arbeitskräften ohne abgeschlossene Berufsausbildung sind die augenfälligsten Belege hierfür.

Bei Siemens zum Beispiel machten die Hochschulabsolventen vor zwanzig Jahren lediglich einen Anteil von 15 Prozent aus. Mittlerweile hat sich der Anteil auf 30 Prozent verdoppelt. Und man rechnet mit einer weiteren Steigerung in der Zukunft. Der Anteil der Angestellten ohne akademische Vorbildung blieb dagegen konstant bei einem Drittel. Die Verschiebungen gingen somit vor allem zu Lasten der gewerblichen Mitarbeiter, deren Anteil von 53 auf heute 37 Prozent gesunken ist. Doch sind es weniger die Facharbeiter und Fachkräfte als vielmehr die angelernten Mitarbeiter, die von dieser Entwicklung besonders betroffen sind. Ihr Anteil verringerte sich von 32 Prozent auf derzeit nur noch 18 Prozent.

Der gesamtwirtschaftliche Trend zu mehr höherqualifizierten Tätigkeiten resultiert vor allem aus dem technischen Fortschritt. Er wird aber auch begünstigt durch das Anwachsen des Dienstleistungssektors. 1960 arbeiteten erst 21 Prozent der Beschäftigten im Dienstleistungsbereich und weitere 17 Prozent im Handel und Verkehr. Heute liegt der Anteil der im Dienstleistungsbereich Erwerbstätigen bei 38 Prozent, die Rate der im Handel und Verkehr Tätigen bei 23 Prozent. Mit insgesamt 61 Prozent Erwerbstätigen im tertiären Sektor liegt Deutschland aber deutlich hinter den USA, wo bereits 72 Prozent der Beschäftigten in diesem Sektor tätig sind. Auch wenn Unterschiede in der statistischen Erfassung dieses Gefälle größer erscheinen lassen, als es tatsächlich ist, dürfte doch der Dienstleistungssektor erhebliche weitere Beschäftigungspotentiale bieten. Voraussetzung dafür ist aber eine größere Flexibilität am Arbeitsmarkt – eine Aufgabe sowohl für den Gesetzgeber wie auch für die Tarifpartner.

Daß die Tätigkeiten im Dienstleistungssektor nur schlecht bezahlte Billigjobs seien, ist ein weitverbreitetes und hartnäckig geschürtes Vorurteil. Die genauere Betrachtung der Entwicklung in den Vereinigten Staaten zeigt jedoch erstens, daß zwei

Drittel der 7,8 Millionen neuen Arbeitsplätze, die dort in der ersten Hälfte der neunziger Jahre im Dienstleistungssektor entstanden sind, überdurchschnittlich bezahlt sind. Zweitens zeigt der Blick auf die deutsche Außenhandelsbilanz gerade im Bereich moderner, wissensintensiver Dienstleistungen, wie zum Beispiel Consulting, ein jährliches Defizit von zehn Milliarden D-Mark. Die Potentiale in Deutschland sind also noch lange nicht ausgeschöpft.

Doch statistische Zahlen wie diese spiegeln meist nur unzureichend wider, was für tiefgreifende Umbrüche in der Arbeitswelt in den letzten Jahrzehnten stattgefunden haben und gegenwärtig stattfinden. Die »guten alten geordneten Zeiten« mit geschützten Heimatmärkten, langfristig garantierten Lieferbeziehungen und berechenbaren Produktzyklen sind Geschichte. Der Wettbewerbssturm des globalen Marktes hat diese gemächliche Welt gründlich durcheinandergeschüttelt. Es ist ein heftiger Produktivitäts- und Innovationswettlauf entbrannt, der nicht nur das Management in den Zentralen vor neue Herausforderungen stellt, sondern jeden einzelnen Mitarbeiter in jeder Funktion und Hierarchiestufe.

Wichtigste Konsequenz des weltweiten Produktivitäts- und Innovationswettlaufs: Mehr Eigenverantwortung, mehr Mitdenken, mehr unternehmerisches Handeln sind gefordert. Um zügig und flexibel auf die ständig wechselnden Anforderungen des Marktes und der Kunden reagieren zu können, müssen immer mehr Entscheidungen vom Mitarbeiter vor Ort getroffen werden. Das funktioniert nur, wenn dort auch die entsprechenden Qualifikationen und Informationen vorhanden sind. Die Wissensgesellschaft stellt also nicht nur höhere Anforderungen an die Mitarbeiter, sondern auch an die Unternehmensstruktur und -praxis.

Knowledge Management und das lernende Unternehmen sind hier die Stichworte. Dahinter verbirgt sich die einfache Einsicht, daß erstens die notwendigen technischen Instrumente zur Informationsbeschaffung und zweitens eine offene, lernfreudige und kommunikationsorientierte Unternehmenskultur vorhanden sein müssen, um das Wissenspotential eines Unternehmens besser auszuschöpfen. Ersteres läßt sich noch relativ einfach durch eine entsprechende Organisationsstruktur und durch Investitionen in PCs, Server, ein Intranet und ein einheitliches Email-System bewerkstelligen. Siemens zum Beispiel hat mit der Einsetzung eines »Chief Information Officers« eine Stelle geschaffen, welche konzernweite Strategien zum Einsatz von Informations- und Kommunikationstechnik entwickelt, diese durchsetzt und aktiv vorantreibt und auch für einheitliche Standards bei Technik und Software sorgt.

Eine viel komplexere Aufgabe ist es dagegen, die vielen Soft-Faktoren, die eine Unternehmenskultur ausmachen, an die neuen Bedingungen anzupassen. Hier geht es um nicht weniger als einen Kulturwandel, also darum, systematisch und zielgerichtet neue Werte, neue Leistungsmaßstäbe, ein neues Führungs- und Kommunikationsverhalten zu verankern und alte Denkmuster, Gewohnheiten oder Hierarchiedünkel abzubauen. Ziel ist es dabei, durch dezentrale Organisationsstrukturen und hierarchiefreie Kommunikation den Informationsaustausch zu beschleunigen, jedem Mitarbeiter alle für seine Tätigkeit relevanten Informationen permanent in aktueller Form zugänglich zu machen und ihn gleichzeitig durch direkte Feedback-Möglichkeiten in das Informationsnetz einzubinden.

Für die Mitarbeiter bedeuten solche neuen dezentralen Organisations- und Informationsstrukturen vor allem mehr Eigeninitiative und Engagement. Der Mitarbeiter hat eine Art Holschuld bei der Informationsbeschaffung und eine Bringschuld bei der Informationsweitergabe. Er ist nicht nur gefordert, sich in seinem Arbeitszusammenhang informiert zu halten, sondern wird vielfach auch den Horizont seiner Abteilung oder des ganzen Unternehmens berücksichtigen müssen. Hinzu kommt aufgrund der immer kürzeren Innovationszyklen die Notwendigkeit, ständig Neues hinzuzulernen: Bei Siemens werden bereits 70 Prozent des Geschäfts mit Produkten abgewickelt, die maximal fünf Jahre alt sind. Im Bereich private Kommunikationssysteme sind sogar 90 Prozent der Produkte jünger als zwei Jahre. Das macht deutlich, wie schnell Wissen veraltet, wenn es nicht ständig aktualisiert wird.

Neue Ausbildungserfordernisse

Die Halbwertszeiten des Wissens werden immer kürzer. Die Natur- und Ingenieurwissenschaften sammeln so schnell neue Erkenntnisse an, daß die wissenschaftliche Fachliteratur schon nach wenigen Jahren überholt ist. Daher muß man kontinuierlich am Ball bleiben. Wer einmal den Anschluß verloren hat, wird nur mit größter Mühe diesen Rückstand aufholen können. Heute wird jede Minute eine neue chemische Formel, alle drei Minuten ein neuer physikalischer Zusammenhang und alle fünf Minuten eine neue medizinische Erkenntnis gewonnen.

Für einen Großteil der Mitarbeiter, und zwar nicht nur für die in den Forschungs- und Entwicklungsabteilungen, bedeutet das: Sie müssen ihre eigenen Wissensmanager werden. Erwerb und Anwendung von Wissen müssen sie parallel bewältigen, und zwar ein Arbeitsleben lang. Auch kann es in der Ausbildung angesichts der dramatischen Vervielfachung des Wissens nicht mehr darum gehen, das Wissen eines Fachgebietes vollständig und abschließend aufzunehmen und so quasi einen Grundstock zu erwerben, von dem man das ganze Berufsleben zehren kann. Der Schwerpunkt muß vielmehr auf der Vermittlung des Grundbestands an Wissen liegen, der ausreicht, um sich später in die jeweils relevanten Fragestellungen seines Fachgebiets einarbeiten zu können. Ausbildung ist nicht mehr Lebensabschnitt, sondern Lebensaufgabe. Das gilt für alle Formen von Ausbildung gleichermaßen, sei es nun die berufliche oder die universitäre.

Studiengänge, Prüfungsordnungen, Ausbildungsrichtlinien, Berufsbilder – ein großer Teil von ihnen gehört auf den Prüfstand, wenn wir die Herausforderungen der Wissensgesellschaft wirklich ernst nehmen. Ziel muß es sein, sie systematisch von

Ballast zu befreien und stärker auf die Praxis auszurichten. Denn heute sind nicht so sehr abrufbare Wissensbestände als vielmehr Fertigkeiten wie Orientierungsfähigkeit, Kriterienkompetenz, Zeitmanagement und soziale Kompetenz zur Bewältigung komplexer Themen in Projektteams wichtig.

Gerade die deutschen Universitäten haben hier Defizite. Noch immer wird dort vielfach an einem überlieferten Wissenskanon festgehalten, der dann beständig erweitert wird und ins Uferlose wächst. Doch müßte gerade unter dem Gesichtspunkt der Praxis dieser Kanon selbst auf den Prüfstand gestellt werden, seine Inhalte zurückgeschnitten und damit Zeit und Raum für die Vermittlung von berufspraktischen Fertigkeiten geschaffen werden. Diese Praxisferne ist übrigens auch einer der Gründe, warum die deutschen Universitäten im internationalen Wettbewerb zurückfallen und für viele Studenten, insbesondere aus Asien, nicht mehr zur ersten Wahl gehören. Es ist zu hoffen, daß die seit einiger Zeit geführte Debatte über unser Bildungssystem hier bald auf breiter Ebene zu effektiven Verbesserungen führt. Einige Universitäten und Bundesländer haben ja bereits den Reformbedarf erkannt und entsprechend gehandelt.

Eine Reihe von Schwachstellen weist auch das duale System der Berufsausbildung auf, das in seiner Grundkonzeption sicherlich weiterhin vorbildlich ist, aber auch an Überregulierung und starren Strukturen leidet. Viele Ausbildungsordnungen sind hoffnungslos veraltet, und noch immer sind Unternehmen gezwungen, lange Verwaltungs- und Prüfungsprozeduren abzuwarten, bis dann endlich das neue Berufsbild offiziell anerkannt wird. Doch gibt es auch positive Signale: Im Bereich Information und Kommunikation sind in kürzester Zeit zukunftsträchtige Berufsbilder geschaffen worden. Auch in anderen Branchen, zum Beispiel in der Zweiradbranche oder im Bibliothekarswesen sind neue Berufsbilder geplant. Das sollte Modell und Ansporn sein, in anderen Feldern ebenfalls die Modernisierung der bestehenden und die Einführung neuer Ausbildungsberufe zügig voranzutreiben.

Verschiedene Unternehmen sind beim Einsatz neuer Technik unterschiedlich weit fortgeschritten und haben daher jeweils andere Produktionsprozesse und Arbeitsabläufe. Es sollte daher den Unternehmen die Möglichkeit gegeben werden, bestimmte Ausbildungsinhalte an die sich wandelnden Arbeitsprozesse anzupassen und sich bei der Festlegung der Ausbildungsinhalte auch an Zukunftsszenarien zu orientieren. Darüber hinaus stellt sich die Frage, ob zwei Berufsschultage generell nötig sind oder nicht mehr Möglichkeiten für praxisorientierte Projektarbeit in den Betrieben geschaffen werden sollten. Nur wenn die Ausbildungsgänge praxisnäher werden und den technischen Fortschritt ohne Verzug aufnehmen, können sie den Anforderungen der Wissensgesellschaft gerecht werden.

Wenn Bildung zur Lebensaufgabe wird, kommt auch den Unternehmen eine neue Rolle zu. Sie stehen in der Verantwortung, dem Mitarbeiter die Möglichkeit zu geben, sein Wissen auf dem laufenden zu halten und auszubauen. Wer Weiterqualifikation fordert, muß sie auch fördern. Angesichts des schnellen Wandels der Märkte kann heute selbst ein Unternehmen wie Siemens seinen Mitarbeitern keine Garantie mehr auf lebenslange Beschäftigung im gleichen Berufsbild geben. Auch unter diesem Gesichtspunkt sieht es Siemens als Teil seiner sozialen Verantwortung, seine Mitarbeiter bei der Weiterentwicklung ihrer Qualifikationen zu unterstützen. Dieses beinhaltet nicht nur Trainings- und Weiterbildungsmaßnahmen, sondern vor allem auch herausfordernde Aufgaben und die Möglichkeit, in neuen Einsatzfeldern neue Erfahrungen zu sammeln. Mit diesem wertvollen Wissens- und Erfahrungsschatz erhalten und stärken die Mitarbeiter ihre »Beschäftigungsfähigkeit« oder *employability*, wie es die Angelsachsen nennen. Das ist nicht nur zum Vorteil des Unternehmens, sondern nützt vor allem dem Mitarbeiter. Sagt doch schon ein chinesisches Sprichwort: »Wissen ist ein Schatz, der seinen Besitzer überallhin begleitet.«

Die Wissensgesellschaft wird kommen, genauso wie sich der Globalisierungsprozeß weltweit durchgesetzt hat. Es ist daher nicht die Frage, ob wir diese Entwicklung für wünschenswert halten oder nicht, sondern ob wir sie bewußt vorantreiben oder von ihr getrieben werden. Nur wenn wir unseren Weg in die Wissensgesellschaft aktiv gestalten, werden wir ihre Chancen nutzen können.

An Konzepten und Entwürfen dafür mangelt es nicht. So hat die EU-Kommission Ende 1993 das Konzept eines gemeinsamen Informationsraumes Europa entwickelt. Dieses Konzept wurde im Jahr darauf unter Mitwirkung der Wirtschaft konkretisiert, und es wurden zehn vorrangige Anwendungsfelder aufgezeigt. Im Jahr 1995 folgte der europäische Aktionsplan »Europas Weg in die Informationsgesellschaft« und das Gemeinschaftsprogramm »INFO 2000«, mit dem die Entwicklung und Anwendung von Multimedia gefördert werden soll.

Auch auf nationaler Ebene liegen inzwischen eine ganze Reihe von Studien und Konzepten vor. Nachdem der Fachverband Informationstechnik im VDMA und ZVEI 1993 die öffentliche Diskussion zu diesem Thema angestoßen hatte und in der Folge verschiedene Positionspapiere und Umsetzungsvorschläge erarbeitet hatte, legte 1995 der Rat für Forschung, Technologie und Innovation in Zusammenarbeit mit dem Bundesministerium für Bildung, Wissenschaft, Forschung und Technologie erste Feststellungen und Empfehlungen zur Gestaltung des Weges in die Informationsgesellschaft vor. Es folgte eine Materialsammlung des Bundeswirtschaftsministeriums und der Bericht der Bundesregierung »Info 2000 – Deutschlands Weg in die Informationsgesellschaft«. Die Konzepte stehen also; nun gilt es, sie in die Tat umzusetzen.

Ein Land wie Deutschland, das arm an Rohstoffen, aber reich an Köpfen ist, ist in besonderer Weise darauf angewiesen, seinen Wissensschatz zu pflegen, optimal weiterzuentwickeln und sich immer wieder neue Wissensquellen zu erschließen. Dazu ist nicht nur eine zuverlässige, leistungsfähige und engmaschige Kommunikations- und Informationsinfrastruktur notwendig. Notwendig ist vor allem ein gesellschaftlicher Aufbruch in Richtung Wissensgesellschaft, der auch das Handeln, die Anschauungen, die Kommunikationsgewohnheiten und das Informationsverhalten nachhaltig beeinflußt. Erst dann werden wir die Vorteile der Wissensgesellschaft voll entfalten und ihre Chancen richtig nutzen können.

Einer der Hauptvorteile der Wissensgesellschaft liegt darin, daß sie die Rahmenbedingungen für Innovationen erheblich verbessert. Schon heute sind ungeheure Informationsmengen jederzeit weltweit per Knopfdruck abrufbar. Schon heute ist der schnelle und zuverlässige Austausch auch von komplexesten Informationen rund um den Globus möglich. Wer diese Möglichkeiten nicht nutzt, um seine Forschungs- und Entwicklungsprozesse zu beschleunigen, wird im weltweiten Innovationswettlauf zurückfallen.

Der Wirtschaftswissenschaftler Hermann Simon hat diese Situation einmal folgendermaßen beschrieben: »Nur die Unternehmen werden im Wettbewerb überleben, deren Lernrate größer ist als die Änderungsrate der Umwelt. Da die Änderungsrate radikal gestiegen ist, müssen die Unternehmen ihre Lernrate unbedingt erhöhen. In dynamischen Märkten ›fressen‹ nicht die Großen die Kleinen, sondern die Schnellen die Langsamen.«

Was Simon beschreibt gilt nicht nur für Unternehmen, sondern läßt sich auch auf Gesellschaften übertragen. Deutschlands Startposition für den Sprint in die Informations- und Wissensgesellschaft ist nicht schlecht. Wir müssen nur die Fesseln ablegen, die uns am Sprinten hindern.

DR. WOLFGANG GERHARDT
1943 in Ulrichstein-Helpershain geboren, studierte ab 1963 Erziehungswissenschaften, Germanistik und Politik; er promovierte 1970.
Von 1970 bis 1978 war er Persönlicher Referent des hessischen Ministers des Innern, dann Leiter des Ministerbüros.
Von 1978 bis 1994 war er Mitglied des hessischen Landtags (F.D.P.) und von 1987 bis 1991 Minister für Wissenschaft und Kunst, zugleich stellvertretender Ministerpräsident und Mitglied des Bundesrates sowie Bevollmächtigter des Landes Hessen beim Bund.
Wolfgang Gerhardt war von 1982 bis 1995 Landesvorsitzender der F.D.P. Hessen und von 1985 bis 1995 stellvertretender Bundesvorsitzender der F.D.P.
Seit 1994 ist er Mitglied des Deutschen Bundestages und seit Juni 1995 Bundesvorsitzender der F.D.P.

Wolfgang Gerhardt

Für einen neuen Anlauf in Bildung und Ausbildung

Qualifizierung als Zukunftschance

Deutschland kann sein relatives und absolutes Wohlstandsniveau nur halten, wenn es gelingt, auch in Zukunft zur Spitze zu zählen. Dies bedeutet, modernste Technik in Produkte und Produktionsverfahren umzusetzen, zukunftsfähige Dienstleistungen zu erbringen und als Gesellschaft insgesamt innovationsfähig zu sein.

Es geht nicht nur um Lohnnebenkosten und die Erfüllung der Maastricht-Kriterien, sondern es geht vor allem um einen Anpassungsprozeß, um die Fähigkeit zu technischen Höchstleistungen, um die Entfaltung von Talenten und um die Förderung menschlicher Kreativität gegenüber vielen Modellen der Verteilung von Arbeit und der Zuteilung von Bildungschancen. Zu oft erhalten wir in Deutschland mit knappen Zukunftsmitteln genau das, was sich verändern müßte, bis es sich nicht mehr verändern kann. Wir finanzieren Vergangenheit; damit erkaufen wir uns die soziale Ruhe der Gegenwart, aber wir verkaufen damit die Möglichkeiten der Zukunft.

Wenn wir nicht hinter neue Wettbewerber zurückfallen wollen, müssen wir für den Strukturwandel offener sein als bisher. Wir müssen abbauen, was zu Lasten von Innovation und Investition geht. Es gilt, den Strukturwandel kompetent und fair zu bewältigen.

Die Erfahrungen aus dem Strukturwandel in der Bundesrepublik haben gezeigt, daß wir uns von einer durch Warenproduktion gekennzeichneten Volkswirtschaft zu einer Dienstleistungs-

und Informationsgesellschaft entwickeln. Die Arbeitsplatzintensität verlagert sich. Die Wachstumsschwäche einzelner Regionen in unserem Land und das Auseinanderdriften der stärksten und der schwächsten Räume ist auch eine Folge ihrer Branchenkultur. Der Strukturwandel hat immer zuerst die Produkte betroffen, dann die Regionen und schließlich die Chancen der Menschen.

Neue Impulse können aber in den Regionen nicht durch die Subvention alter Produktionsstrukturen gesetzt werden. Die einzige Chance besteht in der Produktion neuer Waren und Dienstleistungen. Dafür gibt es in unserem Land ein enormes Potential, das wir nicht annähernd nutzen, auch weil Angst vor den Risiken der Zukunft zum Festklammern an die Gegenwart führt und viele große Chancen nicht wahrgenommen werden. Die Forschung im Bereich neuer Materialien und Werkstoffe, die Gen- und Biotechnologie, die Kommunikations- und Informationstechniken sind nur einige Beispiele für wichtige Arbeitsmarktbereiche von morgen.

Die Bewältigung des strukturellen Wandels wird zunehmend von der Fähigkeit abhängen, Forschungs- und Entwicklungspotentiale besser zu nutzen, um technologische Veränderungen und Verbesserungen einzuleiten. Grundlagenforschung in großer Breite und mit dem Bewußtsein für Risiko durchzuhalten, wo immer möglich mit anwendungsbezogener Forschung und Entwicklung zu verknüpfen, das staatlich finanzierte Forschungssystem wettbewerbsorientierter zu gestalten und die Zusammenarbeit von Wissenschaft und Wirtschaft in der Erzeugung innovativer Produkte zu intensivieren, das sind zentrale Aufgaben.

Forschungsintensive Industrien fördern die Expansion unternehmensorientierter Dienstleistungen. Erst ein durch moderne Technologien produktiver Industriesektor schafft Voraussetzungen für Beschäftigung auch in neuen attraktiven Dienstleistungsfeldern.

In forschungsintensiven Branchen bündelt sich nicht nur die

Chance für Beschäftigung. Hier wächst ein erheblicher Teil der Problemlösungskompetenz einer Gesellschaft und dies nicht nur auf wissenschaftlich-technischem Gebiet.

Der größte Technologietransfer besteht in der Qualifizierung von Menschen. Bildung und Ausbildung ist unser Paß für die Zukunft und die Voraussetzung für eine stabile Demokratie. Nur durch Bildung, Forschung und Wissenschaft werden die Wege der Umsetzung wissenschaftlicher Erkenntnisse und Methoden in verbesserte und neue Prozesse und Produkte verkürzt, und nur durch Bildung, Forschung und Wissenschaft wird der Strukturwandel bewältigt und der internationale Wettbewerb bestanden.

In Deutschland gehen heute Pioniergewinne durch zu lange Verfahren verloren. Das Konglomerat von Vorschriften lähmt. Mangelnde Suchstrategien behindern Wissenschaft und Wirtschaft gegenseitig. Deutschland ist das Land der Dichter und Denker, hat aber zugleich eine große Dichte von Bedenkenträgern und Tabuwächtern, die mit Skepsis auf jede technische Neuerung reagieren. Wir haben aber keine Zukunft, wenn wir nicht auch das Land der Forscher, der Erfinder, der Tüftler, Techniker und Ingenieure bleiben, denn von ihren Erfindungen leben wir letztlich.

Die F.D.P. hat nicht die Illusion, daß allein Deregulierung und Privatisierung und ein schlanker Staat schnelle Besserung bringen. Aber wir wissen, daß sie begünstigend wirken für neue Kräfte und für Zukunftsorientierung. Es gibt deshalb keine Alternative. In allen Bereichen unseres Lebens müssen Steine aus dem Weg geräumt werden. Bildung und Ausbildung, Forschung und Entwicklung sowie Qualifizierung von Menschen sind unsere wichtigste Zukunftschance, übrigens auch für die Menschen selbst und die Menschlichkeit, die persönlichen Initiativen, die individuelle Verantwortung, die Kreativität, die aktive Gestaltung.

Kompetenz umfaßt nicht nur Wissen, Kompetenz findet sich in einer Persönlichkeitsstruktur, die fähig zum eigenen Urteil und zum sozialen Handeln bleibt. Soziale Kompetenz ist aber nicht das Markenzeichen nur einer Schulform. Soziale Kompetenz ist die Fähigkeit, die sich durch anspruchsvolle Inhalte im Unterricht und in Begegnung mit anderen herausbildet. Sie entsteht nicht durch Herabsetzung des Niveaus, sondern in der Förderung möglichst vieler nach oben. Chancengleichheit kann aber nicht Gleichheit der Ergebnisse bedeuten. Ein egalitäres Förderziel öffnet nicht allen gleich gute Chancen. Es vergeudet Talente.

Wer nicht ein Mindestmaß an Geschichte in der Schule angeboten bekommt, wird Probleme bei der Bewertung von Entwicklungen haben und sich nur schwer in Deutschland und der Welt zurechtfinden. Wer nicht ein Mindestmaß an Fremdsprachenkenntnissen erwirbt, wird in der Kommunikation in einer immer internationaler werdenden Gesellschaft Nachteile spüren. Wer nicht ein Mindestmaß ungeschmälertes naturwissenschaftlich-mathematisches Angebot in der Schule erfährt, wird in unserer Gesellschaft mit ihren technischen Entwicklungen und ökologischen Herausforderungen immer weniger begreifen. Wer nicht ein Mindestmaß an Umgang mit den neuen Technologien erlernt, wird schnell zum Verlierer der Informationsgesellschaft und auf dem Arbeitsmarkt. Wer nicht ein Mindestmaß an Erziehung zu Toleranz, zu Demokratie und zum sozialen Handeln erhält, wird unserer Gesellschaft und ihren Werten und der Wahrnehmung von Verantwortung gleichgültig oder ablehnend gegenüberstehen.

Die vielerorts vorgenommene Kürzung in den Stundentafeln, die Epochalisierung von Fächern, die Zusammenlegung von Kernbereichen verdecken einen Rückzug der Schulen von notwendigem Unterricht.

Priorität hat aber die Erteilung von Unterricht. Danach erst kommen gewünschte Sonderprogramme, der Bedarf der Schulorganisation und die Freistellung für Personalratsarbeit. Wenn wir die Entwicklung nicht umkehren, wird sie die Schwächeren in unserer Gesellschaft treffen, die auf das Angebot des öffentlichen Bildungssystems am stärksten angewiesen sind. Und das in einer Zeit, in der sich die Möglichkeiten der Zuteilung von Lebenschancen für das Bildungssystem dramatisch verringert haben und dennoch immer qualifiziertere Abschlüsse gebraucht werden, um überhaupt Beschäftigungschancen zu erreichen.

Die heutigen Angebote sind nicht überzeugend strukturiert, die junge Generation wird nicht ausreichend beraten und für den Ernstfall Beruf wird zu spät geprobt. Die Strukturveränderungen in Gesellschaft und Wirtschaft erfordern eine entsprechende Entwicklung des Schulsystems. Leistung und Leistungsbereitschaft, pädagogisch verantwortbare Leistungsfeststellung sind selbstverständliche Begleiter von Bildung und Ausbildung. Bildungssysteme ohne Ernstfall bilden nicht.

Vielfalt sichern

Nachdem sich die Bildungspolitik in einer Aufbruchstimmung in den sechziger Jahren zu Recht darum bemüht hat, Begabungsreserven zu erschließen, Barrieren beim Zugang zu weiterführenden Schulen abzubauen und mit guter Absicht durch die Einführung der Förderstufe auch denjenigen noch eine Chance geben wollte, deren Leistungskurve nicht auf den Stichtag genau nach einer vierjährigen Grundschule eine gesicherte Prognose erlaubte, hat sie sich seitdem in manches Vorurteil verstrickt, vermeintliche Wohltaten zur Plage werden lassen und löst sich auch heute in der politischen Landschaft nur schwer von vordergründig emanzipatorischen Vorstellungen, die alle Parteien – insbesondere gegen Ende der sechziger Jahre – schulpolitisch vor sich hergetragen haben.

Jetzt muß der Blick endlich frei werden für einen schulpolitischen Konsens, der Schulfrieden ermöglicht und Eltern und

Kinder nicht alle vier Jahre vor grundlegende schulorganisatorische Änderungen stellt. Jeder Versuch schadet, eine Schulform zu bevorzugen, sie durch gesetzgeberische Entscheidungen als Zielvorstellung zu markieren und sie als bildungspolitisch und gesellschaftlich anderen Formen überlegene Einrichtung anzusehen.

Die alte Auseinandersetzung »Gymnasium gegen Gesamtschule« war falsch. Der weitere Fortgang auf dem Weg, das Gymnasium als schichtenspezifische Schule durch Gesamtschulen zu ersetzen, ist entbehrlich. Das Gymnasium ist längst keine schichtenspezifische Schule mehr. Daß viele Eltern am Gymnasium hängen, daß sie ihre Kinder ins Gymnasium schicken, obwohl in manchen Fällen die Kinder überfordert sind und in ihrer schulischen Laufbahn wirklich beeinträchtigt werden, ist wahr. Daß viele so früh wie möglich ihre Kinder ins Gymnasium schicken wollen, ist ein Stück Lebenswirklichkeit in einer Gesellschaft, in der Leistungsstreben, gesellschaftliches Ansehen und der Wunsch nach einem persönlichen Status menschliche Verhaltensweisen sind, denen durch kein Diktieren einer Schulform abgeholfen werden kann. Es gibt viele Erzieher, auch viele öffentliche Miterzieher, und die Schule ist nur ein Stück unserer Gesellschaft.

Für alle Schulformen gilt grundsätzlich, daß sie stärker am Ziel zu orientieren sind, das Lernen zu lernen. Das bedeutet unter anderem die Vermittlung von Grundlagenwissen gegenüber fachlicher Tiefe zu stärken, auf lebenslanges Lernen bei zunehmender »Halbwertszeit« des Wissens zu orientieren. Wir brauchen darüber hinaus die Erziehung zu einer neuen Kultur für Selbständigkeit und Verantwortung. Durch Reformen der Lehrpläne, der Unterrichtsformen, der Unterrichtsorganisation, der Schulbuchliteratur und der außerschulischen Angebote ist die Faszination des Neuen bei den Schülern zu wecken.

Die bisherigen Bemühungen, die Hauptschule fortzuentwikkeln und ihre Stellung zu stärken, haben nicht verhindern können, daß ihre Schülerzahlen an vielen Orten zurückgegangen sind. Sicher ist, daß in einem gegliederten Schulsystem in den verschiedenen Schulformen Schülergruppen gemeinsam lernen, die weder zu homogen noch zu heterogen zusammengesetzt sind. Aus diesem Grund gibt es auch eine große Präferenz von Eltern für das gegliederte System; aber es gibt nicht überall – jedenfalls nicht flächendeckend – ein ausreichendes Interesse an der Hauptschule. Es kann ein Weg sein, in den Bereichen, in denen die Hauptschule auch mit den besten Anstrengungen nicht gehalten werden kann, zur Sicherung eines Angebotes verbundene Haupt- und Realschulen als Schulsystem vorzusehen.

Eine Gesamtschule hat ausreichende Schülerzahlen und damit weniger Schulorganisationsprobleme. Die Bedenken gegenüber zu heterogenen Lerngruppen und zu wenig leistungsgerechter, individueller Förderung sind aber nie ausgeräumt worden. In den Ländern, in denen bei flächendeckender Förderstufe oder bei flächendeckender Gesamtschule keine Entscheidungsmöglichkeit für Eltern besteht, ein anderes schulisches Angebot zu wählen oder einen früheren Zugang zu weiterführenden Schulen für ihre Kinder zu suchen, sollte eine Wahlmöglichkeit geschaffen werden. Kein Schulträger sollte ausschließlich nur ein System anbieten.

Die Landesregierungen bleiben deshalb aufgefordert, mit den Schulträgern ein Einvernehmen über Standorte herbeizuführen, an denen Kindern der direkte Zugang zu weiterführenden Schulen ermöglicht werden kann. Bei politischem Wollen ist es möglich, diese Standorte so zu wählen, daß andere schulische Organisationsformen in ihrer Existenz nicht beeinträchtigt werden.

Was zu tun ist:

Das gegliederte Schulsystem soll erhalten bleiben, wo immer dies möglich ist. Gesamtschulen können dort eingerichtet werden, wo Eltern und Schulträger dies wünschen, soweit andere Schulformen nicht gefährdet werden, und dort, wo ein qualifiziertes, wohnortnahes Schulangebot nur durch die Zusammenfassung aller Schulformen gewährleistet werden kann.

Der Gründung kooperativer Gesamtschulen ist der Vorrang gegenüber integrierten Gesamtschulen zu geben. Alle Schulangebote werden durch Sonderschulen, integrative Modelle und durch mobile Dienste ergänzt.

Die Selbständigkeit von Haupt- und Realschulen ist wichtig. In Regionen und an Standorten, wo dies wegen zu geringer Elternentscheidungen zum Besuch der Hauptschule nötig ist, können Haupt- und Realschulen organisatorisch zusammengefaßt werden.

Flächendeckende Einheitsschulsysteme müssen geöffnet werden. In den Schulträgerbereichen, in denen ein flächendeckendes Modell mit Förderstufen den Eltern keine Wahlmöglichkeiten anbietet, sollen Standorte des direkten Zugangs zu weiterführenden schulischen Angeboten ohne Förderstufe gemeinsam zwischen Schulträgern und Landesregierungen im Sinne eines Schulfriedensangebotes festgelegt werden.

Das Abitur soll in zwölf Jahren erreicht werden.

Das staatliche Bildungswesen braucht eine Befreiung von Verkrustungen und Reglementierungen und mehr Wettbewerb durch private Bildungsangebote. Schulen in privater Trägerschaft müssen auch künftig angemessen gefördert werden.

Kopf und Hand bilden

Wir haben eine falsche Anerkennungs- und Ausbildungshierarchie. Ein Hochschulabschluß schlägt bis heute den Berufsbildungsabschluß. Elite beschränkt sich aber nicht auf die theoretisch Ausgebildeten.

Unsere duale Berufsausbildung ist ein Erfolgsmodell, das sich ungebrochener Nachfrage bei den Jugendlichen erfreut und im Ausland hoch geschätzt wird. Es ist nicht nur die Grundlage zur Qualifizierung des Fachkräftenachwuchses, den die Wirtschaft braucht, um Globalisierung und Strukturwandel zu bewältigen. Zugleich ist es Teil des Bildungswesens, in dem die große Mehrheit der Jugend – fast 70 Prozent eines Altersjahrgangs – für einen erfolgreichen Einstieg in das Berufsleben qualifiziert wird. Die Verbindung von praktischem und theoretischem Lernen in Betrieb und Schule ermöglicht eine breit angelegte Vermittlung von Kenntnissen und Fertigkeiten, die in der späteren Berufsausübung einen vielfältigen Einsatz erlauben.

Wir sind in unserer wirtschaftlichen Entwicklung auf derart qualifizierte Fachkräfte auch zukünftig dringend angewiesen. Deshalb ist es bedenklich, wenn die Ausbildungsbereitschaft von Unternehmen zurückgeht und Ausbildungswünsche nur mit Schwierigkeiten erfüllt werden können. Die Bereitstellung einer ausreichenden Zahl von Ausbildungsplätzen liegt gerade auch im Eigeninteresse und folgerichtig in der Verantwortung der Wirtschaft.

Eine besondere bildungspolitische Herausforderung stellen die Jugendlichen dar, die überhaupt keinen Ausbildungsabschluß erwerben – entweder weil sie eine Ausbildung gar nicht erst beginnen, oder weil sie sie vorzeitig abbrechen. Für diese etwa 10 bis 14 Prozent eines Altersjahrgangs ist das Risiko von Arbeitslosigkeit am höchsten.

Wir wollen die Berufsausbildung stärken. Dazu gehört einmal, die Ausbildungsbereitschaft der Unternehmen zu erhöhen und die geeigneten Rahmenbedingungen für die weitere Funktionsfähigkeit des dualen Systems zu schaffen beziehungsweise anzupassen und zu verbessern.

Dazu gehört auch, die Ausbildung inhaltlich zu modernisieren, denn der Wandel von Arbeitsinhalten und -organisation führt zu veränderten (teilweise gänzlich neuen) Berufstätigkeiten, denen bisherige Berufsbilder manchmal nur unzureichend oder überhaupt nicht entsprechen. Die Entwicklung neuer Berufe für zukünftig bedeutsame Wirtschaftsbereiche (z. B. Multimedia, Dienstleistungen) muß weiter vorangetrieben werden.

Was zu tun ist:

Der Anteil ausbildender Betriebe muß in enger Zusammenarbeit von Wirtschaft, Gewerkschaften und Kammern gesteigert werden. Der Einsatz von »Arbeitsplatzentwicklern« hat sich in den neuen Ländern bewährt, er sollte auch in den alten Ländern verstärkt vorgesehen werden.

Der Abbau von Ausbildungsplätzen in Großunternehmen und im Bereich der öffentlichen Verwaltung war in den letzten Jahren außerordentlich hoch, er hat zum Teil den Abbau von Arbeitsplätzen übertroffen. Dieser Trend muß dringend gestoppt werden, die Zahl der Ausbildungsplätze muß wieder deutlich erhöht werden.

Tarifvertragliche Vereinbarungen – zur Steigerung der Ausbildungsplatzzahl, zur flexiblen Gestaltung von Ausbildungsvergütungen, zur Beseitigung von Ausbildungshemmnissen – sind dazu ein nützliches Instrument. Alle diskutierten Formen einer Umlagefinanzierung durch Ausbildungsabgaben sind dagegen ungeeignet.

Die Kammern sollten ausbildende Betriebe möglichst weitgehend von Ausbildungsgebühren entlasten.

Die Zahl der Selbständigen in Deutschland hat stark abgenommen. Dabei ist klar, daß jede Existenzgründung zu vermehrten Arbeits- und potentiell auch Ausbildungsplätzen führt. Erziehung zur Selbständigkeit, Hilfen bei Existenzsicherung und -gründung sind deshalb auch Mittel, die Ausbildungskapazitäten zu erhöhen.

Eine nicht unbeträchtliche Zahl von Jugendlichen verläßt heute die Schulen, ohne ausreichend für eine Berufsausbildung gerüstet zu sein. Am Ende der Schulzeit müssen mindestens die kulturellen Grundfertigkeiten als vorhanden vorausgesetzt werden können. Dies erfordert zweifellos erhöhte pädagogische Anstrengungen in der Schule. Viele Jugendliche orientieren sich hauptsächlich auf eine geringe Zahl sogenannter Modeberufe. Eine verbesserte Berufsberatung in Kooperation von Arbeitsamt und Schulen ist wünschenswert, um angebotene Lehrstellen in voller Breite auch tatsächlich zu nutzen.

Die Berufsschule muß wieder stärker zu einem Partner von Betrieben werden. Die Ausbildungszeit in den Betrieben muß durch eine veränderte Organisation des Berufsschulunterrichts und der überbetrieblichen Unterweisung wieder erhöht werden. Die Anrechnungspflicht des Berufsgrundbildungsjahrs sollte zukünftig entfallen.

Die Überfrachtung der Ausbildungsordnungen muß ein Ende haben. Die Modernisierung und Neuordnung von Ausbildungsberufen ist in den letzten Jahren deutlich beschleunigt worden. Es kommt jetzt darauf an, möglichst schnell neue Berufsbilder für sich neu entwickelnde Beschäftigungsfelder zu erarbeiten.

Die Berufsausbildung muß stärker als bisher differenziert werden. Jungen Menschen, die in der Lage sind, einen praktischen Beruf auszuüben, darf diese Chance nicht wegen der hohen theoretischen Anforderungen der Berufsausbildung genommen werden. Für solche Jugendliche kann eine gestufte Ausbildung Abhilfe schaffen, die in erster Phase in anschaulicher und verständlicher Weise Mindestanforderungen vermittelt, die zur Ausübung des Berufes ausreichen, auch wenn die theoretische Befähigung noch nicht ausreicht. Diese erste Ausbildungsstufe muß mit einer Püfung abschließen, die die praktische Berufsbefähigung nachweist. Gegebenenfalls sind neue Berufsfelder und Ausbildungsordnungen zu schaffen, vor allem für Berufe, in denen Arbeitskräfte bisher nur angelernt werden.

Die Gleichwertigkeit von allgemeiner und beruflicher Bildung ist immer noch nicht erreicht. Öffentliches Dienstrecht und Tarifverträge benachteiligen bis heute beruflich Qualifizierte gegenüber akademisch Qualifizierten. Eine Veränderung dieses Zustandes ist sowohl in individueller als auch in gesellschaftspolitischer Hinsicht dringlich.

Interessen und Leistung verbinden – Verantwortung organisieren

Hochschulen sind häufig Objekte für politische Forderungskataloge. Uns muß aber bewußt bleiben: Sie sind eigene und eigenständige Einrichtungen. Sie können in ihrer Arbeitshaltung und gesellschaftlichen Verantwortung dazu beitragen, daß Verteilungskonflikte verringert werden und Stabilität für die weitere Entwicklung durch Qualifizierung zur Verfügung steht.

Die Förderung der Fachhochschulen ist ebenso notwendig, sie kann sich auf die Bearbeitung von Fragestellungen in der Praxis mit Hilfe von aus der Grundlagenforschung entwickelten wissenschaftlichen Verfahren und Methoden konzentrieren. Fachhochschulen liefern schon heute mit ihren spezifischen Erfahrungen in der Anwendung wissenschaftlicher Erkenntnisse und Methoden einen großen Beitrag für neue und verbesserte Produkte, für Produktionsverfahren und Dienstleistungen.

Die Überregulierung, die Unterfinanzierung und die Unausgewogenheit des Hochschulsystems muß beendet werden. Die Unausgewogenheit besteht in der Tatsache, daß wir zu wenige Fachhochschulstudienplätze haben, zu viele Abiturienten ein Universitätsstudium aufnehmen, obwohl sie ein Fachhochschulstudium gewünscht hätten. Ein Studienplatz an einer Universität ist durchschnittlich pro Jahr fast doppelt so teuer wie ein Fachhochschulstudienplatz. Wenn eine zweistellige Zahl von Studienanfängern auf die teureren Studienplätze ausweicht, obwohl sie mit günstigeren Studienplätzen auch ihren Berufswunsch erfüllen würden, dann ist das eine volkswirtschaftliche Vergeudung von Ressourcen.

Die Überregulierung im System führt direkt zur Unterfinanzierung und zum Verlust von Handlungsspielräumen an den Hochschulen. Die Hochschulaufwendungen im Wettbewerb mit anderen Ausgaben sind in den Anteilen am Bruttosozialprodukt immer mehr zurückgegangen.

Die Hochschulen sind mit Studierenden chronisch überlastet und unterfinanziert; sie können ihrem Ausbildungs- und Forschungsauftrag nicht in einer Weise nachkommen, wie es der Bedeutung von Qualifikation und Forschung für die zukünftige Entwicklung in unserem Land entspricht. Sie sind selbst aus ihrer inneren Struktur dazu nicht in der Lage, weil sie, wenn das Prinzip der kollegialen Überzeugungsarbeit gescheitert ist, Veränderungsmaßnahmen kaum durchsetzen können und weder über personelle noch finanzielle Sanktionsmöglichkeiten verfügen. Und die Wissenschaftsbehörden können in die interne Ausführung der Hochschulbildung nicht eingreifen, ohne das Prinzip der Wissenschaftsfreiheit zu verletzen.

Viele Studenten studieren über die Regelstudienzeit hinaus, obwohl ein immer größerer Teil sich wirklich bemüht, innerhalb der Regelstudienzeit das Studium abzuschließen. Auf der anderen Seite brechen viele Studenten ihr Studium ab. Diese Mixtur führt zu Verlusten, sie führt zu unglaublichen Kosten, und sie zeigt, daß die Mischung aus Unterfinanzierung, Überregulierung, aber auch Führungsdefiziten und Kontrollproblemen des Hochschulsystems selbst Ressourcen vergeudet.

Deshalb ist die alleinige Forderung, Haushalte aufzustocken, die Hochschulfinanzierung zu stärken, nicht ausreichend, wenn die Hochschulen selbst nicht ihre Managementfähigkeiten effektiv verstärken, Führungsdefizite beseitigen und zu Studienreformen in der Lage sind. Natürlich haben unzureichende Finanzausstattung und Kapazitätsnormierung zu einer deutlichen Verschlechterung der Betreuungsrelationen geführt. An Fachhochschulen und Universitäten muß jeder Hochschuldozent viel mehr Studenten betreuen, als dies noch vor zwanzig Jahren der Fall war. Aber die Homogenität der Interessen mancher Lehrenden, ihre individuelle Freiheit, die Stellung auf Lebenszeit und die Berufungszusagen auf Lebenszeit haben einen Anspruch auf die Finanzverantwortung des Staates konstituiert, der zugleich auch hohe Inflexibilität bedeuten kann, individuellen Freiheitsmißbrauch und Behauptungsmöglichkeiten im jeweiligen Aufgabenbereich, die Studienverkürzungen nicht begünstigen. Strukturen dürfen nicht in einer unseligen Gemengelage in gewachsenen Apparaten, verfestigtem Dienstrecht und mentalen Vorbehalten versteinern.

Es ist deshalb gut, daß die Rektorenkonferenz Studiengeldern eine Absage erteilt hat. Denn das Verlangen nach Studiengeldern gegenüber den Studierenden hätte in keinem guten

Verhältnis zur Reformbereitschaft der Hochschulen selbst gestanden. Manches Einzahlen von Studiengeld hätte die Nichtbereitschaft zur Reform perpetuiert und eine Hochschulgremienentscheidung des Weiter-so begünstigt.

Wenn die Hochschulen wollen, können sie ihre eigenen Prüfungen ernst nehmen, sie können Zwischenprüfungen organisieren, sie können nach einem Jahr Studium eine Zwischenprüfung mit Blick auf Verständnis, auf Verarbeitungsfähigkeit und Wissen als Prognose für die Studierfähigkeit einrichten. Es bedarf einer intensiveren Betreuung bereits im Grundstudium. Dies wäre auch besser als eine Eingangsprüfung, in der nicht mehr feststellbar ist als die Aussagefähigkeit des jeweiligen Abiturzeugnisses. Damit könnte einer hohen Abbrecherquote zu Leibe gerückt werden und eine verantwortbare Entscheidung hinsichtlich der hohen Zugangszahlen könnte getroffen werden.

Die Hochschule muß eben manchmal die unangenehme Entscheidung treffen, daß nicht alle Fachbereiche von Professoren, die zum Beispiel nach C 4 besoldet werden, unbedingt Gegenstand in allen Bereichen von Prüfungen sind. Die Hochschulen müssen eben zwischen Wichtigem und Unwichtigem, das sich auch in dem Vorhandensein des Lehrangebots von Personen ausdrückt, unterscheiden, und sie müssen dabei nicht einmal ganz eng kalkulieren. Ein Auslandssemester, eine Beteiligung in der Selbstverwaltung kann einbezogen werden. Wieso eigentlich die bei den Juristen übliche »Freischußregelung«, das heißt, das frühere Anmelden zum Examen und das Nichtanrechnen bei einem Scheitern, nicht schon längst in anderen Fachbereichen erörtert und durchgesetzt worden ist, müssen die Hochschulen beantworten.

Sie sollten selbst gegenüber der Deutschen Forschungsgemeinschaft die Wege suchen, die in Graduiertenkollegs, in Vertiefungsabschnitten, nach einem ersten berufsqualifizierenden Abschluß liegen. In diesem Bereich macht am Ende die Überbeanspruchung der Hochschulen auch individuelle Sanktionsmöglichkeiten sinnvoll.

Wer bei einem gut organisierten Studiengang die Regelstudienzeit überschreitet und selbst bei Einbeziehung eines Auslandssemesters und Tätigkeiten in der Selbstverwaltung zu lange studiert, von diesem Mitglied der Gesellschaft kann die Hochschule zu Recht eine ansteigende Studiengebühr verlangen. Denn es ist nicht einzusehen, daß jemand die Hochschule über Gebühr in Anspruch nimmt, obwohl er weiß, daß alle anderen Gesellschaftsteilnehmer für ihn oder für sie bis zu einem ersten berufsqualifizierenden Abschnitt bezahlen. Selbstverantwortung zu spüren und sie auch finanziell zugerechnet zu bekommen, das ist keine unbillige Forderung. Auf studentischer Seite muß klar sein, daß die Freiheit der Entscheidung auch die Konsequenz der Verantwortung mit sich bringt. Da keine Arbeitsplätze zugeteilt werden, kann der Staat auch keine Einkommensgarantie geben, auch einem Hochschulabsolventen nicht. Die frühere Gewißheit eines Studiums auf ein sicheres Einkommen hin gibt es bei immer höheren Abituranteilen der Jahrgänge nicht mehr.

Was zu tun ist:

Die Hochschulen machen endlich ernst mit der oft angekündigten inneren Reform. Dazu sind Dauer, Ablauf, Aufbau und Inhalt einzelner Studiengänge zu überprüfen.

Hochschulen müssen bei der Auswahl ihrer Studierenden stärker als bisher beteiligt werden (z. B. durch Auswahlgespräche, Gewichtung einzelner Abiturnoten je nach Studiengang, Erhöhung der Leistungsquote bei NC-Studiengängen). Hochschuleingangsprüfungen sind nicht sinnvoll. Es ist zweckmäßig, wenn Hochschulen statt dessen in allen Studiengängen nach zwei Semestern eine Prüfung vorsehen, um den Studierenden eine bessere Orientierung im weiteren Studienverlauf zu ermöglichen. Überdies sollten sowohl bei Staatsexamens- als auch bei Magisterstudiengängen Zwischenprüfungen nach vier Semestern verbindlich eingeführt werden.

Der Stellenwert der Lehre ist zu erhöhen. Transparente und

verläßliche Verfahren zur Anerkennung von Studienleistungen und -abschlüssen müssen endlich zur Anwendung kommen. Eine bundeseinheitliche Regelung über den Hochschulzugang beruflich Qualifizierter ist überfällig.

Die Regelstudienzeiten sollten zukünftig an Fachhochschulen vier Jahre, an Universitäten in der Regel vier bis fünf Jahre betragen. Die im Studiengang Rechtswissenschaften praktizierte »Freischußregelung« hat sich bewährt, alle Prüfungsordnungen sollten sie vorsehen.

Studiengebühren sollten im Erststudium nicht erhoben werden, eine Kostenbeteiligung der Studierenden bei gravierender Überschreitung der Regelstudienzeiten oder bei einem Zweitstudium ist anzustreben.

Immer noch bereitet selbst innerhalb Deutschlands die Anerkennung der erbrachten Studien- und Prüfungsleistungen beim Wechsel zwischen Hochschulen Schwierigkeiten, dies gilt noch vermehrt für erbrachte Leistungen an ausländischen Hochschulen. Es ist deshalb erforderlich, daß alle deutschen Hochschulen ein Credit-Point-System entwickeln und vereinbaren, das eng mit dem Europäischen Credittransfersystem (ECTS) verknüpft ist. Dies erhöht zugleich die Mobilität der Studierenden in Europa.

Multimedia und neue Informationstechniken werden Alltag im Hochschulleben, vor allem aber die Lehre intensiver beeinflussen. Um mit den internationalen Entwicklungen Schritt zu halten, sollte jeder Hochschullehrer die mit den modernen Technikangeboten verfügbaren Möglichkeiten nutzen und seine Lehre didaktisch auf neues Niveau bringen.

Die deutschen Hochschulen haben international nach wie vor einen guten Ruf. Trotzdem bewerben sich immer weniger ausländische Studierende aus für uns wichtigen Bereichen der Welt in Deutschland um einen Studienplatz. Dies gilt es zu ändern. Die Hochschulen sollten deshalb die Möglichkeiten erhalten, neben den Diplom- und Magister-Abschlüssen auch solche Studiengänge einzurichten, die mit dem »Bachelor« und »Master«

enden. Verstärkt sollten an deutschen Hochschulen fremdsprachige Studienangebote entwickelt und der Austausch von Studierenden und Wissenschaftlern zwischen den Hochschulen intensiviert werden. Die Beratung und Betreuung ausländischer Studierender ist zu verbessern. Auf dieser Basis sollten deutsche Hochschulen aktiver ihre Leistungen – auch gegen Bezahlung – in wichtigen Regionen der Welt anbieten. Zur Steigerung der Attraktivität deutscher Hochschulen ist es außerdem erforderlich, die ausländerrechtlichen Vorschriften anzupassen.

Die Überreglementierung und -regulierung der Hochschulen muß abgebaut, die Eigenverantwortung gestärkt, das System insgesamt wettbewerbsorientierter gestaltet werden. Voraussetzung für mehr Wettbewerb, Autonomie und Profilbildung ist Budgetsouveränität der Hochschulen im Rahmen eines bereitzustellenden Globalhaushaltes. Notwendig ist außerdem eine Stärkung der Hochschul- und Fachbereichsleitung und eine Konzentration der Gremienkompetenzen auf grundsätzliche Fragen und Kontrollaufgaben. Ein intern und extern funktionierendes Bewertungssystem für Forschung und Lehre in allen Hochschulen ist einzuführen.

Hochschulen, die eigenverantwortlich und flexibel arbeiten sollen, benötigen zwingend auch vermehrte personelle Entscheidungskompetenzen. Deshalb ist es erforderlich, die Dienstherreneigenschaft und die Berufung von Professoren sowie die Einstellung sonstigen Personals auf die Leitung der Hochschule zu übertragen. Berufungszusagen zu personeller und sächlicher Ausstattung des jeweiligen Arbeitsgebiets sollen befristet werden, um in zeitlichen Abständen jeweils neu darüber zu entscheiden.

Die Besoldung / Vergütung von wissenschaftlichem Personal – insbesondere von Professoren – soll leistungsabhängiger gestaltet werden, etwa durch die Fixierung eines Grundgehalts und variable Zuschläge. Eine Erstberufung von Professoren nur auf Zeit (mit Verbeamtung auf Lebenszeit nach Bewährung) hätte viele Vorzüge, sofern es gelingt, das durchschnittliche Berufungsalter wieder deutlich zu senken. Das könnte zum Beispiel durch den Wegfall der Habilitation als bindende Voraussetzung erreicht werden.

Die Forschung in Deutschland genießt weltweit noch immer hohes Ansehen, das Potential für eine hohe Leistungsentfaltung ist vorhanden. Die Förderung durch die Deutsche Forschungsgemeinschaft ist in diesem Zusammenhang ein essentieller Baustein. Ihre Wirkung darf nicht dadurch gefährdet werden, daß sie von ihrem eigentlichen Zweck – Förderung der Spitzenforschung – entfernt und zur Kompensation nicht mehr ausreichender Grundausstattung der Hochschulen und der Nachwuchsförderung herangezogen wird. Das hohe Angebot an wissenschaftlich ausgebildeten Nachwuchskräften und das absehbare Ausscheiden vieler älterer Hochschullehrer müssen dazu genutzt werden, in Forschung, in interdisziplinärer und internationaler Zusammenarbeit sowie in Kooperation mit der Wirtschaft eine neue Aufgeschlossenheit und Dynamik zu erreichen.

Wissenschaftlichen Nachwuchskräften mit befristeten Arbeitsverträgen sollten Zeiten einer Beurlaubung nicht auf die Vertragsdauer angerechnet werden. Die Tarifvertragsparteien sollten überdies umgehend die Arbeiten an einem »Wissenschaftstarifvertrag« aufnehmen, da die Regelungen des BAT sowohl für Hochschulen als auch für außeruniversitäre Forschungseinrichtungen in vielen Fällen keine befriedigenden Möglichkeiten der Gestaltung arbeitsvertraglicher Bezüge erlauben.

Aus- und Weiterbildungsangebote an deutschen Hochschulen, die speziell auf Existenzgründung zugeschnitten sind, gibt es nur in Ansätzen. Lehrstühle für Existenzgründer / Mittelstand sollten so schnell wie möglich an ausgewählten Standorten eingerichtet werden.

Eine offene und veränderungsbereite Gesellschaft braucht neben Wettbewerb auch Privatinitiative. Die Unterstützung der Wissenschaft durch gemeinnützige Einrichtungen ist unverzichtbarer Bestandteil der Wissenschaftsförderung. Privathochschulen sind weiter zu fördern. Die staatlichen Rahmenbedingungen für Stiftungen und privates Engagement müssen weiter verbessert werden.

Was darüber hinaus zu tun ist:

Der Praxisbezug der Fachhochschulen ist eine große Arbeitsmarktchance für ihre Absolventen. Die Studienplatzkapazität an Fachhochschulen muß ausgebaut werden. Nicht alle Studiengänge, die Universitäten heute anbieten, müssen dort auch zukünftig bleiben; stark praxisorientierte sollten an Fachhochschulen verlagert werden. Das Verhältnis von 40 Prozent der Studienplatzkapazitäten für Fachhochschulen und 60 Prozent für Universitäten muß als Leitziel gelten.

Die Durchlässigkeit zwischen unterschiedlichen Studiengängen, von der Fachhochschule auf die Universität und umgekehrt, muß erhöht werden.

Die Fachhochschulen sollen verstärkt berufsintegrierende Studien – Berufsausbildung und Studium – in den Bereichen Ingenieurwissenschaften, Wirtschaft und Informatik anbieten. Daneben sind entsprechende Studiengänge einzurichten, in denen eine kürzere berufsqualifizierende Ausbildung stattfinden kann.

Die Einführung von Praxissemestern, die mit dem Hauptstudium verbunden sind und sich auf den Studienschwerpunkt beziehen, soll verstärkt angegangen werden. Diplomarbeiten sollen noch stärker als bisher in Verbindung mit betrieblichen Problemen entwickelt werden.

Die Organisationsstrukturen der Fachhochschulen müssen auf noch mehr Flexibilität ausgerichtet werden. Zeitverträge für Praktiker als Dozenten, Patentbüros an den Fachhochschulen und Hochschulen und Verbindungsstellen zur Industrie sichern die heute notwendigen praktischen Erfahrungen mit Anwendungsbezug.

Der öffentliche Dienst beinhaltet noch immer erhebliche Begrenzungen für FH-Absolventen. Er sollte gerade für besonders qualifizierte Absolventen flexibler und durchlässiger gestaltet werden.

Die angewandte Forschung und Entwicklung an Fachhochschulen verläuft in enger Zusammenarbeit mit kleinen und mittleren Unternehmen. Dieser Austausch ist für beide Seiten fruchtbar, er sollte ausgebaut werden.

Theorie und Praxis zusammenbringen

Viele Abiturienten haben in den vergangenen Jahren eine berufliche Ausbildung im dualen System absolviert. Für diese Ausbildungsentscheidung waren vielfach Unsicherheiten auf dem Arbeitsmarkt für Hochschulabsolventen ausschlaggebend, aber auch der Wunsch, frühzeitig berufspraktische Erfahrungen zu gewinnen. Auf seiten der Unternehmen ist erkannt worden, daß qualifizierte Abiturienten hervorragende Voraussetzungen als Berufsnachwuchs mit sich bringen.

Eine berufliche Qualifikation, die auf eine betriebliche Ausbildung im dualen System beschränkt ist, setzt oft der weiteren beruflichen Entwicklung Grenzen. Viele dieser Abiturienten haben deshalb nach der betrieblichen Ausbildung ein Studium aufgenommen. Die Bereitschaft, einen sicheren Arbeitsplatz mit dem Ziel zu verlassen, die berufliche Formalqualifikation durch ein Studium zu verbessern, findet ihre Erklärung nicht zuletzt darin, daß auf dem Arbeitsmarkt für Hochschulabsolventen eine positive Einschätzung der Ausbildungsbereiche überwiegt, die für eine Tätigkeit in privatwirtschaftlichen Unternehmen besondere Bedeutung haben (Ingenieurwissenschaften, Wirtschaftswissenschaften, Informatik). Vor allem mittelständische Unternehmen haben dadurch qualifizierte Mitarbeiter verloren.

Die Bereitschaft der Unternehmen, diesen Wünschen zu entsprechen, wird ihre Wettbewerbsfähigkeit bei der Gewinnung qualifizierter Abiturienten als Berufsnachwuchs immer stärker bestimmen.

Es liegt im Interesse insbesondere mittlerer und kleinerer Unternehmen, die von ihnen eingestellten Abiturienten, deren Erstausbildung Kosten verursacht hat, auf längere Sicht an sich zu binden. Dem Streben von Abiturienten nach beruflicher Weiterqualifikation über die betriebliche Erstausbildung hinaus könnten die Unternehmen auch durch eine spezifische, unternehmensinterne oder -externe Fort- und Weiterbildung entsprechen. Dieser Weg allein wird jedoch für besonders leistungsfähige und aufstiegsorientierte Abiturienten nicht hinreichend attraktiv sein. Der Vergleich mit den Berufschancen der an Hochschulen ausgebildeten Berufskollegen wird bei aller Dynamik unternehmensinterner Karriereverläufe die Grenzen solcher Fort- und Weiterbildungsangebote deutlich machen und: Mittlere und kleine Unternehmen können Weiterbildungsangebote nicht in jedem Umfang organisieren.

Die Wettbewerbsfähigkeit von Unternehmen bei der Gewinnung von qualifiziertem Personal hängt davon ab, ob der von den Unternehmen angebotene Qualifizierungsweg auch den Erwerb eines Hochschuldiploms einschließt. Der Erhalt arbeitsvertraglicher Bindungen an das Unternehmen erfordert Konzeptionen für berufsbegleitende Studiengänge. Sie können für die Wettbewerbsfähigkeit mittlerer und kleinerer Unternehmen von großer Bedeutung sein.

Berufsbegleitende Studiengänge ermöglichen eine bessere Abstimmung von betrieblicher Ausbildung und betrieblicher Berufspraxis mit dem Hochschulstudium. Sie tragen zu einer zeitlichen Straffung des Studiums bei.

Mit einem berufsbegleitenden Studium können Abiturienten während oder nach ihrer betrieblichen Ausbildung ohne Unterbrechung ihres Ausbildungs- oder Arbeitsvertrags das Diplom an einer Fachhochschule erreichen.

Für das berufsbegleitende Studium eignen sich besonders Ausbildungsbereiche wie Ingenieurwissenschaften, vor allem Maschinenbau und Elektrotechnik, Wirtschaftswissenschaften (Betriebswirtschaft) und Informatik.

Das berufsbegleitende Studium könnte vier Jahre dauern. Es schließt mit einem Diplom ab. Die Unternehmen gestalten in Abstimmung mit der Fachhochschule den praktischen Teil der betrieblichen Ausbildung, nämlich die berufliche Tätigkeit der Studierenden während des berufsintegrierenden Studiums.

Dieter Schulte
1940 in Duisburg geboren und dort aufgewachsen.
Er erlernte das Maurerhandwerk
und trat 1957 in die IG Bau-Steine-Erden ein.
Als er 1959 zu Thyssen Stahl wechselte,
wurde er Mitglied der IG Metall.
Bis 1978 arbeitete er als Brenner und
Qualitätsbeobachter.
Seit 1970 ist er in der Gewerkschaft tätig;
seit 1972 ist er auch SPD-Mitglied.
1975 wurde Dieter Schulte Mitglied
im Betriebsrat von Thyssen Stahl
im Werk Hamborn-Beeckerwerth,
1983 war er im Konzernbetriebsrat
der Thyssen AG,
1987 wurde er Betriebsratsvorsitzender
der Thyssen Stahl AG im Werk Hamborn,
und bis 1991 war er Gesamtbetriebsrats-
vorsitzender bei Thyssen Stahl in Duisburg.
Als »Betriebsrat der Nation« bezeichnete
ihn einmal ein Journalist – durchaus
zutreffend für den Vorsitzenden des
Deutschen Gewerkschaftsbundes,
der er seit 1994 ist.
Dieter Schulte gehört dem Aufsichtsrat
der Fried. Krupp AG Hösch-Krupp
und der Saarstahl AG an.

Dieter Schulte

Globalisierung und soziale Verantwortung

Solidarität und Eigenverantwortlichkeit dürfen keine Gegensätze sein

Die deutschen Gewerkschaften wollen die Gesellschaft zukunftsfähig mitgestalten. Unsere Konzeptionen und Ideen orientieren sich dabei an zwei Zielen: Arbeitsplätze schaffen und mehr soziale Gerechtigkeit verwirklichen. Daß wir dabei angesichts der Globalisierung immer über den nationalen Tellerrand hinausblicken müssen, das ist mittlerweile schon fast Alltagswissen. Aber wir brauchen auch in unserem Land die richtigen Zutaten, damit alle genug vom wirtschaftlichen und gesellschaftlichen Kuchen abbekommen. Wir müssen gerade angesichts weltweiter wirtschaftlicher Verflechtungen politische und soziale Bedingungen schaffen, die sich eben nicht ausschließlich an ökonomischen Zielen orientieren.

I.

Dafür hat die Bundesrepublik immer noch eine gute Ausgangsposition, aber: Unter dem Deckmantel des globalen Wettbewerbs, den sich neoliberale Deregulierer nur zu gerne umhängen, hat sich die Bundesregierung seit Jahren zunehmend zum Handlanger rein ökonomischer Interessen entwickelt. Die Belange der Beschäftigten, der Arbeitslosen und Armen, der Familien sind dabei zunehmend ins Abseits gedrängt worden. Ein Unternehmer verfolgt ein (betriebswirtschaftliches) Ziel: Er will Gewinne machen. Diesem Ziel unterwirft er alle Entscheidungen, und das kann ihm niemand ernsthaft zum Vorwurf machen. Wenn aber eine Regierung sich diesem zugegeben legitimen unternehmerischen Kalkül unterwirft, statt politisch im Sinne der Gemeinschaft zu gestalten, dann kann man ihr das durchaus zum Vorwurf machen.

Ein Beispiel dafür ist die seit Jahren desaströse Lage auf dem Ausbildungsmarkt. Die Arbeitgeber bilden immer weniger junge Leute aus, weil es sich für sie – jedenfalls kurzfristig – »nicht rechnet«. Moralische Appelle, das hat die Vergangenheit gezeigt, helfen hier nur sehr begrenzt weiter. Warum also handelt die Politik nicht? Mit einer von den Gewerkschaften schon lange geforderten Umlagefinanzierung wäre dem relativ einfach und schnell abzuhelfen. Der Wille, Politik mit Blick auf den Lebensstandort zu gestalten, ist offenbar nicht vorhanden. Leidtragende sind einmal mehr die Jugendlichen, denen Politiker dann allzugerne vorwerfen, sie seien unpolitisch. Wie aber kann man ernsthaft erwarten, daß (junge) Menschen sich für eine Politik interessieren, die sich offensichtlich an ihren Interessen nicht orientiert? Eine Politik, die kurzatmig und kurzsichtig Entwicklungen hinterherhechelt und nachträglich zu korrigieren versucht, was sie schon lange im voraus hätte positiv beeinflussen können.

Wer den Arbeitsmarkt verbessern will, darf nicht nur auf die Aktienkurse schielen. Wer soziale Gerechtigkeit verwirklichen will, der darf nicht in wirtschaftliche Kraftmeierei verfallen. Die Tradition europäischer Gesellschaften, die als sozial verfaßte Gesellschaften wirtschaftlich erfolgreich wurden, muß auch in Zukunft unser Gesellschaftsmodell sein. Das sage ich vor dem Hintergrund der Europäischen Wirtschafts- und Währungsunion. Wir Gewerkschaften wollen sie, weil uns klar ist, daß abgeschottete Nationalstaaten in Zeiten transnationaler Wirtschaft nicht erfolgreich sein können. Aber sie darf nicht auf dem Rücken der Menschen ausgetragen werden, sie muß auch eine Sozialunion werden.

Dabei steht die Beschäftigungspolitik ganz oben an. Angesichts von mittlerweile 18 Millionen Menschen, die in Europa arbeitslos sind, reicht es nicht aus, mit einer gemeinsamen Währung die – zugegeben auch für den Arbeitsmarkt schädlichen – Währungsunterschiede aufzuheben. Wir brauchen in Europa eine aktive Beschäftigungspolitik. Mit dem Beschäftigungskapitel, das erst nach langem Insistieren der Gewerkschaften in den Maastrichter Vertrag aufgenommen worden ist, haben wir einen ersten Ansatz dafür festgeschrieben. Dies mit Leben zu füllen, ist nun die Aufgabe.

Die Bundesregierung hat es seit Jahren versäumt, die Arbeitslosigkeit wirkungsvoll zu bekämpfen. Im Gegenteil: Als sich im Frühjahr 1996 mit dem Bündnis für Arbeit eine Möglichkeit abzeichnete, daß Arbeitgeber, Gewerkschaften und Regierung gemeinsame Wege für neue Arbeitsplätze gehen wollten, kündigte die Regierung Kohl diese Vereinbarung ohne Not auf. Sie setzte statt dessen mit ihrem Programm für Wachstum und Beschäftigung ihre unsoziale und rückwärtsgewandte Politik fort. Die Schere zwischen Reich und Arm ist seitdem noch weiter auseinandergegangen. Von sozialer Balance kann angesichts von sieben Millionen fehlenden Arbeitsplätzen nicht mehr die Rede sein. Fast zehn Millionen Menschen gelten schon heute in unserem Land – einer der reichsten Industrienationen der Welt – als arm. Die Last der Finanzierung staatlicher Aufgaben über Steuern wird immer stärker den Durchschnittsverdienern aufgebürdet. Vermögende sind davon fast völlig freigestellt. Das Argument, man müsse dem Druck des internationalen Wettbewerbs nachgeben, zieht hierbei kaum: Der Anteil von Vermögenssteuern ist in konkurrierenden Staaten deutlich höher als in der Bundesrepublik. In Großbritannien beispielsweise liegt deren Anteil am gesamten Steueraufkommen etwa dreimal so hoch wie bei uns.

II.

Soziale Gerechtigkeit, Chancengleichheit und mehr Beschäftigung - die Begriffe zieren viele Sonntagsreden nur noch als Worthülsen. Tatsächlich nähern wir uns dem Modell einer Gesellschaft, die sich ihrer Verantwortung für das Gemeinwohl entzieht und den einzelnen in eine angebliche »Eigenverantwortung« drängt, ohne zu fragen, ob er diese überhaupt leisten kann. So werden Arme, Alte und Kranke, aber auch immer mehr Familien ins Abseits gedrängt. Wie wenig zukunftsweisend die seit Jahren praktizierte Politik ist, haben nicht nur die Gewerkschaften immer wieder belegt. Auch die beiden großen christlichen Kirchen widersprechen in ihrem im Frühjahr 1997 veröffentlichten Sozialwort der These vom überbordenden Sozialstaat[1]. Sie fordern einen Reichtumsbericht und stellen fest, daß Umverteilung bei der »Umverteilung des Mangels« stehenbleibt, weil »der Überfluß auf der anderen Seite verschont wird«. Dabei geht es weder den Kirchen noch den Gewerkschaften darum, einen traditionellen Status quo zu erhalten. Im Gegenteil: Mit der Diskussion beispielsweise um das neue Grundsatzprogramm des DGB und dem Aktionsprogramm aus dem Jahr 1997 haben die Gewerkschaften deutlich gemacht, daß sie sehr wohl bereit sind, neue Wege zu gehen, um zukunftsfähige Lösungen zu finden.

Wer Zukunft gestalten will, darf keine Angst vor Veränderungen haben. Aber Veränderungen müssen unter den richtigen Prämissen erfolgen. Und dabei muß beides miteinander verbunden werden: Die Ansprüche der Menschen und die Ansprüche der Ökonomie. Als Ende der achtziger Jahre die Auseinandersetzung um die Zukunft des Stahlstandortes Rheinhausen im nachhinein analysiert wurde, habe ich das daraus resultierende Dilemma so beschrieben: »So verständlich die Forderung nach Erhalt aller Stahlarbeitsplätze ist, sie kann in letzter Konsequenz einer industriellen Wirtschaftlichkeitsprüfung nicht standhalten.«[2]

Aber es kann eben auch nicht darum gehen, Arbeitsplätze abzubauen und die Menschen auf die Straße zu setzen, ohne ihnen Alternativen zu bieten. Wenn wir im internationalen Wettbewerb bestehen wollen, dann müssen wir auf Weiterbildung, auf neue Produkte, auf die Stärkung von Forschung und Entwicklung setzen und nicht auf das Herausdrängen der Beschäftigten aus sozial gesicherten Arbeitsverhältnissen, auf Scheinselbständigkeit und Billigjobs. Wir konkurrieren nicht mit Niedriglohnländern, deren Wirtschaft im Aufbau ist und häufig nur unterqualifizierte Arbeitnehmer zu bieten hat. Wir konkurrieren doch mit High-Tech-Staaten, die, wie beispielsweise Japan oder die USA, die im eigenen Land entwickelten Produkte eben auch dort produzieren. Wenn es an der Zeit ist – und daran besteht wohl kaum ernstlicher Zweifel –, »Traditionen nicht in traditioneller Weise zu verteidigen«[3], wie es der britische Sozialphilosoph Anthony Giddens fordert, dann muß sich auch die Unternehmerseite daran orientieren. Die Lösung der Zukunftsprobleme erreichen wir jedenfalls nicht mit dem Zurück zu radikalkapitalistischen überkommenen Rezepten, wie es manche Arbeitgeber und Politiker propagieren.

III.

Eine zukunftweisende Debatte muß als Diskurs über die Zukunft unserer Gesellschaft geführt werden und darf sich eben nicht auf wirtschaftliche Kostenfragen beschränken. »Soziale Sicherheit« darf nicht auf die Frage »Wieviel kostet das, und wo können wir sparen?« reduziert werden. Soziale Sicherheit ist eines der Fundamente, auf denen unsere Demokratie und unsere Wirtschaft aufgebaut wurde, und eine Chance, unser Land im globalen Wettbewerb zu stärken. Sozialstaat kann doch nicht heißen, daß immer mehr Menschen auf Leistungen aus öffentlichen Kassen angewiesen sind, weil die Wirtschaft nicht in der Lage ist, auf neue Entwicklungen anders zu reagieren als mit Personaleinsparungen. Niedriglohngruppen sind kontraproduktiv: Arbeit muß so bezahlt werden, daß die Menschen davon auch vernünftig leben können. Und das muß auch für weniger qualifizierte Jobs gelten.

Wer soziale Gerechtigkeit will, muß einen aktiven Sozialstaat schaffen. Er muß die grundlegenden Interessen und Ansprüche von Männern und Frauen nach humaner und nützlicher Erwerbs- und Familienarbeit berücksichtigen. In ihm müssen gesundheits- und umweltgerechte Lebensbedingungen, soziale Sicherheit, angemessene Wohnbedingungen und der gleichberechtigte Zugang aller zum gesellschaftlichen Leben ermöglicht werden. Eine vorausschauende Sozialpolitik muß die Sozialsicherungssysteme systemgerecht finanzieren und das Solidarprinzip dauerhaft festigen. Gesellschaftliche Aufgaben müssen steuerfinanziert werden und dürfen nicht länger aus den Taschen der Beitragszahler bezahlt werden. So könnten die gesetzlichen Lohnnebenkosten gesenkt und Arbeitsplätze gesichert werden. Wer krank wird, darf nicht – je nach Portemonnaie – Patient erster oder zweiter Klasse werden. Wer aus dem Arbeitsleben ausscheidet, muß auch in Zukunft im Alter ohne Not leben können.

Solidarität und Eigenverantwortlichkeit dürfen keine Gegensätze sein. Nur aus beidem wird ein Sozialstaat der Zukunft entstehen. Dabei darf Solidarität aber nicht nur beschränkt werden auf die Bedürftigen. Es geht vielmehr um die Solidarität der Besitzenden mit den Nichtbesitzenden, der Reichen mit den Armen. Deshalb brauchen wir eine gerechte Steuerpolitik, die Lasten umverteilt und die Entwicklung zum Lohnsteuerstaat stoppt.

Soziale Gerechtigkeit ist nicht möglich, wenn Arbeit zum Luxus von immer weniger Menschen wird. Deshalb müssen wir nicht nur neue Arbeitsplätze schaffen durch Innovationen und neue Produkte. Die vorhandene Arbeit muß umverteilt werden durch weitere individuelle und kollektive Arbeitszeitverkürzungen. Und wir brauchen eine Einkommenspolitik, die mit höheren Löhnen mehr Massenkaufkraft schafft und so mehr Spielräume für mehr Beschäftigung eröffnet.

Geringfügige Beschäftigung und Scheinselbständigkeit, das Herausdrängen von immer mehr Beschäftigten aus den regulären Jobs ist eine soziale Zeitbombe. Hier wird deutlich, wie vorgeschoben die Argumentation vom globalen Wettbewerb oft ist, denn die betroffenen Arbeitsplätze stehen in der Mehrzahl gar nicht im internationalen Wettbewerb. Kellnerinnen, Zahnarzthelferinnen, Paketboten oder Kassiererinnen im Supermarkt müssen nicht mit ausländischen Märkten konkurrieren.

Der globale Wettbewerb wird nur allzugern als der große Abrißhammer für den Sozialstaat mißbraucht. Das macht den Menschen Angst und fördert Ressentiments. Nur wenn die Menschen spüren, daß sie im Mittelpunkt der Überlegungen stehen und nicht die Aktienkurse internationaler Spekulanten, werden sie die Chancen der Globalisierung nutzen. Eine Zukunft für unsere Gesellschaft können wir dann gestalten, wenn Betroffene zu Beteiligten gemacht werden. Ohne das Knowhow und Wissen, ohne die Kreativität und den alltäglichen Ideenreichtum von gut qualifizierten und gleichberechtigten Arbeitnehmerinnen und Arbeitnehmern hätten wir nicht soziale Sicherheit und wirtschaftlichen Wohlstand gleichermaßen aufbauen können. An diese Wurzeln sollten wir uns in der Debatte über unsere Zukunft erinnern.

1 Rat der Evangelischen Kirche in Deutschland und Deutsche Bischofskonferenz, »Für eine Zukunft in Solidarität und Gerechtigkeit«, Hannover, Bonn 1997.
2 Dieter Schulte, Neue Ansätze betrieblicher Beschäftigungspolitik. Mythos oder Realität, in: Klaus Kost, Harald Schartau, Wir im Revier, Marburg 1989.
3 Anthony Giddens, Rechts. links. vorn, in: Die Mitbestimmung, Nr. 7/8 1997.

Dr. h.c. Dieter Stolte
1934 in Köln geboren,
studierte von 1955 bis 1961 Philosophie,
Geschichte und Germanistik
in Tübingen und Mainz.
Ab 1961 baute er die Abteilung Wissenschaft
beim Saarländischen Rundfunk auf
und wurde von 1962 bis 1967
Persönlicher Referent von Prof. Dr. Karl Holzamer,
dem Gründungsintendanten des ZDF.
Von 1967 bis 1973 war er Leiter der
Hauptabteilung Programmplanung des ZDF,
von 1973 bis 1976 Fernsehdirektor und
stellvertretender Intendant des Südwestfunks.
Dieter Stolte war beim ZDF von 1976 bis 1982
Programmdirektor und ist seit März 1982
Intendant.
Nach einem Lehrauftrag an der
Hochschule für Film und Fernsehen,
München, in den Jahren 1968 bis 1970
ist er seit 1980 Professor an der
Hochschule für Musik und Theater, Hamburg.
Im April 1991 wurde ihm die Ehrendoktorwürde
des Fachbereichs Sozialwissenschaften
der Universität Mainz verliehen.

Dieter Stolte

Die Gesellschaft als Programm

Aspekte und Perspektiven der digitalen Medienrevolution

Geburtstage, Feiertage, Jubiläumstage sind feste, fixe Tage, sind Haltepunkte im dahineilenden Ablauf einer Lebensgeschichte wie auch der Geschichte insgesamt. Insbesondere die Mediengeschichte erfährt derzeit eine Dynamik, die es nicht nur erstrebenswert, sondern auch erforderlich macht, einen Festtag beziehungsweise eine Festschrift zum Anlaß zu nehmen, um diesen dynamischen Prozeß mitsamt seinen gesellschaftlichen Auswirkungen innehaltend zu reflektieren.

Die Medienbranche spricht von einer »digitalen Revolution« in Richtung Multimedia, die – wie ich am Beispiel des Fernsehens aufzuzeigen versuche – auch eine gesellschaftliche Revolution nach sich zieht. »Revolution« bedeutet dabei einen Umbruch, nicht einen Zusammenbruch des Bisherigen. Es geht daher um eine differenzierende Betrachtung des Geschehens: nicht um das Ende, sondern um die Veränderung des Fernsehens und gleichzeitig um das, was in gesellschaftlicher Hinsicht dennoch unveränderlich bleiben muß.

Gemäß dieser Dialektik des Umbruchs ordne ich meine Überlegungen in drei Gliederungsteile:

einen ersten Teil, in dem ich die derzeit aktuellen Veränderungen des Mediums Fernsehen beschreibe;

einen zweiten Teil, in dem ich darlege, was sich am Fernsehen, trotz aller Veränderung, nicht ändern darf und – wie ich aus öffentlich-rechtlicher Sicht hoffe – auch nicht ändern wird;

und einen dritten Teil, in dem ich dann versuche, beide Argumentationsstränge in ihrem Für und Wider einander abzuwägen und, soweit möglich, zusammenzuführen.

I.

Betrachtet man als erstes die Veränderungen des Mediums, so lassen sich vor allem vier Aspekte unterscheiden: ein mediengeschichtlicher, ein technischer, ein marktwirtschaftlicher und ein gesellschaftlicher.

1.

Unter mediengeschichtlichem Aspekt ist die Tatsache, daß sich Fernsehen verändert, keineswegs neu: In medienpolitischer Weitsicht hat sowohl die Gesetzgebung als auch die Rechtsprechung den Rundfunk-Begriff von Anfang an im Sinne einer Entwicklungsgarantie bewußt für technische Neuerungen offengehalten, also Rundfunk stets als einen veränderlichen, dynamischen Prozeß verstanden. Dieser Prozeß hat sich im wesentlichen in einem rundfunkorganisatorischen Dreierschritt vollzogen:

vom rein öffentlich-rechtlichen, primär gebührenfinanzierten System mit ARD und ZDF;

über das duale System mit zusätzlich werbefinanzierten kommerziellen Programmanbietern wie RTL, SAT.1 und PRO 7;

bis hin zu einem künftig trialen System mit der dritten Finanzierungsform eines Entgeltfernsehens wie Premiere und DF 1.

Auf der gegenwärtigen Entwicklungsstufe geht es dabei nur vordergründig um die Pay-TV-Angebote von Premiere und DF 1; im Grunde geht es um einen Systemwechsel technischer, aber auch distributiver Art: An die Stelle der Deutschen Post beziehungsweise Telekom mit ihrem staatlichen Verbreitungsmonopol von Funksignalen ist mit dem Jahr 1998 ein privatrechtlich organisiertes System unterschiedlicher Anbieter getreten. Im Zuge dieses Wechsels zu einer liberalisierten, privatwirtschaftlichen Struktur sind die Länder der Bundesrepublik Deutschland in ihrer ordnungspolitischen Zuständigkeit für die

Ausgestaltung des Rundfunks aufgefordert, auch die Voraussetzungen zu einem chancengleichen Nebeneinander der beiden Anbieterseiten zu schaffen, damit einerseits der öffentlich-rechtliche Rundfunk wettbewerbsfähig weiter fortbestehen und sich andererseits neue privatrechtliche Angebote wie Pay-TV entwickeln können.

Ein Rückblick auf die Gesamtentwicklung vom öffentlich-rechtlichen Oligopol bis hin zum Entgeltfernsehen bestätigt, daß die praktisch-organisatorischen Veränderungen des Mediensystems stets die Folge von technologischen Veränderungen waren, auf die jeweils medienrechtlich und medienpolitisch reagiert werden mußte. Die Technik war und ist Vorreiter beziehungsweise Schrittmacher aller medienorganisatorischen Veränderungen.

2.

Unter technischem Aspekt vollzieht sich derzeit mit der »digitalen Revolution« der bislang größte, gravierendste Schritt in der Geschichte der elektronischen Medien. Zum unumkehrbaren Umbruch von der analogen zur künftig digitalen Technik gibt es keine Alternative. Dabei wird sich mit der allgemeinen Medienrevolution in Richtung Multimedia auch die spezifische Form des Fernsehens mitverändern:

Durch Umstellung auf digitale Sende- und Empfangstechnik ist es in den nächsten Jahren möglich, die Zahl von derzeit durchschnittlich 33 Fernsehprogrammen pro Haushalt auf 100 bis 150 Programmangebote, insbesondere Spartenprogramme, bis an die Grenze der Unübersichtlichkeit weiter zu steigern.

Im Gegenzug gewinnen die Programmangebote einiger Veranstalter dadurch neue Übersichtlichkeit, daß sie benutzerfreundlich zu sortierten und in sich strukturierten Programmbouquets zusammengefaßt werden.

Als Folge hiervon werden bisher festumrissene Sender- und Kanalstrukturen teilweise aufgebrochen, indem einige Free-TV-Veranstalter gewisse Programmvorräte den Bouquets von Pay-TV-Veranstaltern zuliefern oder indem etwa ein öffentlichrechtliches Vollprogramm wie das des ZDF mit seinen Partnerprogrammen 3sat, Arte, Kinderkanal, Phoenix und mit ORF 2 zu einem gemeinsamen Paket zusammengeschnürt wird.

Ebenso verliert die klassische Struktur eines tageszeitlich orientierten, dramaturgisch aufgebauten Programmschemas durch ein sich änderndes, zeitunabhängiges Zuschauerverhalten an Bedeutung, weshalb auch der gesamte Bereich der Programmplanung in dieser Hinsicht konzeptionell neu überdacht werden muß.

Schließlich verwischen sich auf dem Weg zu Multimedia weiterhin die Grenzen zwischen dem Medium Fernsehen und anderen Medien durch ein Zusammenwachsen der Rundfunklandschaft mit dem Computersektor und den Telekommunikationsmärkten, indem etwa Printmedien auch elektronisch verbreitet werden oder sich im TV-Bereich mit eigenen Magazinen engagieren, indem außerdem TV-Sender online gehen, also auch über Computer nutzbar sind, und indem schließlich elektronische Geräte wie Fernseher, Computer, aber auch Telefon und Telefax sowie Video-Recorder und CD-Player zunehmend zu einem einzigen Multimedia-Komplex verschmelzen können. Durch diese Konvergenz kommt es folgerichtig auch zu Kontroversen in den Grenzbereichen zwischen den einzelnen Medien, insbesondere zwischen Print- und elektronischen Medien im Online-Bereich. Da das Fernsehen der Zukunft aber ein Teil von Multimedia sein wird, muß es sich logischerweise auch an neuen multimedialen Angebotsformen beteiligen, um weiterhin wettbewerbsfähig zu bleiben.

3.

Unter marktwirtschaftlichem Aspekt entwickelt sich der Medienwettbewerb im Vollzug der neuen technischen Möglichkeiten zusehends von einem anfänglichen Verdrängungswettbewerb zu einem unerbittlichen Vernichtungswettbewerb. Das prinzipiell sinnvolle, weil ausgewogene duale System mit seinem Nebeneinander von öffentlich-rechtlichen und kommerziellen Programmanbietern ist durch den expandierenden Markt und die dadurch eskalierenden Preise an einen kritischen Punkt – ich nenne ihn »Wendepunkt« – in Richtung Kommerzialisierung gekommen. Obwohl es freilich nichts Ehrenrühriges, sondern für eine Marktwirtschaft etwas Unabdingbares ist, Gewinne zu erwirtschaften, stellen sich dennoch hinsichtlich der Kommerzialisierung des Fernsehens einige grundsätzliche Fragen: Inwieweit sind Fernsehprogramme angesichts ihrer hohen Wirkmächtigkeit ein geeignetes Mittel, sie dem alleinigen Ziel der Gewinnmaximierung unterzuordnen? In welcher Weise sind sie überhaupt für den Markt und dessen Mechanismen geeignet? Oder sind sie zumindest in bestimmten Maßen und Grenzen dem freien Markt anzuvertrauen? Wo also beginnt die Freiheit des Marktes in Sachen Fernsehen, und wo endet sie?

Das Bild des »Marktes« ist in besonderer Weise geeignet, den Unterschied zwischen beiden Teilen des dualen Systems zu beschreiben: Bekanntlich bildete in der klassischen Antike der Marktplatz – als »Agorá« bei den Griechen oder als »Forum« bei den Römern – den Mittelpunkt eines Gemeinwesens, an dem nicht nur Waren, sondern ebenso Meinungen gehandelt und getauscht wurden. Auch Fernsehen in seinem ursprünglichen, sozusagen »klassischen« Verständnis war zu Zeiten des öffentlich-rechtlichen »Oligopols« primär ein Marktplatz im Sinne eines Forums, war ein soziales Kommunikationsmedium im Dienste der freien, sowohl individuellen wie öffentlichen Meinungsbildung und Meinungsvielfalt.

Als plurales Kommunikationsforum ist so verstandenes Fernsehen ein konstituierendes Element einer freiheitlich-demokratischen Grundordnung, ist es Kern- oder Herzstück einer jeden modernen Demokratie, so wie der Marktplatz das gesellschaftliche Zentrum einer antiken Demokratie war. Als *res publica*, als »öffentliche Sache« war der antike Staat eine Sache der Allgemeinheit, die öffentlich zur Debatte und Abstimmung stand. Auch der Rundfunk ist – laut Rechtsprechung – »Sache der Allgemeinheit« mit einer »qualitativ besonderen öffentlichen Aufgabe«, die auf dem Wege diskutierender und integrierender Kommunikation von »öffentlichem Interesse« ist und dem »Gemeinwohl« dient.

Seitdem Mitte der achtziger Jahre auch private Programmanbieter in der Bundesrepublik zugelassen wurden, hat sich der Medienmarkt grundlegend gewandelt: Der Marktplatz der Gesellschaft ist immer mehr zum Handelsplatz der Programmanbieter, also zum reinen Markt geworden. Die ursprünglich gesellschaftspolitische, sprich: publizistische Funktion des Fernsehens ist – und ich sage dies wertfrei – hinter seiner marktwirtschaftlichen Position zurückgetreten. Die Konkurrenz hat dabei zwar das Geschäft belebt, sie hat aber nicht unbedingt den erhofften Qualitätswettbewerb, sondern einen ruinösen Vernichtungskampf um jeden Preis gebracht. Als Folge weicht die Qualität immer mehr der Quote, Programm wird immer mehr zur Ware und der Zuschauer immer mehr zum Konsumenten. Auf dem Markt wird nur noch wenig über Meinungen *ver*handelt, sondern vor allem mit Waren *ge*handelt. Fernsehen wird immer mehr persönlich *ver*braucht statt gesellschaftlich *ge*braucht. Das Medium vollzieht somit zusehends eine Wende von der Kommunikation zum Kommerz, von der Gemeinwohlorientierung zur Gewinnorientierung, vom Marktplatz zum Supermarkt, der allerdings – so die Vorhersagen der Fachleute – zum größten Wirtschaftsmarkt des kommenden Jahrhunderts werden soll.

Die technische Veränderung des Mediums hat somit über ihre wirtschaftliche Vermarktung zu einer vielschichtigen strukturellen Wende geführt:

Marktwirtschaftlich entwickelt sich Fernsehen zunehmend vom Angebotsmedium zum kommerzialisierten Nachfragemedium;

qualitativ vom Bestandteil öffentlicher Kultur zu einem Teil der Konsumgüterindustrie;

programmlich vom Kultur- zum Unterhaltungsmedium;

gesellschaftlich vom Massenkommunikationsmittel zum

Medium der Individualkommunikation – analog der Entwicklung auf dem Zeitungs- und Zeitschriftenmarkt.

4.

Unter gesellschaftlichem Aspekt bleibt der durch die digitale Revolution weiter forcierte Strukturwandel medienpolitisch verantwortbar, solange es sich um eine Akzentverschiebung vom Marktplatz zum Markt handelt, nicht um eine gänzliche Aufgabe des Marktplatzes zugunsten eines allein dominierenden Marktes. Hier die Spannung beider Seiten auszugleichen und auszuhalten, ist Sinn und Ziel des dualen Systems. Um aber auch unter dem Kommerzialisierungsschub des künftig trialen Systems die Balance zu halten, muß die digitale Revolution von der Maxime begleitet werden: Je stärker der Wettbewerb und je größer das programmliche Angebot, desto höher auch die gesellschaftliche Verantwortung.

Die wachsende soziale Verantwortung ist dabei kein bloß hehres ethisches Problem, sondern läßt sich soziologisch und wirtschaftlich anhand der sich immer weiter ausdifferenzierenden Marktanteile der Programmanbieter ganz konkret fassen: Die Marktaufteilung spiegelt adäquat wider, wie sehr die einstmals vergleichsweise homogene Fernsehöffentlichkeit in immer kleinere, immer unterschiedlicher informierte Teilöffentlichkeiten zerfällt mit der Gefahr einer fortschreitenden Fragmentierung und Individualisierung unserer Mediengesellschaft. Es gibt – sogar innerhalb eines einzigen Haushalts – immer weniger Menschen, die das gleiche Programm gesehen haben und sich darüber austauschen können.

Dieses scheinbar beiläufige kommunikative Argument gewinnt zentrale Bedeutung, sobald man es auf das gesellschaftspolitische Funktionieren einer Demokratie bezieht: Wenn die Kommunikationsmedien durch eine immer unüberschaubarere Marktaufteilung ihren originären Forumscharakter nicht nur verlieren, sondern ihn durch Kommunikationszerfall und Orientierungsverlust der Gesellschaft sogar kontraproduktiv selbst konterkarieren, dann frißt die digitale Revolution sozusagen ihre Kinder und kehrt sich gegen ihr eigenes Ziel: gegen Mensch und Gesellschaft. Insofern birgt die digitale Revolution einen gewissen Sprengstoff zu einer auch gesellschaftlichen Revolution.

Was daher in einigen Fachkreisen bereits als »Demokratisierung des Fernsehens« gefeiert wird, könnte doch umgekehrt gerade der Demokratie abträglich sein: Die ursprünglich öffentlichen Medien verlieren zusehends an Öffentlichkeit; sie erhalten nicht nur ökonomisch, sondern auch strukturell und vor allem programmlich deutliche Züge einer Privatisierung. Es ist eine Verschiebung von der Allgemeinheit zum einzelnen, vom Gemeinwohl zum Privatinteresse, vom Gesellschaftlichen zum Persönlichen und – laut *Spiegel* – zur »Ego-Gesellschaft« im Gange. Nicht zuletzt die um sich greifende Parteien- und Politikverdrossenheit, die gewiß viele Ursachen hat, ist hierfür ein Symptom. Wir sind auf dem Wege zu einer Demokratie ohne lebendige Öffentlichkeit, ohne engagiertes Volk, wenn wir uns nicht wieder auf die bewährten Tugenden des Mediums besinnen: auf öffentliche Kommunikation, demokratische Diskussion und gesellschaftliche Integration.

II.

Angesichts dieser Bedeutung und Reichweite der faktischen Veränderungen des Mediums Fernsehen sind in einem zweiten Teil nunmehr als Gegenseite die Unabänderlichkeiten oder Unveränderbarkeiten darzustellen, also die aus gesellschaftlicher Sicht unverrückbar und unverzichtbar bleibenden Aufgaben und Ziele eines Fernsehens der Zukunft. Hierbei können drei Aspekte unterschieden werden: wieder ein gesellschaftlicher, dazu ein juristischer und noch einmal ein aktualisierter mediengeschichtlicher Aspekt:

I.

Gesellschaftlich betrachtet, ist Fernsehen für eine demokratisch organisierte Staatsform konstitutiv und muß daher seinen ursprünglichen Grundcharakter als gemeinwohlorientiertes Massen- und Kommunikationsmedium unabänderlich bewahren. In einer Zeit, da die Individualisierung und damit die Entsolidarisierung, aber auch die Entpolitisierung der Gesellschaft ein besorgniserregendes Ausmaß angenommen hat, muß uns, bei allem technologischen Fortschritt, ebenso akut wie elementar die Frage beschäftigen, wodurch der nachlassende soziale »Kitt«, der bröckelnde gesellschaftliche Zusammenhalt, wodurch die schwindenden Kohäsionskräfte der Gesellschaft künftig wieder gestärkt werden können?

Als naheliegendste Antwort bieten sich für eine moderne Mediengesellschaft die Kommunikationsmedien an. Kohäsion durch Kommunikation kann es aber in der Tradition eines öffentlich-rechtlichen »Rundfunks für alle« nur durch ein fortbestehendes Angebot an gesellschaftsrelevanten Themen geben, die kommunikativ, integrativ und engagiert das, was die Gesamtgesellschaft angeht und zusammenhält, auch öffentlich ins Bild rücken und zur Sprache bringen. Denn das Medium Fernsehen wird seinen originären Aufgaben und Möglichkeiten nicht gerecht, indem es – so die gegenwärtige Tendenz – immer abnormere private, ja intime Randthemen öffentlich, sprich: voyeuristisch feilbietet; vielmehr muß es umgekehrt vor allem die allgemeinen gesellschaftlichen Leitthemen diskutieren und die öffentliche Diskussion mitstrukturieren. Es darf sich nicht am Rande der Gesellschaft bewegen, sondern muß in ihre Mitte, auf die »öffentliche Sache« zielen.

Wie sehr es den Menschen auch als individuelle Privatperson anspricht, so sehr muß es sich doch primär auf die Gesellschaft konzentrieren, die als Ganzes mehr ist als nur die Summe ihrer Teile, indem sie eine eigene politische Qualität und eine eigene nationale wie auch kulturelle Identität besitzt. Das Medium dient seinem originären Verständnis nach nicht der Veröffentlichung des Privaten, sondern der öffentlichen Vermittlung des Gesellschaftsrelevanten; es dient dem Gemeinwohl und dem öffentlichen Interesse. »Gemeinwohl« meint dabei nicht allein einen direkten Gewinn für die Gemeinschaft, an dem der Zuschauer zweckgerichtet interessiert ist, etwa an einem Erkenntnisgewinn oder Ratschlag durch Informations- und Serviceprogramme. Und »öffentliches Interesse« meint weniger das, was *für* das öffentliche Interesse ist, sondern das, was *von* öffentlichem Interesse ist. Ob es jemandem nutzt oder nicht, ob eine Steuer-, Renten- oder Gesundheitsreform jemandem Vor- oder Nachteile bringt, ist nicht die primäre Frage, sondern daß es einen etwas angeht. Hier wird nicht nur gefragt, was nutzt es dem einzelnen, sondern auch, was nutzt es der Gemeinschaft, der Gesellschaft?

2.

Juristisch betrachtet, kann es angesichts dieser gesellschaftspolitischen Unabdingbarkeit nicht genügen, daß einige gesellschaftliche Themen unter dem Diktat der Ökonomie lediglich vereinzelt und alibimäßig angerissen werden, vielmehr müssen sie medien- und programmpolitisch als Gesellschaftsauftrag dauerhaft installiert sein und zuverlässig garantiert werden. Da auf dieses meinungs-, willens- und urteilsbildende Basisangebot kein werbefinanziertes kommerzielles Unternehmen verpflichtet werden kann, bleiben die öffentlich-rechtlichen Veranstalter die Garanten dieses unveränderten Funktionsauftrages, dieser unveränderbaren Daueraufgabe. Es muß in Belangen, die zu den Grundbedürfnissen der Gesellschaft gehören und die als sogenannte »meritorische Güter« gelten, nach wie vor die Garantie von Dienstleistungen geben, bei denen nicht die Wirtschaft, sondern die Gesellschaft Priorität hat und diese – einem Grundrecht gleich – auch behält.

3.

Mediengeschichtlich betrachtet, ist der traditionelle Gesellschaftsauftrag des Fernsehens durch die aktuelle Medienrevolution gerade nicht obsolet, sondern umgekehrt unverzichtbarer denn je geworden. Wenn die beschriebene Fragmentierung der Mediengesellschaft gleichzeitig und gegenläufig einhergeht mit einer Globalisierung zur Weltgesellschaft durch ebendieselben Medien, dann muß das heutige und künftige Fernsehen seine menschen- und völkerverbindende Integrationsfunktion noch weit stärker als bisher bewahren. Die technisch ermöglichte Expansion und Diversifikation der Programme stößt also an eine gesellschaftliche Grenze. Daher wird auch der Fernsehwettbewerb der digitalen Zukunft nicht in parzellierenden Spartenprogrammen, sondern in einer überschaubaren Anzahl integrativer Vollprogramme entschieden, wie sie am konsequentesten im 1. Programm der ARD und vom ZDF-Programm angeboten werden.

Wenn Fernsehen jedoch in einen biedermeierlichen Privatismus zurückfällt, so wird nicht nur der technische Fortschritt zum gesellschaftlichen Rückschritt, sondern außerdem der derzeitige gesellschaftspolitische Schritt zur nationalen Einheit und der weit größere Schritt nach Europa, also in einen neuen, komplexeren, multinationalen und multikulturellen Gesellschaftsverbund, zusätzlich erschwert, wenn nicht unmöglich – vom langen Weg in die sogenannte »globale Gesellschaft« ganz zu schweigen. An der künftig globalen Gesellschaft oder Weltgemeinschaft führt jedoch kein Weg vorbei. Dies bedeutet zugleich das Ende jeder geschlossenen, auch jeder national abgeschotteten Gesellschaft. Eine zu eng verstandene Nationalität stünde im Gegensatz zur technisch, ökonomisch und auch ökologisch begründeten Globalität. Auf dem Weg ins *global village* müssen daher die Medien Wege öffnen, nicht verschließen, müssen sie verbinden, nicht vereinzeln.

Angesichts dieser globalen Perspektive kann die unter das Schlagwort »TeleHome« gefaßte Individualisierung der Neuen Medien kein häusliches Sich-Einschließen mit einem Computer meinen; sie meint vom häuslichen Terminal aus die weltweite Fernvernetzung zunächst der Geräte, dann aber vor allem auch der Menschen, Gesellschaften und Völker. Aufs Fernsehen und die Frage nach seinen Veränderungen und Unveränderbarkeiten übertragen, leitet sich aus diesem Verständnis von Telekommunikation die Schlüsselfrage ab: Ist Fernsehen ein Instrument der Gesellschaft oder des Individuums? Oder ist es gar ein Instrument *von* beiden und *für* beide? Und, wenn ja, mit welcher Priorität?

Die Frage besitzt deshalb Schlüsselcharakter, weil das Fernsehen – und nur für das Fernsehen spreche ich hier – einen besonderen Status unter den Telekommunikationsmedien einnimmt: Es macht einen substantiellen, inhaltlichen Unterschied, ob man unter »Telekommunikation« lediglich »Teledienste« und damit das persönliche Nutzen von elektronischen Daten beispielsweise beim Teleshopping oder Telebanking versteht oder aber »Rundfunk« und damit ein allgemeinverbindliches Hören und Sehen von meinungs- und stilprägenden Programmen, etwa von Politmagazinen und Fernsehspielen. Dagegen macht es, angesichts der fließenden Übergänge der Medien untereinander, wenig Unterschied, *wie* man Daten oder Programme nutzt, ob am Computer oder am Fernseher. Insofern ist auch die künftige individuelle Mediennutzung nicht das Problem; das eigentliche Problem entsteht, wenn auch das Angebot sich in einer Weise individualisiert und ausdifferenziert, daß durch die Fülle verschiedener, nicht immer ausgewogener Meinungsquellen der gesamtgesellschaftliche Konsens zunehmend schwieriger herzustellen ist. Insofern droht das Fernsehen der Zukunft gerade seine klassische Integrationsfunktion einzubüßen, droht sein einstmals gesellschaftsverbindender Vorteil dialektisch in einen Nachteil umzuschlagen.

Angesichts dieser zweischneidigen Situation, in der – wie stets in der Geschichte der Technik – der Nutzen *und* der Schaden des Fortschritts unmittelbar am gleichen Phänomen zu fassen sind, kommt es künftig darauf an, das technisch Machbare mit dem gesellschaftlich Tragbaren und Sinnvollen zu einer Synthese zu verbinden, also das Veränderte mit dem Unveränderbaren zu verschmelzen. Technische Neuerungen dienen der Ergänzung, nicht der Ersetzung des alten. Aller Fortschritt des Fernsehens darf daher nicht über die vitalen Interessen der Gesellschaft hinwegschreiten.

III.

Fassen wir in einem abschließenden dritten Teil das Veränderte und das Bleibende der Medienentwicklung zusammen, so ist festzuhalten, daß die Wende der Veränderungen im Fernsehbereich zugleich zusammenfällt mit der Notwendigkeit des Unveränderbaren: Bei aller Vorreiterschaft der Technik und aller Dominanz der Wirtschaft bleibt – zumindest für das Fernsehen gegenüber dem Computer und zumindest aus öffentlich-rechtlicher Sicht – letztlich der Primat der Gesellschaft. Der vielgebrauchte, häufig gedankenlos *miß*brauchte Begriff einer modernen «Mediengesellschaft« kann nicht besagen, daß die Medien über die Gesellschaft herrschen und nur einigen wenigen Gesellschaftern zum wirtschaftlichen Nutzen gereichen; »Mediengesellschaft« besagt vielmehr, daß sich die Gesellschaft insgesamt die Medien zum privaten, aber vor allem auch zum allgemeinen Nutzen dienstbar macht. Medien sind *von* Menschen *für* Menschen gemacht, und sie werden langfristig technisch und wirtschaftlich nicht gegen den Willen der Menschen und nicht zum Nachteil der Gesellschaft erfolgreich sein.

Um möglichen Mißverständnissen vorzubeugen, ist hierbei ausdrücklich zu betonen, daß weder die primär wirtschaftliche Ausrichtung des kommerziellen Fernsehens von vornherein etwas Schlechtes noch die primär gesellschaftliche Ausrichtung des öffentlich-rechtlichen Fernsehens von vornherein etwas Gutes ist. Gemäß der inneren Dialektik der Leitfrage nach den Veränderungen und Unveränderbarkeiten des künftigen Fernsehens geht es nicht um sich ausschließende Widersprüche, sondern um auszuhaltende Spannungen, nicht um unvereinbare Alternativen, sondern um Prioritäten, die im dualen System sehr wohl nebeneinander bestehen können.

So ist auch der im ersten Teil dargestellte marktwirtschaftliche Aspekt einer geradezu progressiven Kommerzialisierung des Mediums sowohl volkswirtschaftlich als auch sozialpolitisch – und somit gesellschaftlich – ein positiver Faktor höchsten Ranges: Angesichts des Dauerdrucks der Massenarbeitslosigkeit in unserem Lande wird die innovationsreiche digitale Medienrevolution von berechtigten Hoffnungen auf eine Trendwende am Arbeitsmarkt begleitet. Vor diesem Hintergrund bezieht sich meine mehrfach gezogene Parallele zwischen Medienrevolution und Gesellschaftsrevolution nicht zuletzt auf den Umbau oder Systemwechsel von der Industrie- und Produktionsgesellschaft in eine Informations- und Dienstleistungsgesellschaft. Hier liegen die volkswirtschaftlichen Potentiale der Zukunft, die weder restriktiv beschnitten noch zögerlich verspielt werden dürfen: Wenn nicht alle für den Medienbereich Verantwortlichen gemeinsam an *einem* Strang ziehen, wird die deutsche Wirtschaft gravierende Wettbewerbsnachteile in Kauf nehmen müssen, die im immer härteren internationalen beziehungsweise globalen Konkurrenzkampf kaum je wieder aufzuholen sind. Eine solche Fehlentwicklung im Medienbereich wäre um so grotesker, als gerade die Medien mit ihren grenzenlosen Reichweiten zur Globalisierung in Richtung Weltwirtschaft und Weltgemeinschaft grundlegend beigetragen haben und sich deshalb auch in das globale Marktgeschehen, das heute nicht mehr an Staats- und Systemgrenzen haltmacht, konstruktiv einbringen müssen. Dies gilt insbesondere für den deutschen Markt, der als attraktivster und umkämpftester Medienmarkt in Europa seinen Standortvorteil ebenso entschlossen wie zukunftweisend nutzen muß. Nicht Vernichtung, sondern Existenzsicherung ist daher das Ziel des Wettbewerbs. Nicht Ausruhen auf althergebrachten Traditionen ist das Motto der Zukunftsicherung, sondern gesellschaftsverträgliches Umsetzen von wegweisenden Innovationen.

In diesem Sinne ist auch die von mir vertretene gesellschaftszentrierte Position nicht das Ergebnis einer technikfeindlichen Abwehrhaltung, sondern das einer lebens- und praxisnahen

Zukunftsorientierung. Wäre sie technikfeindlich, würde sich das öffentlich-rechtliche Fernsehen nicht so entschlossen und zukunftgerichtet um die neuen Technologien bemühen. Um so verwunderlicher erscheint es, daß sich ARD und ZDF immer wieder gegen die Vorwürfe einer Beteiligung an technischen Neuerungen verteidigen müssen, als ob es sich bei der digitalen Revolution um eine öffentlich-rechtliche Expansion handelte. Demgegenüber könnte man sich viele Debatten und Diskussionen ersparen, wären sich alle Beteiligten über die vergleichsweise banale Logik des technischen Fortschritts einig: Wenn Fernsehen im ganzen nicht bleibt, was es war, dann kann auch das öffentlich-rechtliche Fernsehen im besonderen – freilich im Rahmen seiner rechtlichen Möglichkeiten und gesellschaftlichen Notwendigkeiten – nicht bleiben, was es war.

Dies gilt um so mehr, als das öffentlich-rechtliche System mit seinem programmlich unverzichtbaren Gesellschaftsauftrag gerade die Basis des dualen und künftig trialen Gesamtsystems »Fernsehen« darstellt, auf der die übrigen Anbieter überhaupt erst ihre programmlichen Freiheiten entfalten können. Die Zukunftsicherung des öffentlich-rechtlichen Fernsehens ist unter dieser Voraussetzung keine medienpolitische Spezialfrage mehr, sondern auch eine Frage nach der Zukunftsicherung unserer Mediengesellschaft insgesamt. Entsprechend muß gemeinwohlorientiertes, sprich: öffentlich–rechtliches Fernsehen auch die Wende des Mediums zeitgemäß mitvollziehen, sich also vital und dynamisch auf der technischen, organisatorischen, distributiven, rezeptorischen und vor allem programmlichen Höhe der Medienentwicklung bewegen, ohne deshalb seinen unveränderten Programmauftrag aus dem Auge zu verlieren. Im Gegenteil: Im Sinne der gesetzlichen Bestands- und Entwicklungsgarantie sichert die technische Fortentwicklung gerade den Fortbestand des Auftrags in einer zeitgemäßen Umsetzung. Motto: »Wer nicht *mit* der Zeit geht, der *geht* mit der Zeit.«

Mein Fazit lautet daher:

Es gibt keine Alternative zum technischen Fortschritt der digitalen Revolution. Es gibt deshalb auch keine Diskussion darüber, *daß* sich die Medien und mit ihnen das Fernsehen in Richtung Multimedia verändern. Es gibt aber sehr wohl unterschiedliche Ansichten über Tempo und Umfang der Veränderung. Es gibt ebenso unterschiedliche Haltungen zwischen Euphorie und Skepsis gegenüber dem Neuen. Wer am Ende recht behält, entscheidet letztlich der Nutzer, die Gesellschaft. Da sie der Ausgang und der Zielpunkt jedes technologischen Fortschritts ist, muß ebenso weitsichtig wie gemeinnützig unterschieden werden, was am Fernsehen bleibt und was *nicht* bleibt, was bleiben *muß* und was sich durch sinnvollen Fortschritt ändern *kann* oder ändern *soll.* Auf den Punkt gebracht: Die Technik ändert sich, die gesellschaftliche Programmatik bleibt!

Dr. Werner Schaal
1934 in Berlin geboren,
studierte Mathematik und habilitierte
sich 1966.
Nach einer Lehr- und Forschungstätigkeit
am Massachusetts Institute
of Technology (MIT) in Cambridge (USA)
von 1962 bis 1964 lehrte er 1968/69
und 1978/79 an der Michigan State University
in East Lansing (USA).
Seit 1970 ist Werner Schaal Professor
für Mathematik an der Universität in Marburg
und war dort Dekan
des Fachbereichs Mathematik.
Von 1989 bis 1993 war er Vizepräsident
der Philipps-Universität Marburg,
und seit 1994 ist er Universitätspräsident.
1993 wurde er zum »Gastprofessor ehrenhalber«
ernannt und 1995 wurde ihm die
Ehrendoktorwürde der Lomonossow-Universität
Moskau verliehen.
Werner Schaal erhielt die
Goldene Verdienstmedaille der Universität Breslau
für die Förderung der Zusammenarbeit
zwischen den Universitäten Marburg und Breslau.

Werner Schaal

Profilbildung – eine Zukunftsaufgabe für die Hochschulen

Situationsanalysen und Reformschritte

Bildung und Wissenschaft haben zur Zeit eine schlechte Lobby in unserem Land. Der Anteil der Nettoausgaben für die Hochschulen in Deutschland ist in den vergangenen beiden Jahrzehnten, bezogen auf das Bruttoinlandsprodukt um etwa 25 Prozent gesunken. Haushaltssperren, Stellenabbau, massive Mittelkürzungen, schließlich die drohende Schließung hervorragend arbeitender Kliniken oder die komplette Aufgabe wissenschaftlich ausgewiesener Fachgebiete – das sind Rahmenbedingungen, die die Universitäten zunehmend beeinträchtigen. Die für Forschung und Lehre an den Hochschulen disponiblen Haushaltsmittel sind seit Mitte der neunziger Jahre vielerorts um rund ein Drittel zurückgegangen. Angesichts versiegelter öffentlicher Kassen erreicht die Sparpolitik im Bereich der akademischen Ausbildung von Jahr zu Jahr neue Negativdimensionen – und dies in einer Periode, in der der generationsbedingte Erneuerungsprozeß im Lehrkörper (bis zum Jahr 2005 scheiden 40 Prozent aller Professorinnen und Professoren aus Altersgründen aus) gewaltige Reinvestitionen zur Modernisierung von Labors und Institutsgebäuden, zum Neuerwerb wissenschaftlicher Geräte und zur Auffrischung der Bibliotheksbestände erfordert.

Doch für aktuelle Bucherwerbungen ist in den Universitätsbibliotheken kaum noch Geld vorhanden. Wissenschaftliche Zeitschriften müssen von den Instituten reihenweise abbestellt werden. Der Gerätepark bleibt vielfach veraltet. Einen Leibniz-

Preisträger an der eigenen Universität zu halten, fällt immer schwerer, solange eine konkurrierende Hochschule noch mit einer besseren Ausstattung locken kann. Als unmittelbare Folge der chronischen Unterfinanzierung zeichnet sich neben einer weiteren Verschlechterung der Studienbedingungen und einer zwangsläufigen Verlängerung der Studienzeiten der Verlust an Innovationsfähigkeit ab. Leistungseinschränkungen an den Hochschulen werden unvermeidbar sein. Dabei steht zu befürchten, daß die Schäden für Forschung und Lehre, einmal eingetreten, sich lange Zeit nicht werden korrigieren lassen. Sollte die erhoffte Wende ausbleiben, sollte es in Bund und Ländern zu keiner Prioritätensetzung zugunsten der Bildungsetats kommen, droht die Bundesrepublik Deutschland an Wettbewerbsfähigkeit einzubüßen und auf dem globalisierten Weltmarkt den Anschluß an die Spitze zu verlieren. Die Auswirkungen träfen die gesamte Gesellschaft. Vergessen wir nicht, daß unser Lebensstandard nicht zuletzt von der Qualität der Forschung und der Qualität der Ausbildung abhängt.

Hochschullehrer, Studierende, Universitätspräsidenten und auch Bildungspolitiker warnen seit Jahren vor der finanziellen Auszehrung des Wissenschaftsbetriebs. Erfolge waren ihren besorgten Stimmen bestenfalls punktuell beschieden. Welche Auswirkungen die sich ständig verschärfenden finanzpolitischen Restriktionen in Hörsälen und Seminaren zeitigen, rückte erst wieder ins breite öffentliche Bewußtsein, als im Herbst 1997 protestierende Studierende zu Tausenden auf die Straße gingen und – mehrere Wochen lang – mit phantasievollen Aktionen auf die Misere an den Hochschulen aufmerksam machten. Den Demonstranten wurde zwar viel verbale Zustimmung zuteil für ihren höchst braven und geordneten »Lucky Strike« – auch bei den eigentlichen Adressaten, bei Landesregierungen und im Bundeskabinett –, konkrete Abhilfe ist allerdings kaum erkennbar, selbst da nicht, wo »zusätzliche« Finanzmittel versprochen wurden, die indes, wenn sie denn wirklich kommen, nur auf eine »Kürzung der Kürzung« hinausliefen.

Eine kurze Skizzierung der aktuellen Situation der deutschen Hochschulen und der Entwicklung des Hochschulwesens in den letzten vier Jahrzehnten kann den Blick schärfen für die Probleme, die die Bildungsdebatte derzeit bestimmen: Seit den sechziger Jahren hat in der Bundesrepublik Deutschland, wesentlich ausgelöst durch Georg Picht und seine damals alarmierende Bestandsaufnahme, eine Bildungsexpansion eingesetzt, die auch unser Hochschulsystem entscheidend verändert hat. Diese Entwicklung erhielt durch die Vereinigung der beiden deutschen Staaten und den dabei zu leistenden Neuaufbau der Hochschulen in Ostdeutschland einen weiteren Schub. Angesichts der fortschreitenden europäischen Integration sind wir keineswegs am Ende dieses Expansionsprozesses angelangt.

Halten wir einige entscheidende Entwicklungslinien und einige wesentliche Zwischenergebnisse fest:

– Das deutsche Bildungssystem und das Hochschulsystem sind durch ihre starke Differenzierung charakterisiert. Gab es vor 1960 ausschließlich die Universitäten (neben den Kunst- und Musikhochschulen und den Pädagogischen Hochschulen), so traten ab Ende der sechziger Jahre die Fachhochschulen als Hochschulen neuen Typs hinzu. Universitäten und Fachhochschulen bilden die tragenden Säulen dieses differenzierten und horizontal gegliederten Hochschulsystems in Deutschland. Fachhochschulen und Universitäten sind ihrem Selbstverständnis nach andersartig, aber gleichwertig. Beide haben eigenständige Aufgaben. Es gibt keine Über- und Unterordnungen. Auf die dennoch existierenden Probleme zwischen Universitäten und Fachhochschulen komme ich weiter unten zurück.

– Die Zahl der staatlichen und staatlich anerkannten Hochschulen ist zwischen 1960 und 1997 von 152 auf 311 angestiegen. Darunter finden sich etwa 120 Fachhochschulen. Die Zahl der Universitäten hat sich von 33 auf 84 verzweieinhalbfacht. Nur am Rande sei bemerkt, daß von diesen 311 Hochschulen 254 Mitglieder der Hochschulrektorenkonferenz (HRK) sind. In den HRK-Mitgliedshochschulen wiederum sind rund 98 Prozent aller Studierenden der Bundesrepublik immatrikuliert. Übrigens eifern inzwischen viele Länder dem Vorbild der Bundesrepublik nach und begründen ebenfalls Vereinigungen der Hochschulen ihres Landes.

– Die Zahl der Professorinnen und Professoren betrug 1960 in der alten Bundesrepublik 5500; sie erhöhte sich bis 1997 auf 38 000, wobei nun die neuen Länder mitgezählt sind.

– Während 1960 nur 6,1 Prozent der Angehörigen eines Altersjahrgangs eine Studienberechtigung erwarben, sind es heute etwa 36 Prozent. Alle Prognosen stimmen darin überein, daß mit dem anstehenden Sprung ins nächste Jahrhundert die Schwelle von 40 Prozent überschritten sein wird. Manche halten die Abiturientenquote in unserem Land für zu hoch. Vergessen werden sollte allerdings nicht, daß Deutschland mit diesem Anteil an Studienberechtigten im internationalen Vergleich nur im Mittelfeld vergleichbarer Industrienationen liegt.

– Die jährliche Zahl der Studienanfänger hat sich von etwa 100 000 zu Beginn der sechziger Jahre auf derzeit rund 277 000 erhöht und damit fast verdreifacht. Man kann vermuten, daß diese Zahl sich wegen des zu erwartenden Anstiegs der Hochschulzugangsberechtigten in den nächsten Jahren um weitere 25 Prozent erhöhen wird.

– Im Wintersemester 1997/98 waren an den deutschen Hochschulen 1,83 Millionen Studierende eingeschrieben, davon 1,35 Millionen an den Universitäten und etwas mehr als 400 000 an den Fachhochschulen. Aktuell gibt es in Deutschland damit sechsmal so viele Studierende wie 1960.

– An den deutschen Hochschulen werden derzeit pro Jahr etwa 238 000 Hochschulabschlußprüfungen, darunter 22 000 Promotionen, erfolgreich abgelegt. 1960 betrug die Zahl der Examina knapp 70 000.

Obwohl Politiker nicht müde werden, die Bedeutung von Bildung, Ausbildung und Forschung für unsere Zukunft, für Innovationen, für die Schaffung neuer Arbeitsplätze und die Beseitigung sozialer Not hervorzuheben, driften Hochschul- und

Finanzpolitik seit einigen Jahren weit auseinander. Im Gegensatz zu häufiger und wohlfeiler Politikerschelte gegenüber den Hochschulen bleibt jedoch festzuhalten, daß die Hochschulen trotz des enormen Anstiegs der Studentenzahlen bei letztendlich stagnierender Personal- und Sachmittelausstattung sowie einem weit hinter den Zielzahlen zurückbleibenden Ausbau der Studienplätze (der Ist-Wert an ausgebauten Studienplätzen beträgt derzeit rund 950000) nicht nur ihre Absolventenquote erheblich gesteigert, sondern es auch ermöglicht haben, daß mehr als 70 Prozent der Studierenden ihr Examen in einem Zeitraum von elf Semestern erreichen. Diese erfreuliche Bilanz kann gleichwohl nicht darüber hinwegtäuschen, daß die Hochschulen in vielerlei Hinsicht große Reformanstrengungen unternehmen müssen. Sie müssen die Qualität ihrer Leistungen in Lehre und Studium, Forschung und Entwicklung, Ausbildung des wissenschaftlichen Nachwuchses und wissenschaftlicher Weiterbildung nicht nur erhalten, sondern sie weiter verbessern. Dabei ist davon auszugehen, daß die staatlichen Zuwendungen, mit denen sie kurz- und mittelfristig rechnen können, eher geringer werden.

Reformen tun not. Der Ruf nach Reformen an den Hochschulen ist indes nicht neu. Er erklingt seit der Studentenrevolte der späten sechziger Jahre, und er wird von vielen Seiten erhoben. Vieles ist auch schon geschehen. Einen Konsens über die Ziele einer Hochschulreform sucht man freilich vergebens. Studierende streben in eine andere Richtung als die Lehrenden. Gewerkschafts- und Arbeitgeberinteressen sind so wenig dekkungsgleich wie die bildungspolitischen Leitvorstellungen der politischen Parteien. Auch in den einzelnen Statusgruppen an Universitäten und Fachhochschulen stehen sich widerstreitende Auffassungen über die richtigen Wege zur Erneuerung und Stärkung der Institution Wissenschaft unversöhnlich gegenüber. Ohne zusätzliche staatliche Investitionen werden sich die Hochschulen sicher nicht selbst aus dem Sumpf ziehen können. Sie sollten sich jedoch verstärkt der ihnen noch verbliebenen Autonomie, auf die sie großen Wert legen, bewußt werden und in Eigenverantwortung tragbare Lösungsansätze entwickeln und umzusetzen versuchen. Im Wettbewerb der Hochschulen untereinander müssen Strukturreform und Profilbildung höchste Priorität erhalten. Es genügt nicht mehr, lediglich auf steigende Studentenzahlen und fehlende Ressourcen zu verweisen. Klagelieder dieser Art verhallen ungehört, wenn es nicht gelingt, den Reformwillen der Hochschulen mit konkreten Erfolgen zu untermauern. Bei knapp fünf Millionen Arbeitslosen und rückläufigen Steuereinnahmen kann das kaum wundernehmen. Im Verteilungskampf um staatliche Zuwendungen werden die Hochschulen deshalb nur dann Chancen haben, wenn sie alle Vorurteile, die über den Lehr- und Forschungsbetrieb im Umlauf sind, permanent entkräften können, wenn sie also mit herausragenden Leistungen in Forschung, Lehre und Studium aufwarten. Wollen sie nicht länger Objekt unzureichender Finanzpolitik bleiben, müssen sie selbst Initiativen ergreifen und die Öffentlichkeit davon überzeugen, daß zusätzliche Steuergelder für die Bildungspolitik Investitionen sind, die langfristig Früchte tragen.

Wie können die Hochschulen Profil gewinnen? Welche Reformschritte sollten sie einleiten? Von den vielen Vorschlägen, die hierzu diskutiert werden, seien hier nur einige wenige besonders hervorgehoben:

1. Auch in der Bundesrepublik Deutschland wird man davon auszugehen haben, daß in Zukunft wahrscheinlich nur noch die Grundausstattung der Hochschulen durch staatliche Finanzierung gesichert sein dürfte – ähnlich wie in den USA, wo auch eine sogenannte staatliche Universität wie die Pennsylvania State University nur rund 25 Prozent ihres Mittelbedarfs aus dem Steuertopf erhält. Zusätzliche Mittel, insbesondere zur Finanzierung aufwendiger Forschungsprojekte oder besonderer Lehrprogramme, könnten statt nach dem »Gießkannenprinzip« nach leistungsbezogenen Kriterien verteilt werden, wie dies inneruniversitär bereits ansatzweise geschieht. Zu diesen Krite-

rien zählen etwa Studienanfängerzahlen, Absolventenzahlen (gewichtet nach Studiendauer), Promotionen, Habilitationen, Forschungspreise aller Art (einer der renommiertesten unter diesen ist der Gottfried-Wilhelm-Leibniz-Preis, mit dem herausragende wissenschaftliche Leistungen mit bis zu drei Millionen Mark gefördert werden), schließlich Sonderforschungsbereiche und eingeworbene Drittmittel – sowohl von der Deutschen Forschungsgemeinschaft und vergleichbaren Fördereinrichtungen als auch aus Wirtschaft, Industrie und Stiftungen. Hierzu können als weitere Parameter ebenso herausragende Leistungen in der Lehre gehören oder die besondere Förderung von Wissenschaftlerinnen und frauenbezogener Studien, nicht zuletzt auch der Ausländeranteil an einer Universität, in dem sich deren internationales Ansehen ausdrückt.

2. Qualität von Hochschulen wird durch die genannten Kriterien zum Teil meß- und vergleichbar. »Rankings«, wie sie auf dem Zeitschriftenmarkt zunehmend präsentiert werden, könnten auf der Basis anerkannter Vergleichskriterien und verbesserter Erhebungsmethoden auch in den Hochschulen selbst an Akzeptanz gewinnen. Hinzu kommen muß aber auch eine Qualitätsmessung für angebotene Studiengänge und – damit eng verbunden – ihre nationale und auch internationale Vergleichbarkeit. Die Hochschulrektorenkonferenz bemüht sich zusammen mit der Kultusministerkonferenz seit einiger Zeit, dem Prinzip der sogenannten Akkreditierung von Studiengängen zum Durchbruch zu verhelfen. Damit ist die Auflistung von Kriterien gemeint, bei deren Erfüllung ein Studiengang als akzeptiert gilt. Neu an diesem Verfahren ist, daß die Hochschulen auf diese Weise unabhängig werden von den langwierigen, in aller Regel mehrere Jahre dauernden und oft demotivierenden Genehmigungsverfahren der staatlichen Wissenschaftsbürokratie. Es wird abzuwarten sein, wie stark und wie lange die Länder ihre traditionellen Genehmigungsrechte verteidigen werden. Eine Akkreditierung im idealen Sinne hätte auf jeden Fall den Vorteil, ein solches Verfahren, wenn es sich bewährt, künftig

nicht nur auf nationaler, sondern im nächsten Schritt auch auf europäischer und außereuropäischer Ebene durchzuspielen. Bei manchen Studiengängen ist diese Zielvorstellung längst gewährleistet: Ich denke an den Master of Business Administration (MBA), aber auch an bestimmte natur- und ingenieurwissenschaftliche Studiengänge.

3. Akkreditierung von Studiengängen vermag möglicherweise auch ein anderes, übrigens spezifisch deutsches Problem zu lösen: Universitäten und Fachhochschulen sind, wie bereits ausgeführt, gleichwertig, aber andersartig. Das klingt gut, aber die sogenannte Andersartigkeit hat zu dauernden Auseinandersetzungen zwischen den beiden konkurrierenden Hochschultypen geführt. Die Universitäten sind nach wie vor diejenigen Einrichtungen des deutschen Hochschulsystems, die sich durch die Einheit von Forschung und Lehre auszeichnen. In ihrer Lehre vermitteln und reflektieren sie Methoden und Ergebnisse von Wissenschaft. Sic lciten ganz wesentlich zu selbständiger wissenschaftlicher Arbeit an. Sehr zugespitzt muß man jedoch einräumen, daß Universitätsprofessoren bei ihrer Lehrtätigkeit mitunter eher den zukünftigen Hochschullehrerkollegen, nicht aber unbedingt die Interessen der vielen Berufsfelder vor Augen haben, für die sie ihre Studierenden mehrheitlich ausbilden. Ein solches Verständnis führt zweifellos zu Reibungen mit den realen Bedürfnissen von Wirtschaft, Industrie und Verwaltung. Der Arbeitsmarkt wie auch das Gros der an den Universitäten eingeschriebenen jungen Menschen erwarten vom Studium eine berufsbefähigende Ausbildung. Allerdings sind die Grenzen zwischen einer berufsbefähigenden und einer berufsfertigen Ausbildung nicht klar definiert. Sie werden mal mehr auf der theoretischen, mal mehr auf der praktischen Seite gezogen.

Hier kommen nun die Fachhochschulen ins Spiel. Sie haben es konsequenterweise von Anfang an übernommen, eine betont anwendungsorientierte wissenschaftliche Ausbildung anzubieten. Gleichwohl betonen auch sie zunehmend den wissenschaftlichen Anspruch ihrer Ausbildung. Friktionspunkte sind zum einen die den Fachhochschulen nicht erlaubte Durchführung von Promotionen, zum anderen die unterschiedliche Eingangsbesoldung von Universitäts- und Fachhochschulabsolventen im öffentlichen Dienst. Die unterschiedliche Eingangsbesoldung in Wirtschaft und Industrie vermag sich in der Regel nach mehreren Jahren problemlos an die Besoldung der Universitätsabgänger anzugleichen. Dagegen ist es jedoch selbst für begabte Fachhochschulstudierende nicht einfach, den Wechsel zur Universität – etwa zum Erwerb eines Diploms oder zur Promotion – ohne großen zeitlichen Verlust zu vollziehen. Die Akkreditierung von Studiengängen könnte auch diesem Problem abhelfen. In geeigneten Studiengängen könnte man die Standards so setzen, daß Unterschiede, aber auch Gemeinsamkeiten zwischen Studiengängen an Universitäten und Fachhochschulen deutlich werden. Von Anfang an könnte man in solchen Fällen eine größere Durchlässigkeit zwischen dann gleichwertigen, aber andersartigen Studiengängen ins Auge fassen.

Das alles ist leichter gesagt als getan. Solange sich Universitäten und Fachhochschulen noch hitzige Gefechte darüber liefern, wie man den – zugegebenermaßen fast unübersetzbaren – Terminus »Fachhochschule« ins Englische überträgt, dürften auch die hier genannten Vorschläge noch große Hindernisse auf ihrem Weg zum Ziel einer optimalen Ausbildung unserer jungen Menschen zu überwinden haben.

4. Ein letztes, an vielen Universitäten höchst kontrovers diskutiertes Problem im Zusammenhang mit der gewünschten Profilbildung der Hochschulen ist die Frage nach der Vollständigkeit des Fächerkanons, den eine Universität anzubieten haben sollte. Zweifellos kann »universitas« als Summe aller wissenschaftlichen Disziplinen heute nicht mehr erreicht werden. Wahrscheinlich hat sie sowieso nirgends im idealen Sinne existiert. Aber die Gemüter geraten heftig aneinander, wenn es unter dem Zwang, Finanzmittel oder gar Personalstellen einsparen zu müssen, darum geht, vorhandene Fächer zugunsten anderer oder zugunsten der Verstärkung anderer aufzugeben.

Da zählt meist auch nicht die lokale Nähe zu einer anderen Universität, mit der man eventuell Ressourcen gemeinsam nutzen, Entwicklungskonzepte absprechen, Kooperationen vereinbaren oder gemeinsame Lehrangebote entwickeln könnte. In solchen Situationen scheinen vielmehr die am jeweiligen Standort vorhandenen Studiengänge die Bedeutung einer absoluten Weltkonstante zu besitzen. Schnelle und einvernehmliche Lösungen, wie sie Studierenden in unverzichtbaren Fächern, die an finanzieller und personeller Auszehrung leiden, zuteil werden sollten, werden so nur schwer oder gar nicht erreichbar sein. Andererseits dürfte es bei anhaltender Finanzknappheit aber in Zukunft unmöglich sein, an allen Universitäten Vollständigkeit der Disziplinen – insbesondere der kleinen Fächer – und gleichzeitig höchste Qualität zu halten. Hier stehen die Hochschulen vor einer ihrer schwierigsten Aufgaben in der nahen Zukunft. Sie müssen mehr und mehr entscheiden, ob sie alle Fachgebiete gleichmäßig etwas zurückfahren oder ob sie sich von dem einen oder anderen Spezialgebiet ganz trennen, um andere Gebiete um so stärker zu fördern und auszubauen, die zum spezifischen Profil des Hochschulstandortes in besonderer Weise beitragen.

5. Neben den erwähnten Drittmitteln, die sowohl für die Universitäten als auch die Fachhochschulen künftig verstärkt zu Gradmessern ihres wissenschaftlichen Renommees werden dürften und zugleich einen größeren Teil der Finanzierung von Forschung und Lehre sichern müssen, wird die Bedeutung von Stiftungen und Zuwendungen anderer Art zunehmen. Hochschulen, Fachbereiche oder einzelne Fachgebiete werden verstärkt versuchen müssen, mit ihrer Attraktivität und ihrem Profil zu werben, um größere Vermögen in Form von Stiftungen an sich zu binden, über deren Verzinsung sonst nicht finanzierbare wissenschaftliche Projekte auf den Weg gebracht werden können. Wenn die Hochschulen aus der Basisförderung des Staates alsbald vielleicht nur noch die elementarsten Ausbildungsbedürfnisse werden realisieren können, werden sie sich die Mittel für darüber hinausgehende anspruchsvolle Projekte anderwei-

tig beschaffen müssen. Neben vielem anderen wird dies einen deutlichen Konkurrenzkampf zwischen den deutschen Universitäten zur Folge haben – auch um potentielle Mittel von Sponsoren. Ähnlich wie bei den Drittmitteln ist es in der Regel natürlich erheblich leichter, Sponsoren und Stiftungen für medizinische und naturwissenschaftliche Forschungen zu finden, weil diese Richtungen in unserer naturwissenschaftlich und technisch orientierten Gesellschaft für besonders wichtig und zukunftsträchtig erachtet werden. Um so höher ist es zu bewerten, wenn Sponsoren oder Stifter sich auch zur Förderung von Geistes- und Kulturwissenschaften entschließen und – wie beispielsweise an der Philipps-Universität Marburg – etwa durch die Finanzierung des Portugiesisch-Lektorats sicherstellen, daß die vorgesehene Aufgabe der Lusitanistik für die nächsten fünf Jahre abgewendet werden konnte.

Das leidige Thema der Studiengebühren, das als vielgepriesenes Allheilmittel die hochschulpolitischen Auseinandersetzungen seit Jahren durchzieht, soll hier nicht neu belebt werden. Ich möchte hierzu nur eine Anmerkung machen: Solange man sich nicht über eine vernünftige Ausstattung und Reform des Bafög einigen kann, sofern außerdem die Hochschulen etwaige Einnahmen aus Studiengebühren nicht dem eigenen Haushalt zuführen dürfen, sondern an die Finanzminister abführen müssen, braucht man das Thema Studiengebühren nicht weiter zu vertiefen. Sowohl die finanzielle Absicherung begabter Studierender aus sozial benachteiligten Familien als auch die Schaffung von finanziellen Anreizen für die Hochschulen dürfen vom Thema Studiengebühren nicht abgekoppelt werden.

Wenn ich in der Profilbildung eine der wichtigen Zukunftsaufgaben für die Hochschulen in Deutschland sehe, so schwebt mir kein visionäres Modell der Universität des nächsten Jahrhunderts vor. Resultierend aus den gegenwärtigen Notwendigkeiten, wie sie sich in der Hochschulleitung tagtäglich stellen, verstehe ich meine Ausführungen als praktische Hinweise, die aufzeigen, wie eine Transformation unserer hohen Schulen erfolgen könnte.

DIE WIRTSCHAFT
IN DER WELT VON MORGEN

Helmut Maucher
1927 in Eisenharz (Allgäu) geboren,
war nach Abitur und kaufmännischer
Lehre bei Nestlé in Eisenharz
und anschließend bei Nestlé Frankfurt tätig.
Gleichzeitig studierte er Betriebswirtschaft
an der Universität Frankfurt
mit dem Abschluß als Diplom-Kaufmann.
Von 1964 bis 1980 bekleidete er
verschiedene Positionen innerhalb der
Direktion bei Nestlé Frankfurt
und wurde ab 1975 Generaldirektor
der Nestlé-Gruppe Deutschland
in Frankfurt am Main.
Im Oktober 1980 wurde Helmut Maucher
als Generaldirektor der Nestlé AG
und Mitglied des Exekutivkomitees
in die Schweiz berufen.
Im November 1981 folgte die Ernennung
zum Delegierten des Verwaltungsrats
der Nestlé AG, Vevey (Schweiz).
Von 1990 bis 1997 war er gleichzeitig
Präsident und Delegierter des Verwaltungsrats.
Auch nach seinem Rücktritt als Delegierter
blieb er Präsident des Verwaltungsrats.
Helmut Maucher ist Mitglied in den Aufsichtsräten
bedeutender internationaler Unternehmen.

Helmut Maucher

Unternehmerische Verantwortung in einer Zeit des Umbruchs

Der Wettbewerb im Globalisierungsprozeß

Wir leben in einer Epoche, die durch den Wandel gekennzeichnet ist. Das insgesamt verfügbare Wissen auf allen Gebieten verdoppelt sich alle zehn Jahre und wird durch ein universelles und sehr fein verästeltes Kommunikationssystem sofort weltweit verbreitet. In der Wirtschaft absorbiert der Dienstleistungssektor eine immer größere Anzahl an Arbeitskräften, und ihre Qualifikation in der *knowledge society* wird jeden Tag wichtiger.

Demokratie und Marktwirtschaft gewinnen an Boden, und ihre Prinzipien werden über alle Grenzen hinweg einer Menschheit zugänglich gemacht, die aufgrund von Ausbildung, Kommunikation und Erfahrung höhere Ansprüche an politische und wirtschaftliche Systeme stellt. Gleichzeitig brechen mit dem Verschwinden einer ideologisch bipolaren Welt zahlreiche kulturell-ethnische Konflikte auf, oft getragen von fundamentalistischen Strömungen, die in Desorientierung und enttäuschten Hoffnungen einen reichen Nährboden finden. Irrationale Bewegungen stoßen aber auch in den Industriestaaten auf Zuspruch und weisen auf die augenfällige Zukunftsangst hin.

Es ist sicher richtig, daß keine Periode der Menschheitsgeschichte sich dem Wandel entziehen konnte. Neu ist aber die beeindruckende Geschwindigkeit, mit welcher heute die gesellschaftlichen, politischen und wirtschaftlichen Wandlungsprozesse ablaufen. Millionen von Menschen müssen sich damit abfinden, daß nichts mehr so ist wie früher – und daß es morgen schon wieder sehr anders sein kann als heute. Der Mensch hat

Schwierigkeiten, mit dieser Unsicherheit zu leben: Umstellungen jeder Art erfordern immer auch eine Anstrengung, sich mit den neuen Gegebenheiten abzufinden und sich darauf einzustellen. Gerade in Westeuropa wird sehr deutlich, daß sich in Jahren von Hochkonjunktur und steigenden Einkommen ein Anspruchsdenken durchgesetzt hat, das nun bei härterem Gegenwind eine Neubesinnung sehr schwierig macht.

Die politischen Führungen, deren Autorität in einem ausufernden Prozeß der »Demokratisierung« untergraben wurde, sehen ihre Einflußmöglichkeiten eingeschränkt durch knappe Mehrheiten und eine nicht ganz selbstverschuldete Misere der Staatsfinanzen. Andere Institutionen, von denen früher Führungsimpulse ausgingen, z. B. Hochschulen, Kirchen, Parteien usw., unterlagen dem gleichen Erosionsprozeß und versuchen, zwischen einer Rückbesinnung auf ihre Grundwerte und den Spätfolgen »politischer Korrektheit« einen Weg zu finden. Der Entscheidungsbedarf ist gegeben, und es erstaunt kaum, daß der Bürger sich vermehrt der Wirtschaft zuwendet, um auf seine drängenden Fragen eine Antwort zu finden. Es genügt ein Blick in den Blätterwald, um immer häufiger die resignierte Feststellung zu finden, daß der Primat der Politik nicht aufrechtzuerhalten sei, daß vielmehr die zentralen Entscheidungen nun von der Wirtschaft zu fällen seien.

Ich bin weit davon entfernt, diese Meinung zu teilen. In allzu vielen Fällen gründet sie auf einer beinahe mystischen Machtvermutung, vor allem hinsichtlich der großen multinationalen Unternehmen. Aus meiner langjährigen Erfahrung an der Spitze einer solchen Gruppe weiß ich nur zu gut, daß dies den Tatsachen nicht entspricht. Es ist nämlich die Politik, welche die Rahmenbedingungen setzt, innerhalb derer wir wirtschaften müssen. Gleichzeitig ergibt sich für alle Kritiker des Systems, denen der Zusammenbruch sozialistischer Gewißheiten den Boden unter den Füßen entzogen hat, nun die Gelegenheit, mit um so größerem Nachdruck bohrende Fragen nach der Verantwortung des Unternehmers zu stellen.

Verantwortung trägt der Unternehmer zunächst einmal gegenüber dem oder den Eigentümern des Unternehmens, ganz gleich, ob es sich um eine Familie oder einen viel breiter gestreuten Kreis von Aktionären handelt. Vor einigen Jahren noch galt es als schick, diesen Eigentümer als *quantité négligeable* zu behandeln, dessen Prioritäten man wohl von Zeit zu Zeit zur Kenntnis nehmen mußte, die aber gefälligst hinter all den anderen Interessenten am Unternehmen, von den Mitarbeitern bis hin zum Steuervogt des Staates, zurückzutreten hatten. Diese Haltung ging natürlich am Grundprinzip unseres Systems – der Marktwirtschaft – vorbei: Das direkte, persönliche Interesse eines Eigentümers an Wohlstandsmehrung durch eine gute Verzinsung des eingesetzten Kapitals und durch eine Risikoprämie ist ein zentraler und notwendiger Teil des Ganzen zur optimalen Allokation der Ressourcen.

Das Pendel schwang dann zurück – manchmal auch über ein vernünftiges Mittelmaß hinaus –, und *shareholder value* kam in Mode. Ich habe mit diesem Konzept keinerlei Probleme, obwohl da und dort meine Philippika gegen die *shareholder value*-Fetischisten einigen Leuten in die falsche Kehle geraten ist. Natürlich muß das Unternehmen seine Eigentümer für den Kapitaleinsatz entschädigen. Natürlich erwarten die Aktionäre zu Recht eine vernünftige Wertsteigerung über die Jahre. Ich wehre mich aber gegen eine Haltung, die aus kurzfristigen börsenorientierten Überlegungen die langfristigen Interessen und Strategien des Unternehmens tangiert und damit seine Entwicklung – und eben auch die langfristigen Interessen des Aktionärs – negativ beeinflußt. Gerade weil ich als Unternehmer meine Verantwortung gegenüber dem Eigner wahrnehmen will, muß ich da einschreiten und verhindern, daß eine kurzfristige Optik greift.

Es ist leicht einzusehen, woher diese Entwicklung kam. Die beeindruckende Konzentration von Vermögen in der Hand von institutionellen Investoren führte zu einer durchaus willkommenen Professionalisierung der Vermögensverwaltung. Dazu gehört auch ein *performance*-Denken, das sich auf klare und übersehbare Zeiträume erstreckt, sowie natürlich eine Honorierung der in diesem Zeitraum erzielten Leistung. In einer angelsächsisch orientierten Sicht, die auch ein Element der *trader*-Mentalität enthält, gilt es, immer jene Papiere im Portefeuille zu haben, die kurzfristig die beste *performance* aufweisen. Was liegt näher, als auf die Geschäftsleitung und den Aufsichtsrat Druck auszuüben, um sich diesen Eckwerten anzunähern, selbst wenn vielleicht der Rhythmus einer industriellen Entwicklung oder der Aufbau eines Geschäftes in einem Markt mit Zukunft in einem ganz anderen Zeitrahmen abläuft? Daß dabei die Finanzwelt oft auch dem gerade zur Zeit auf der Bestseller-Liste figurierenden Management-Guru aufsitzt, sei nicht verschwiegen. Ich habe die wechselnden Moden alleinseligmachender Theorien mit Amüsement verfolgt, von der Diversifikation bis zum *focusing*, und sie mit meiner Kenntnis meines eigenen und anderer Unternehmen verglichen. Die Realität zeigte, daß sowohl gewisse Konglomerate wie praktisch zu 100 Prozent auf ihre Kerngebiete beschränkte Unternehmen sehr erfolgreich sein können – die Qualität des Managements ist der entscheidende Faktor, nicht Struktur oder Tätigkeitsgebiet.

Dabei sei nicht bestritten, daß in sehr vielen Fällen diesem Druck eine durchaus heilsame Wirkung zukam. Langfristigkeit ist kein Windschutz, hinter dem sich eine Geschäftsleitung vor unangenehmen Entscheidungen und schmerzlichen Restrukturierungen in Deckung bringen kann. Der jährliche Gewinnausweis bleibt nach wie vor ein wichtiger Gradmesser für erfolgreiches Wirtschaften, ebenso wie Voraussetzung für die Entwicklung und den Ausbau des Unternehmens und seine Anpassung an neue Umstände. Es ist unbestreitbar, daß sich viele Unternehmen, verwöhnt durch die leichten Erfolge einer langen Reihe von Jahren der Hochkonjunktur, mit veralteten Entscheidungsstrukturen, bürokratischen Verwaltungen und angegrauten Produktionsmethoden vor die Notwendigkeit gestellt sahen, sehr rasch eine Reihe von heiligen Kühen zu schlachten, als der Wind Mitte der siebziger Jahre wieder drehte. Einige von ihnen stellten sich sofort auf die neuen Gegebenheiten ein; viele andere taten es später erst unter dem Druck des Marktes und der Börse. Daß dabei den Eigentümern, auch von sehr großen Unternehmen, schwere Opfer zugemutet wurden, ist klar. In einem gewissen Sinne war es eine Rückbesinnung auf das Wesentliche, auf jene Aufgabe, die in unserem System nämlich nur das Unternehmen leisten kann, die Schaffung von Wohlstand.

Mitarbeiter

In einer langfristigen Optik sind gleichzeitig auch die Interessenkonflikte und Gegensätze zwischen Arbeitgeber und Arbeitnehmer in einem Betrieb viel leichter auflösbar. So stellt man oft fest, daß man sich beispielsweise unter Sozialpartnern in die Haare gerät, weil auf beiden Seiten nur die kurzfristigen Aspekte gesehen werden. Auf eine längere Dauer hinaus sitzen aber beide Seiten in ungleich höherem Maße im gleichen Boot, haben also alles Interesse, es nicht zu überladen, noch, es steuerlos dahintreiben zu lassen. Diese Betrachtungsweise trifft auch auf alle anderen Gruppen zu, deren Interesse an erfolgreichen und gewinnbringenden Unternehmen bei vorurteilsloser Betrachtung unbestreitbar ist.

Es scheint mir klar, daß die Menschen letztlich der entscheidende Faktor in einem Unternehmen sind. In dem Maße, wie ich die richtigen Mitarbeiter rekrutieren, sie motivieren und zum aktiven Mitziehen und Mitdenken bringen kann, werde ich auch am Markt erfolgreich sein. Gleichzeitig kann ich die Augen nicht davor verschließen, daß sie den Einflüssen einer Gesellschaft ausgesetzt sind, in welcher eine zunehmende Bindungslosigkeit, ein gewisser Minimalismus im Engagement und narzißtische Verhaltensweisen überhandnehmen. Diese Einflüsse gänzlich ausschalten zu wollen, ist Wunschdenken. Wir müssen aber dafür sorgen, daß bei der Auswahl der Kandidaten diesen Aspekten besondere Aufmerksamkeit geschenkt wird, daß wir uns also nicht eine mittlere Führungsschicht aus nabelschauenden Intellektuellen zusammensetzen. Bei Karriereplanung, *management development,* und bei Beförderung von Führungskräften sollten wir darauf achten, daß eben nicht jene Individuen zum Zuge kommen, die im Unternehmen nur ein Mittel zur Optimierung ihres Lebensstils sehen, sondern Menschen, die begeisterungsfähig und einsatzfreudig sind, die ihre Befriedigung in ihrer Aufgabe und beim Wahrnehmen von Verantwortung finden. Auf die Dauer gesehen, machen diese Leute ihren Weg im Unternehmen, ohne gebannt auf den nächsten Karriereschritt zu starren. Sie stellen sicher, daß auch in Zukunft Menschen die Führungsverantwortung wahrnehmen, die sich im Wertesystem des Unternehmens fast instinktiv zurechtfinden.

Es wird heute kaum jemand bestreiten, daß eben bei dieser Aufgabe die Verantwortung der obersten Geschäftsleitung am meisten gefordert ist. Dabei fällt es gerade starken Persönlichkeiten an der Spitze oft sehr schwer, Nachfolger heranzuziehen, denen sie die Gesellschaft anvertrauen können.

Akquisitionen

Im Strukturwandel der letzten Jahre kam es in den meisten Branchen zu einer Reihe von Übernahmen. Oft entsprachen sie dem Willen, Entwicklungszeiten abzukürzen, neue Felder zu erschließen oder das Wachstum auf gewissen Märkten oder in bestimmten Produktbereichen zu beschleunigen. Auch hier spielt unternehmerische Verantwortung eine entscheidende Rolle: Die richtige Struktur, die langfristig erfolgversprechenden Tätigkeitsgebiete zu finden, um in einem ständig wechselnden Umfeld am Ball zu bleiben, ist eine der wichtigsten Leistungen, die ein Unternehmenschef erbringen kann. Sie setzt die Fähigkeit zu innovativem Denken voraus, ebenso das Talent, die oft nicht einfachen Veränderungen zu managen und zu steuern.

Strategische Überlegungen, rational durchaus nachvollziehbar, scheiterten aber in vielen Fällen, weil menschliche Aspekte außer acht gelassen wurden, oder weil man sich zu sehr auf die betriebswirtschaftlichen Aspekte konzentrierte und dabei die Unternehmenskultur, diese »Summe aller Selbstverständlichkeiten in einem Unternehmen«, vernachlässigte. Nestlé hat in meiner Zeit weit über 250 Akquisitionen vorgenommen, für eine Summe, die 33 Milliarden Franken übersteigt. Mit der Ausnahme weniger Fälle ist es uns gelungen, die Mitarbeiter dieser Gesellschaften zu behalten; viele von ihnen haben in der Folge wichtige Positionen in der Gruppe übernommen. Ich schreibe diesen Erfolg der Tatsache zu, daß wir den Leuten reinen Wein einschenkten, uns an die abgegebenen Versprechungen hielten und uns Zeit ließen, die betriebseigenen Verfahren und Methoden bei den übernommenen Gesellschaften durchzusetzen. Solche Momente bedingen persönlichen Einsatz der Unternehmensführung: Es wäre falsch, nach der Übernahme alle Stabsabteilungen sofort auf die erworbene Gesellschaft loszulassen.

In diesem Zusammenhang sind auch die Restrukturierungen zu erwähnen. In einigen Fällen war es klar, daß eine Übernahme aufgrund von strukturellen Überlegungen oder wegen Überkapazität und ungünstigen Produktionskosten über kurz oder lang eine Restrukturierung erfahren würde. Wir haben immer darauf geachtet, daß im Moment der Übernahme auch in dieser Beziehung die Mitarbeiter nicht im Ungewissen blieben. Bei einer ganzen Reihe von Akquisitionen in Zentral- und Osteuropa stand die Frage im Vordergrund, wie viele Arbeitsplätze erhalten blieben. Auch hier wurden klare Fristen ausgehandelt, und weder die verkaufenden Behörden noch die Mitarbeiter wurden mit vagen Versprechungen abgespeist. Wo aus wirtschaftlicher Sicht und in einer längerfristigen Perspektive ein Abbau der oft viel zu großen Belegschaften nötig erschien, haben wir das deutlich angekündigt.

Unternehmen und Gemeinwesen

In den letzten Jahren hat das öffentliche Interesse an den Unternehmen augenscheinlich zugenommen. Diese ziehen heute in ungleich stärkerem Maße die Aufmerksamkeit, aber auch die Kritik der öffentlichen oder auch nur der veröffentlichten Meinung auf sich. Dies erfordert, daß sich die Unternehmensführer der Diskussion mit der Gesellschaft stellen, und zwar sowohl dem Staat und seinen Vertretern wie auch den Medien. Eine Argumentation, die sich rein auf die Belange des Unternehmens beschränkt, reicht dabei nicht aus, sondern es braucht dazu schon eine breitere, gesamtwirtschaftliche Sicht des Ganzen.

Es stimmt, daß die berufliche Beanspruchung der Unternehmensführer in den letzten Jahren gestiegen ist. Strukturanpassungen aufgrund des härteren Wettbewerbs, die Ausweitung der Aktivitäten über Kontinente hinweg – all dies sind Faktoren, die ein solches Engagement nicht leichter machen. Gleichzeitig bedingt unternehmerisches Führen heute eine breitere Bildungsbasis und ein ständiges Interesse an allem, was sich in Politik, Wirtschaft und Wissenschaft bewegt. Eine klare Sicht der eigenen Aufgabe im Kontext der allgemeinen Entwicklung ist für den Erfolg unabdingbar. Gerade aus diesem Verständnis heraus glaube ich, daß ein Unternehmenschef sich Zeiträume schaffen sollte, in denen er sich allgemeinen Aufgaben, solchen, die über den Rahmen des eigenen Unternehmens hinausgehen, widmen kann.

Ein solches Engagement im Dialog mit den Behörden kann dazu beitragen, etwaige Spannungsverhältnisse zu entschärfen. Das gleiche gilt auch für die politischen Institutionen: Eine vertiefte Kenntnis der mikroökonomischen Probleme schafft mehr Verständnis und ebenso die Bereitschaft, bei der Gesetzgebung auch die einzelwirtschaftlichen Probleme zu berücksichtigen.

Ein weiterer Bereich, in dem der Unternehmer gefordert wird, ist die Arbeit der Verbände. Wir alle kennen das Problem der verschiedenen Perspektiven, die sich zwischen Unternehmensführungen und den Geschäftsführern der Verbände auftun können. Bewältigen lassen sich solche Schwierigkeiten nur mit persönlichem Einsatz der Unternehmer. Schließlich bedingt die wachsende internationale Verflechtung der Wirtschaft auch Aktivitäten auf dieser Ebene. Dabei handelt es sich allerdings oft um sehr zeitraubende Aufgaben, die sich praktisch nur jemand leisten kann, der operationelle Verantwortung weitgehend delegieren konnte.

Aus dem Gesagten geht klar hervor, daß ich nachdrücklich dafür plädiere, daß Unternehmer in politischen und wirtschaftlichen Fragen mit Mut und Aufrichtigkeit Stellung nehmen und damit zum demokratischen Prozeß der Meinungsbildung beitragen. Gerade in einer Zeit, in welcher sich viele Mitbürger vom Tempo der wirtschaftlichen, gesellschaftlichen und technologischen Veränderungen überrollt fühlen, scheint mir dies von sehr großer Bedeutung. Wir tun es kraft unserer Erfahrung und sind uns wohl bewußt, daß wir damit manchmal anecken. Aber gegen falsche Ideologien und Glaubenssätze (Max Frisch sagte einmal: »Ich wollte nicht wissen, sondern glauben.«) gibt es nun einmal kein besseres Mittel als die Wahrheit, und sogar im letzten Parteiprogramm Chinas steht Deng Xiaopings Satz: »Die Wahrheit in den Tatsachen suchen!«

Auch in der Diskussion um die globalen Umweltprobleme tragen nicht zuletzt die Unternehmer eine große Verantwortung. Sie müssen sich dafür einsetzen, daß diese Fragen richtig verstanden und erfolgreich angepackt werden – und gleichzeitig den Mut aufbringen, sich gegen irrationale Forderungen zur Wehr zu setzen. Mit gutgemeinten Maßnahmen, die keine wirkliche Besserung bewirken, oder mit Maximalforderungen, deren Kosten/Nutzen-Verhältnis sich einfach nicht rechtfertigen läßt, ist es nicht getan.

Mut zur Verantwortung

Es gibt Themen, bei denen das Unternehmen direkt und frontal gefordert ist. Wir haben vor etwas über einem Jahr ein geradezu klassisches Beispiel erlebt, nämlich die Debatte um die Verwendung von gentechnisch verändertem – ich sage lieber: verbessertem – Soja in Lebensmitteln. Die Diskussion spielte sich mehrheitlich im deutschsprachigen Raum Europas ab; weder in den USA noch in den immer noch etwas rationalistischeren lateinischen Kulturen unseres Kontinents gelang es den zwar lauten, aber nicht besonders überzeugenden gegnerischen Gruppen, die Konsumenten zu mobilisieren.

Nun befand sich die Ernte auf den Schiffen, die den Atlantik überquerten, und der Ruf erging an die Politiker, eine gesetzliche Regelung zu finden. Aktivisten riefen nach Verboten, die Wissenschaft verwies auf die zahllosen Untersuchungen, die allesamt einstimmig die gesundheitliche Unbedenklichkeit dieses Rohstoffes ergeben hatten.

Natürlich hatte man sich unter den großen Unternehmen der Branche auf gewisse grundsätzliche Haltungen geeinigt. Und ebenso natürlich drängte sich niemand vor, um gegenüber den Behörden und dem Publikum eine klare und überzeugende Haltung zu vertreten. Grund dafür war die fundamentalistische Opposition von Gruppen wie Greenpeace und anderen Organisationen, die meist lieber mit Boykottdrohungen statt mit wissenschaftlichen Argumenten fechten und die zudem mit mehr oder weniger originellen Demonstrationen gegen die angefeindeten Gesellschaften direkt auftreten.

Dank der bewußten oder naiven Komplizenschaft der Medien muß sich das betroffene Unternehmen darauf vorbereiten, nicht bloß die Demonstranten auf dem Dach, sondern auch hämisch-humorvolle Fernsehminuten und Presseberichte zu haben. Aufgrund der Militanz der gegnerischen Gruppen war es verständlich, daß sich einige Unternehmen aus opportunistischen Überlegungen bedeckt hielten. Doch die Zeit drängte, und angesichts der bevorstehenden Anlandungen gentechnisch veränderter Sojabohnen wäre das Risiko einer unter dem Druck der Straße zustande gekommenen Ablehnung durch gewisse nationale oder supranationale Behörden schlechthin untragbar geworden.

In dieser Situation traf ich die Entscheidung, das Thema in einem Interview mit einer Illustrierten frontal anzugehen. Daß ich damit lautstarke Reaktionen provozieren würde, war mir durchaus klar. Doch übers Ganze gesehen, verlief die Debatte eigentlich besser, als wir erwartet hatten. Parlamente und Ministerien sahen sich zum Handeln gezwungen, und verschiedene mutige Politiker äußerten klar ihren Willen, ihre Länder nicht von dieser zukunftweisenden Technologie abzuschotten. In einer relativ kurzen Zeitspanne kamen dann die grundsätzlichen Regelungen zustande, und auch wenn die Ausführungsgesetzgebung auf europäischer Ebene noch auf sich warten läßt, ist wenigstens das gesetzliche Vakuum beseitigt.

Die Gründe für mein überzeugtes Eintreten für die Gentechnologie sind klar. Es ist abzusehen, daß unsere landwirtschaftlichen Möglichkeiten allmählich die Grenze des Möglichen und wirtschaftlich Vertretbaren erreichen. Es gibt aber heute noch 800 Millionen Menschen, die nicht genügend zu essen haben, und bei der sich abzeichnenden Zunahme der Bevölkerungszahlen wird sich die Schere weiter öffnen. Ohne einen neuen Quantensprung in der landwirtschaftlichen Produktion wird es nicht möglich sein, genügend Grundnahrungsmittel bereitzustellen – und dabei sind die Probleme der Verteilung, der landwirtschaftlichen Strukturen und der Schutz der Umwelt noch gar nicht angegangen. Wenn jetzt eine neue Technologie eine schnellere und gezieltere Ausweitung der Produktion mit geringerem Einsatz an Dünger, Insektiziden und Herbiziden, größerer Widerstandskraft gegen Wassermangel und ausgelaugte Böden und erst noch besserer Nährwertausbeute verspricht, dann muß man sich wirklich fragen, was denn all diese Drittwelt-Organisationen auf der Seite der Gentechnologie-Gegner wollen!

Als Chef des größten Nahrungsmittel-Unternehmens schien es mir jedenfalls geboten, hier einmal Klartext zu reden, zumal auch von wissenschaftlicher Seite die Risiken hinsichtlich Allergien usw. durchaus nicht höher eingeschätzt werden als bei unveränderten Rohstoffen.

Es ist klar, daß der Leiter eines Unternehmens solche Risiken nicht auf sich nehmen wird, wenn er nur den kurzfristigen Effekt, zum Beispiel einer Boykott-Drohung oder von Demonstrationen im Auge hat. Daß auf die Dauer die Nahrungsmittelindustrie nicht ohne gentechnisch veränderte Rohstoffe auskommen kann, ist klar – ebenso wie das Bedürfnis nach klaren Regeln für Anwendung und Kennzeichnung solcher Rohstoffe. Wie zu erwarten war, kam es dann auch zu den angekündigten Demonstrationen von Greenpeace. Diese Organisation scheint sich immer noch nicht bewußt zu sein, daß der Krieg um gentechnisch veränderte Nahrungsmittel bereits vorüber ist – die paar Nachzugsgefechte werden den Ausgang dieser Diskussion nicht mehr verändern. Langfristig ist es auch klar, daß auf die Dauer unser Unternehmen letztlich mit gestärkter Autorität und anerkanntem Verantwortungsbewußtsein aus der Kontroverse hervorgegangen ist.

Schlagwort Globalisierung

Es ist augenscheinlich, daß bei vielen Bürgern eine tiefe Verunsicherung herrscht. Nach langen Jahren der Hochkonjunktur brach plötzlich das Wachstum weg. Unternehmen sahen sich aufgrund des Liberalisierungsschubes mit Konkurrenten aus der ganzen Welt konfrontiert und mußten ihre Strukturen anpassen. In den Schwellenländern ist ein Mittelstand im Entstehen, der von seiner Kaufkraft, seinem Ausbildungsniveau und seinen Ansprüchen gegenüber der Gesellschaft durchaus mit dem Westen vergleichbar ist. Dazu kommt die praktisch universelle Verfügbarkeit moderner Technologien, eine disziplinierte und arbeitswillige Arbeiterschaft und Kapital jeder Herkunft, das dank moderner Methoden problemlos und sehr rasch rund um den Globus verschoben werden kann. Die Europäische Union und die Freihandelszone, welche die USA, Kanada und Mexiko vereint, bieten sicher bessere Wettbewerbsbedingungen, doch gleichzeitig produzieren auch sie einen Anpassungsdruck, der nicht von heute auf morgen bewältigt werden kann. Dazu kam die Implosion des Sowjetsystems, was unvermittelt auch in Europa zu völlig neuen Möglichkeiten und auch zu gewichtigen finanziellen Belastungen führte.

Neben den strukturellen Problemen, der mangelnden Flexibilität und den zu hohen Arbeitskosten führte dieser Prozeß zunächst einmal zu erhöhter und nun seit Jahren andauernder Arbeitslosigkeit. Beinahe gleichzeitig wurde auch die schmerzliche Rechnung für die jahrzehntelangen Übertreibungen bei den Staatsausgaben präsentiert. Der Bürger hatte ständig wachsende Staatsquoten, die explodierende Verschuldung, die Umverteilungsmechanismen, das Wuchern einer üppig ausgestatteten Bürokratie mit ihren Folgekosten akzeptiert und stellt nun plötzlich erschreckt fest, daß schon in ein paar Jahren Rentensysteme, Krankengeld, Sozialausgaben aller Art ganz einfach nicht mehr finanzierbar sein werden. Das sind nun genau die Aspekte, welche die schärfsten Verteilungskonflikte innerhalb der Gesellschaft auslösen und in denen die ideologische Komponente am deutlichsten zum Vorschein kommt. In den Medien beschreibt man düstere Szenarien einer »zweigeteilten Gesellschaft«; Gewerkschaften scheinen unfähig, ihren Truppen selbst ein bescheidenes Zurückbuchstabieren bei den schlimmsten Übertreibungen im Sozialbereich verständlich zu machen.

Wenn man Mitte der achtziger Jahre noch glaubte, die ständig steigenden Einnahmen auf alle Zukunft fortschreiben zu können, brach sich nun die Einsicht Bahn, daß auch in reichen Ländern nicht alles möglich und finanzierbar ist und daß eine Rückkehr zum Wachstum auch ein Zurückschneiden des schlimmsten Wohlfahrts-Wildwuchses bedingt. Übungen dieser Art sind immer schmerzlich, und der Verzicht fällt niemandem leicht. Dennoch spielen sie eine wichtige Rolle im internationalen Wettbewerb, bestimmen sie doch zum Teil auch die Standortvorteile. Dieser Diskussion dürfen auch die Unternehmensführungen nicht aus dem Wege gehen; wer erwartet hatte, daß der Zusammenbruch der Sowjetunion das endgültige »Aus« für Sozialutopien jeder Art bedeute, sieht sich enttäuscht. Wir befinden uns mitten in einem langen Umstrukturierungsprozeß, der auch auf Härte und Dauer der Verteilkämpfe nicht ohne Einfluß bleiben wird. Wenn die Unternehmensführer sich nicht stellen und mit Konsequenz und Geduld die Folgen schildern, dann könnten sie sich sehr wohl mit letztlich katastrophalen Reaktionen von seiten der Behörden und der Bevölkerung konfrontiert sehen.

Es ist wahr, daß wegen der wachsenden Komplexität der Arbeitsabläufe heute die Umschulung der Arbeitsuchenden länger dauert: Es war sicher einfacher, die Sense durch den Schraubenschlüssel zu ersetzen als den Schraubenschlüssel durch eine computergesteuerte Werkzeugmaschine. Dennoch zeigen genügend Beispiele, daß die Industriestaaten Westeuropas in diesem Globalisierungsprozeß durchaus gewichtige Trümpfe auszuspielen haben: industrielle Tradition, ein sehr hohes Ausbildungsniveau und ein System, das von der forschungsintensiven Universität bis zur Fachausbildung von technischen und kaufmännischen Kadern alle Bedürfnisse der Wirtschaft abdecken kann. Denken die Gegner der Globalisierung auch daran, daß dieser weltumspannende Prozeß es 500 bis 600 Millionen Menschen in den Entwicklungsländern erlaubt hat, von der Armutgrenze wegzukommen? Dies schafft auch für die industrialisierten Länder neue Exportchancen und Gelegenheiten für neue unternehmerische Aktivitäten. Auch vergißt man sehr oft, daß die neuen Industriestaaten, die energisch auf den Weltmarkt drängen, eben jene sind, die sehr rasch einsehen werden, daß auch bei ihnen die Bäume nicht in den Himmel wachsen. Ich erinnere an das Beispiel Japan: Vor zwanzig Jahren noch starrte ein Teil der westlichen Industriemächte mit gebanntem Blick auf dieses Land und sah schon japanische Konkurrenten in allen Bereichen an führender Stelle. Heute schlägt sich das Land der aufgehenden Sonne mit Problemen herum, die den unseren durchaus nicht unähnlich sind. Korea macht ähnliche Erfahrungen und die finanziellen Wirbelstürme in Südostasien im Herbst 1997 zeigen, daß überall mit Wasser gekocht wird.

Es geht keineswegs darum, das Lohnniveau auf indonesische Standards hinunterzuschrauben. Noch werden wir in unseren Breitengraden darauf verzichten müssen, den Alten, den Kranken, den Menschen, die keine Leistung mehr erbringen können und die wirklich in Not geraten sind, beizustehen. Mit etwas längerer Lebensarbeitszeit, mit etwas mehr Flexibilität und etwas mehr Bereitschaft, auch Risiken einzugehen, lassen sich unsere Sozialwerke wieder ins Lot bringen.

Was wir uns nicht mehr leisten können, sind die wahnwitzigen Umverteilungssysteme, die jede auch nur vermutete soziale Benachteiligung schon in ihren Ansätzen mit staatlich verordnetem Mitteleinsatz »bekämpfen« und die selbstverständlich nach Strich und Faden mißbraucht werden. Es kann in Zukunft nicht mehr Aufgabe des Staates sein, soziales Fehlverhalten durch Steuermittel zu belohnen oder gar erst möglich zu machen – Selbstverwirklichung auf Kosten der Steuerzahler.

Demokratische Systeme tendieren zum Interessenausgleich, und längerfristig ist der Bürger durchaus in der Lage, die wirtschaftlichen Zusammenhänge zu verstehen. Er weiß auch sehr genau, welchen Anteil seines Gehaltes der Staat unter dem Titel Sozialabgaben einbehält. Für den Unternehmer spielen diese Abgaben letztlich eine wichtige Rolle bei seiner Kostenberechnung, ebenso wie die ausufernde Reglementierung, deren Kosten/Nutzen-Verhältnis keineswegs immer einsehbar ist. Hier gibt es breite Bereiche, in denen die Sozialpartner durchaus gleiche Interessen haben und sie mit sehr viel mehr Nachdruck vertreten könnten.

Blockierte Entscheidungsprozesse

Eines der wichtigsten Probleme scheint mir allerdings, daß unser System heute aufgrund eines falsch verstandenen Demokratiebegriffes und einiger Elemente in unserer Verfassung an den Rand der Entscheidungsunfähigkeit gedrängt worden ist. Schwache Mehrheiten in vielen Parlamenten, übermächtige Bürokratien mit hochentwickeltem Beharrungsvermögen und Besitzstandsdenken, ein Einspruchs-und Rekurssystem schließlich, das jeden Entscheid auf Jahre hinaus blockieren kann – all diese Elemente tragen nicht eben dazu bei, rasche Entschlüsse zu erleichtern. Hinzu kommen Probleme mit parteitaktischen Überlegungen oder kurzfristige Interessen von Funktionären.

Als Unternehmensführer wissen wir sehr genau, daß Schnelligkeit heute zu den wichtigsten Wettbewerbsvorteilen gehört. Es gibt keinen Grund anzunehmen, daß dies nicht auch auf der politischen Ebene zutreffen sollte. Und mir scheint, auch politische Einheiten stehen im Ringen um Standortvorteile in einem Wettbewerb. Das Problem der Arbeitslosigkeit kann so lange nicht mit Aussicht auf Erfolg angepackt werden, als starre Tarifsysteme, eine zu geringe Spreizung der Lohnskalen und überhöhte Soziallasten die Schaffung von neuen Arbeitsplätzen zu teuer machen. Dies führt dann dazu, daß sich jeder Chef zweimal überlegt, ob er einen möglichen Ausbau seines Geschäfts hier oder in einem weniger inflexiblen Drittland vornimmt.

Solange die Möglichkeit besteht, die Machthaber in regelmäßigen Abständen und ohne Gewalt abzulösen, scheinen mir demokratische Prinzipien nicht in Gefahr, wenn man den dazu bestimmten Institutionen wieder die Entscheidungsfähigkeit einräumt, die ihnen in unserem System zukommen sollte. Auch hier, glaube ich, sollte der Unternehmer seiner Verantwortung gerecht werden und sich für ein System einsetzen, das die drängenden Entscheidungen auf allen Stufen nicht blockiert – und zwar im Interesse des Gemeinwohls! Das heißt politisches Engagement, nicht notwendigerweise in einer Partei oder gar als Abgeordneter. Dazu fehlt in vielen Fällen ganz einfach die Zeit.

Aber den Dialog mit den politischen Verantwortlichen suchen, notfalls Unterstützung geben und gegenüber Mitarbeitern und dem Bürger für seinen Standpunkt eintreten, das gehört schon zur Aufgabe eines Unternehmensführers. Dies erfordert Kommunikationsfähigkeit und Mut und setzt voraus, daß der Chef glaubwürdig ist. Unter den Eigenschaften, die ich als notwendig betrachte, um ein Unternehmen zu leiten, ist diese die wichtigste. Die Menschen haben ein feines Gespür dafür, ob Wort und Tat übereinstimmen, und bei der heutigen Intensität der Beobachtung durch die Medien wird ein Auseinanderklaffen sehr bald bemerkt und verbreitet.

Wandlungsprozesse sind immer schmerzlich, und der Mensch scheint einen inhärenten Widerstand gegen Änderungen jeder Art zu haben. Wenn darüber hinaus der Prozeß erst noch sehr rasch abläuft und von Kräften angetrieben zu werden scheint, die sich jeder Steuerung durch politische Autoritäten entziehen, wird die Lage kritisch. Es läßt sich aber absehen, daß der jetzt ablaufende Umbruch insgesamt positive Auswirkungen haben wird, und zwar nicht nur für die Industrieländer des Westens, sondern auch für Millionen von Bewohnern der Schwellenländer in Asien, Lateinamerika und Afrika. Es gibt keine Möglichkeit, vom fahrenden Zug abzuspringen, wenn man sich nicht von der wirtschaftlichen Entwicklung abkoppeln will. Das Nullwachstum, vor ein paar Jahren noch von gewissen Kreisen als ökologisch korrekte Variante gefordert, hat jetzt deutlich gezeigt, welcher Preis dafür zu entrichten ist. Es zu überwinden ist möglich, und viele Entscheidungen, die in den letzten Jahren gefallen sind, weisen die Richtung. Es geht jetzt darum, daß alle Entscheidungsträger in Politik und Wirtschaft sich dafür einsetzen, die nötigen Entschlüsse vorzubereiten und dafür auch Mehrheiten zu finden. Ohne Verzicht und ohne Anstrengungen wird es nicht gehen. Aber ich glaube, daß die grundsätzlichen Errungenschaften unserer Gesellschaften, Rechtsstaatlichkeit, Demokratie, Marktwirtschaft und eine soziale Existenzsicherung für die wirklich Benachteiligten den Einsatz wert sind.

Gerhard Schröder
1944 in Mossenberg geboren, absolvierte nach der Volksschule eine Ausbildung zum Einzelhandelskaufmann. Nach dem Abitur auf dem zweiten Bildungsweg studierte er Rechtswissenschaften in Göttingen und war dann von 1978 bis 1990 Rechtsanwalt in Hannover. Gerhard Schröder ist seit 1963 Mitglied der SPD. Von 1980 bis 1986 war er Mitglied des Deutschen Bundestags und von 1986 bis 1990 Oppositionsführer im Niedersächsischen Landtag. Während der Legislaturperiode von 1990 bis 1994 führte er erfolgreich die erste rot-grüne Landesregierung in Deutschland. Seit 1994 ist er Ministerpräsident einer SPD-Regierung in Niedersachsen. Am 3. März 1998 wurde er zum Kanzlerkandidaten seiner Partei für die Bundestagswahl 1998 ernannt. Gerhard Schröder ist unter anderem Mitglied des VW-Aufsichtsrats.

Gerhard Schröder

Wirtschaftsstandort Deutschland

Attraktivität und Schattenseiten im internationalen Vergleich

Drei Themenkomplexe sollen im folgenden behandelt werden: Dem Versuch einer Analyse folgen Bemerkungen darüber, wohin sich nach meiner Auffassung Gesellschaftspolitik – und Wirtschaftspolitik ist nur ein Teil davon – im nächsten Jahrtausend sinnvollerweise zu entwickeln hätte; abschließend soll skizziert werden, wie die Schritte auf diesem Wege aussehen könnten.

I.

Es ist inzwischen beinahe zur Mode geworden, in einer außerordentlich negativen Weise über den Standort Deutschland zu reden; auch und gerade von Trägern der öffentlichen Meinung. Das ist rezipiert von der internationalen Diskussion, die nach der Entdeckung der *dutch desease* – der holländischen Krankheit – in der Außenhandelstheorie nun die *german desease,* die deutsche Krankheit, diagnostiziert hat. Der Verdacht läßt sich nicht von der Hand weisen, daß diese Debatte relativ wenig mit der deutschen Wirklichkeit, viel aber mit Konkurrenz zu tun hat.

Die Analyse beginnt daher mit dem Hinweis auf unverkennbare Stärken des Wirtschaftsstandorts Deutschland. Ich nenne fünf:

1.

Wir transferieren seit nunmehr sieben Jahren ca. 150 Milliarden D-Mark netto jährlich von West nach Ost. Das ist kein Zeichen von Schwäche unserer Volkswirtschaft, sondern im Gegenteil ein Zeichen von Stärke. Nur wenige Volkswirtschaften der Welt könnten das, und keine muß das. Dies muß man in allem Respekt vor der Aufgabe sagen, weil sie notwendig und ohne Alternative ist. Aber daß das eine ungeheure Anspannung der Volkswirtschaft ist, und wir sie leisten, das kann nun ernsthaft niemand bestreiten.

2.

Während wir das tun – ich beziehe das auf die letzten drei Jahre –, haben wir Außenhandelsbilanzüberschüsse von ca. 100 Milliarden D-Mark im Jahr. Gewiß, die Gefahr besteht, daß der Anteil der deutschen Exportwirtschaft an einem wachsenden Weltexportmarkt zurückgeht. Gleichwohl ist dieser Außenhandelsüberschuß nicht ein Zeichen von Schwäche unserer Volkswirtschaft, sondern von Stärke und Wettbewerbsfähigkeit. Und im Interesse des Zusammenhalts unserer Gesellschaft sollte sich gelegentlich darauf auch ruhig ein wenig Stolz einstellen. Denn diese Leistungen werden schließlich erbracht nicht von einigen wenigen, sondern von Millionen.

3.

Die Stärke der D-Mark ist in der letzten Zeit leicht zurückgegangen; dies stellt eher eine Korrektur des Aufwertungsschubes vom Frühjahr 1995 dar. Dies wirkt entlastend auf die exportorientierten Branchen, und es schafft Spielräume für Preisverhandlungen. Dennoch gilt, daß sich bereits vor der Korrektur des Außenwertes der D-Mark die preisliche Wettbewerbsfähigkeit der deutschen Wirtschaft verbessert hat. Gleichwohl ist die deutsche Währung weiterhin stark und gilt als eine der Reservewährungen.

4.

Ferner ist darauf hinzuweisen, daß der Ausbildungsgrad sowohl der wissenschaftlich-technischen Intelligenz in Deutschland als auch der von Facharbeitern auf einem Niveau ist, das in der Welt seinesgleichen sucht. Das ist ein Vorteil, der gerade im Zeichen härtester internationaler Konkurrenz um Ansiedlungen von Investoren nicht deutlich genug betont werden kann und dessen Beibehaltung sichergestellt werden muß.

5.

Deutschland hat ein abgestimmtes System demokratischer Teilhabe, der Kooperation und des Dialogs entwickelt, das sich doch in weiten Teilen der ökonomischen Bedingungen als angepaßt dargestellt hat und immer wieder den neuen Herausforderungen angepaßt werden kann. Der wirtschaftliche Verlust der durch Arbeitskämpfe verlorenen Arbeitstage in Deutschland ist in der Gruppe der bedeutendsten Wirtschaftsnationen mit Ausnahme Japans am geringsten. Die Dialogkultur könnte in der Wirtschaftspolitik noch stärker genutzt werden.

Wer die Stärken beschreibt, der tut auch gut daran, Probleme des Wirtschaftsstandorts Deutschland nicht zu verschweigen:

Die Innovationsgeschwindigkeit, die Zeit also, in der aus einer Entwicklung oder einer Erfindung ein Produkt oder ein Verfahren wird, ist in Deutschland, verglichen mit dem internationalen, ja selbst mit dem europäischen Wettbewerb, zu gering.

Die erste und die wichtigste Ursache dafür ist meines Erachtens, daß die ökonomischen Eliten in Deutschland nicht genau genug darauf geachtet haben, daß diese Geschwindigkeit stimmig ist. Die derzeit von der Industrie forcierten Kostensenkungsstrategien sind angesichts der Strukturprobleme, vor denen die deutsche Wirtschaft steht, richtig, aber sie sind zu einseitig auf die Verteidigung von bestehenden Marktpositionen ausgerichtet. Sie tragen insoweit wenig zu neuer Dynamik und neuen Arbeitsplätzen in der Wirtschaft bei. Insbesondere im High-Tech-Bereich besteht erheblicher Handlungsbedarf; hier sind die Welthandelsanteile rückläufig.

Die Innovationsgeschwindigkeit zu erhöhen heißt dann natürlich auch, gewisse Rahmenbedingungen, die die Politik gesetzt hat – und das sehe ich durchaus selbstkritisch –, als falsch einzugestehen. In Deutschland haben wir die Bürokratisierung übertrieben. Das ist überhaupt nicht zu bestreiten.

Dies läßt sich illustrieren am Beispiel der Umweltschutzpolitik. In der Vergangenheit hat der Staat richtigerweise damit begonnen, Standards im Weltbereich zu setzen und diese auch zu kontrollieren, notfalls auch mit Hilfe des Ordnungsrechts. Aber wer sich die Geschichte des Umweltschutzes und seiner Verbesserung – die ich nach wie vor für notwendig halte – genauer vor Augen führt, der wird feststellen, daß die Grenzen des administrierten Umweltschutzes erreicht sind.

Weder sind die Kommunen und die Länder in der Lage, die notwendigen Bürokratien vorzuhalten, um auf diesem Gebiet weiterzumachen, noch ist es ökonomisch vernünftig. Deswegen wird staatliches Handeln in diesem Sektor mehr und mehr dazu übergehen müssen, Forderungen zu formulieren, um es dann den Marktkräften zu überlassen, diese Forderungen zu realisieren. So könnte man in diesem Politikfeld zu einer Entbürokratisierung kommen, die keinesfalls weniger an materiellem Umweltschutz bedeutete. Hier hat die Politik nachzuarbeiten.

Ein weiteres Problem unseres Standorts liegt in der unzureichenden Ausnutzung des Anlagekapitals. Die Diskussion wird unter dem Stichwort Flexibilisierung geführt. Aber zu dieser Diskussion gehört auch eine gehörige Portion Respekt vor dem, was bisher schon geleistet worden ist.

Die deutschen Gewerkschaften haben hier bereits mutige Schritte unternommen. Das Maß an Flexibilisierung in ihren Tarifverträgen zu vereinbaren, wie es etwa im Druckbereich, etwa im Bereich der Textilgewerkschaft, der Chemieindustrie, aber zunehmend auch im Bereich der IG Metall in den letzten drei Jahren durchgesetzt worden ist, hätte noch vor fünf Jahren niemand für möglich gehalten. Hinzu kommt, daß die betriebliche Realität längst weiter ist, als es die Verbandserklärungen auf beiden Seiten kundtun. Meines Wissens wird kein Produkt in Deutschland etwa deswegen nicht produziert, weil auf der Ebene der Betriebe allzu starre Regelungen das verhindern. Das wissen nur zu wenige. Und deshalb plädiere ich dafür – gerade auch in der Debatte um den Standort Deutschland –, sich mehr mit der betrieblichen Wirklichkeit und weniger mit den Verbandserklärungen auseinanderzusetzen.

Dennoch muß in dieser Frage noch Weiteres geschehen. Da sind wir in Deutschland auf gutem Wege. Es geht darum, eine bessere Ausnutzung des großen Anlagekapitals unter anderem durch Optimierungen der Arbeitsorganisation zu ermöglichen; also muß verhandelt werden über Maschinenlaufzeiten, über Veränderung von Arbeitszeiten. Es erscheint ein vernünftiger Weg, dies im Rahmen von Flächentarifverträgen zu organisieren, die die Möglichkeit eröffnen, auf betriebliche und regionale Notwendigkeiten sensibler einzugehen. Da ist in jüngster Zeit bereits viel erreicht worden.

Ein weiterer Tatbestand gibt Anlaß zur Sorge: In Deutschland gibt es keine entwickelte Dienstleistungskultur. Das hat übrigens weniger mit Ladenschlußzeiten zu tun. Wenn es in Deutschland nicht gelingt, eine Dienstleistungskultur zu etablieren, die etwa der der amerikanischen entspricht, ohne alles übernehmen zu wollen, was dort passiert, dann werden die Arbeitsplätze, die gebraucht werden, auch nicht in zureichendem Maße geschaffen.

Jeder muß wissen, daß die ständige Steigerung der Produktivität nicht nur eine Realität ist, sondern daß sie auch in der Zukunft unerläßlich ist. Es wäre eine Illusion anzunehmen, daß Deutschland auf Produktivitätsfortschritte verzichten könnte. Niemand kann ein hohes Lohnniveau versprechen, wenn er die Entwicklung von Produktivität diffamiert. In Hochlohnländern ist das eine absolute Notwendigkeit, um konkurrenzfähig zu bleiben. Weiterentwicklung von Produktivität heißt aber zumindest einerseits, daß mit weniger Einsatz ein Mehr an Gütern und zunehmend übrigens auch an Dienstleistungen zur Verfügung gestellt werden kann. Und das kann strukturelle Arbeitslosigkeit in diesen Bereichen bedeuten. Andererseits entstehen durch Produktivitätssteigerungen aber auch Spielräume für einen stärkeren preislichen Wettbewerb – insbesondere international –, der zu wachsenden Märkten führt und damit neue Beschäftigungsmöglichkeiten bietet; dies wird häufig vergessen.

Die strukturellen Veränderungen lassen sich nur durch zwei Strategien auffangen. Einerseits durch die Entwicklung einer wirklichen Dienstleistungskultur, die auch vor den privaten Dienstleistungen nicht haltmacht, und zum anderen durch eine bewußte Entwicklung höherwertiger Produktion. Es gibt dort Probleme, wo der Lohnkostenanteil 25 Prozent übersteigt. Aber überall dort, wo es gelingt, höherwertschöpfende Produktion zu entwickeln, sind wir durchaus in der Lage, sie in Deutschland zu erhalten. Deswegen gibt es nur diese beiden Möglichkeiten: industrienahe wie private Dienstleistungen zu entwickeln und bewußt auf höherwertschöpfende Produktionen in Deutschland zu setzen. Das ist die Chance, die der Standort Deutschland hat, wenn redlich mit dem Arbeitsplatzargument umgegangen werden soll.

Ein letztes Problem: Es gibt in Deutschland eine zu große Diskrepanz zwischen der geänderten Arbeitsweise und den Organisationsformen in der gewerblichen Wirtschaft einerseits und der Arbeits- und Organisationsweise der staatlichen Verwaltungen andererseits. Im letzten Jahrhundert waren die Unternehmen nach patriarchalischen Gesichtspunkten organisiert; also von unten nach oben mit großen und vielfältigen Hierarchieebenen – und im Staat war es ganz ähnlich. Das paßte in der Vergangenheit zusammen, weil ähnliche Organisationsformen harmonierten. Doch dieses Bild hat sich grundlegend geändert. Erfolgreiche Unternehmen haben heute flache Hierarchien und sind teamgebunden organisiert. Im Staat hingegen ist fast alles beim alten geblieben. Das produziert enorme Reibungsverluste.

Die öffentlichen Verwaltungen müssen sich neuen Entwicklungen öffnen, wie dies erfolgreiche private Firmen tun. Wer die erforderlichen Anpassungen nicht vornimmt, wird vom Markt bestraft. Im staatlichen Bereich fehlt diese unmittelbare Sanktion. Bei zunehmend offenen Märkten und der internationalen

Standortkonkurrenz um Unternehmen, die nach ökonomischen Prinzipien gesteuert werden, kann sich aber kein Land ohne Wohlstandseinbußen Verwaltungsstrukturen leisten, die ohne die Steuerungskompetenz der Ökonomie auskommen. Die Schaffung oder Aufrechterhaltung leistungsfähiger Verwaltungseinheiten erfordert eine systematische Umsetzung einer Managementorientierung. Politik kann nicht mehr nach einem »Koste-es-was-es-wolle-Prinzip« gemacht werden. Die ökonomischen Knappheitsprobleme müssen auch in der öffentlichen Verwaltung transparent sein.

Hinzu kommt eine »Produktivitätslücke«: Es gibt ein signifikantes Auseinanderfallen, was die Produktivität angeht, zwischen der gewerblichen Wirtschaft einerseits und dem Staat andererseits. Der Aufbau in dem einen Sektor muß dem im anderen Sektor angenähert werden, um die Produktivitätsunterschiede zu beseitigen. Das heißt, jeder muß sich darauf einstellen, daß in Zukunft, was die staatlichen Leistungen angeht, mit weniger Menschen mehr an Dienstleistungen bereitzustellen ist.

Es muß also ernst gemacht werden mit dem Versuch, den Teamgedanken und das Entfernen von Hierarchien, die Verlagerung von Entscheidungen nach unten, die es in der Wirtschaft gibt, auch im Staat fruchtbar zu machen. Das geht; und es wird damit ja auch begonnen. Unabhängig übrigens von der Farbe der Regierungen sind Controlling und Budgetierung längst keine Fremdwörter mehr in den staatlichen Bürokratien, sondern sie werden gemacht – in Niedersachsen übrigens mit gutem Erfolg.

Wichtiger noch als die organisatorische Veränderung ist es, das Denken in diesem Bereich völlig zu verändern. Der öffentliche Dienst hat sich angewöhnt, die Leute, die wirtschaftlich tätig sind, ebenso wie die ganz normalen Bürgerinnen und Bürger, als Gewaltunterworfene zu begreifen. Das ist ja der klassische Begriff, den der angehende Jurist lernt. Und dies muß sich ändern. Die Beschäftigten in den Verwaltungen müssen begreifen: Das sind unsere Kunden und nicht Gewaltunterworfene. Wir sind Dienstleister und nicht Herren. Das durchzusetzen erfordert Kraft. Wenn diese Kraft nicht aufgebracht wird, werden wir scheitern, weil dann die Reibungsverluste zwischen Staat und Wirtschaft nicht geringer, sondern noch größer werden, jedenfalls größer, als wir uns im buchstäblichsten Sinne des Wortes leisten können.

II.

Wohin soll sich unsere Gesellschaft in den nächsten Jahren über die Jahrtausendwende hinweg entwickeln? Wir kennen zwei Möglichkeiten, entwickelte Industriegesellschaften politisch zu organisieren und zu führen. Die eine ist – idealtypisch – das südostasiatische Modell. Niemand kann bestreiten, daß das hocheffiziente Industriegesellschaften geworden sind, die sich in vielen Bereichen als ernsthafte Konkurrenten der Europäer – auch der Deutschen – entwickelt haben. Das sind Industriegesellschaften, die nach einem bestimmten Organisationsprinzip funktionieren; dem nämlich, daß man die breiten Massen der arbeitenden Bevölkerung mit Hilfe des Staates zwingt, auf einen gerechten Anteil am erarbeiteten Wohlstand zu verzichten, daß sich also das Kapital bei wenigen ansammelt. Mit anderen Worten, es sind Verzichtgesellschaften, die den Verzicht der breiten Massen der arbeitenden Bevölkerung auch dadurch in Kauf nehmen, daß Menschenrechte ihnen nicht so sonderlich wichtig sind und eine einigermaßen gerechte Verteilung des erarbeiteten Wohlstandes schon gar nicht.

In Deutschland vielleicht idealtypisch, aber im Grunde überall in Westeuropa, ist eine andere Form, entwickelte Industriegesellschaften zu führen, entstanden. Dort hat man nach dem Zweiten Weltkrieg sehr bewußt auf ein anderes Prinzip gesetzt; dem nämlich, den breiten Massen der arbeitenden Bevölkerung ihren gerechten Anteil am Erarbeiteten zu geben, sie teilhaben zu lassen, nicht nur am Haben in der Gesellschaft, sondern auch am Sagen. Das geschieht dann über Mitbestimmung und andere institutionelle Sicherungen. Zu fragen ist nun, welche Form der Organisation und politischen Führung der Gesellschaft wird im nächsten Jahrtausend erfolgreich sein?

Ich bin sicher, es ist die Teilhabegesellschaft. Ich will das hier bewußt allein unter Rückgriff auf mikroökonomische Zusammenhänge begründen. Die Frage heißt, was macht es eigentlich aus, ob ein Unternehmen erfolgreich oder weniger erfolgreich ist?

Meine Antwort lautet: Die Fähigkeit, Menschen für den Betriebserfolg zu interessieren und sie zum Engagement dafür zu bringen, entscheidet letztlich über Wohl und Wehe der Unternehmen. Und niemand sollte ernsthaft glauben, daß immer besser ausgebildeten Menschen – das ist ja die wichtigste Ressource –, die immer mehr in das betriebliche Geschehen eingebunden werden, auf der gesellschaftlichen Ebene Teilhabe versagt bleiben kann. Das kann nicht funktionieren. Mit anderen Worten: Langfristig gelingt bessere Wirtschaftspolitik nur in einer funktionierenden Demokratie!

Finanzierung von Einheit, Globalisierung sind keine bösartigen Erfindungen, sondern Realität. Es gibt dramatische Veränderungen in der ökonomischen Basis und es ist völlig aberwitzig anzunehmen, eine Gesellschaft könnte funktionieren, wenn dramatische Veränderungen in einem Teil der Gesellschaft vonstatten gehen, sie aber im gesellschaftlichen Überbau nicht mitgemacht werden. Das meint nicht bloßes Nachvollziehen der Veränderungen in der Ökonomie, meint aber sehr wohl, daß die Bereitschaft, auch im gesellschaftlichen Überbau Veränderungen zu akzeptieren und zu realisieren, sehr viel deutlicher werden muß als in der Vergangenheit.

Mein Vorschlag ist deshalb, die politische Auseinandersetzung in der nächsten Zeit nicht über die Frage zu führen, ob Veränderungen notwendig sind oder nicht – sie sind notwendig –, sondern darüber, nach welchen Prinzipien sie vonstatten gehen sollen. Das ist für mich die zentrale Auseinandersetzung.

Zur Teilhabe gehört für mich, daß man den Versuch macht, solange es geht, die gesellschaftlichen Gruppen für einen Konsens an der Veränderung zu interessieren und diese Konsensnotwendigkeit wachzuhalten. Teilhabegesellschaft heißt also nicht unter allen Umständen bewahren, was ist, sondern die Fähigkeit, im Konsens zu verändern, und das heißt auch, manchmal gegen Interessengruppen, auch gegen die eigenen Interessen verstoßen zu müssen. Die Niederlande geben für dieses Vorgehen ein durchaus nachahmenswertes Beispiel ab.

III.

Was folgt daraus? Die entscheidende Aufgabe für mich liegt darin, Politik wieder an den Millionen auszurichten, die die Werte in dieser Gesellschaft schaffen. Deren Interesse muß im Mittelpunkt stehen; daraus erwirbt man die Kraft und die Macht, für gesellschaftliche Minderheiten etwas zu tun. Gerade wenn man deutliche Veränderungen will und braucht, muß man denen, die von Löhnen und Gehältern leben, ein Stück Sicherheit geben; die Sicherheit, daß sie in existentiellen Krisen nicht in Schwierigkeiten geraten werden.

Wichtig ist mir, daß bei allen notwendigen Veränderungen zwei Grundbedingungen absolut aufrechterhalten werden. Einmal eine Politik, die sich wirklich messen läßt am Gedanken von Teilhabe am Haben und Sagen in der Gesellschaft, und zweitens, daß Verzicht auf Dialogorientierung in einer Gesellschaft wie der unseren dieser nicht nur politische Brüche beschert, sondern auch ökonomische Schwierigkeiten macht.

Deswegen soll auch dieser Beitrag dafür werben, den Teilhabegedanken in den Mittelpunkt der politischen Debatten zu stellen, den gesellschaftlichen Konsens zu suchen, wo immer er möglich ist, und uns in Deutschland auf diese Weise zu rüsten für die Veränderungen, die wir brauchen, um im globalen Wettbewerb bestehen zu können.

DR. MICHAEL KALKA
1936 in Hindenburg geboren,
studierte Rechtswissenschaften
in Heidelberg und Freiburg
und promovierte zum Dr. jur.
Zunächst war er in verschiedenen
Bereichen der Aachener und
Münchener Lebensversicherung AG tätig.
1974 wurde er Mitglied des Vorstandes
und 1992 zum Vorsitzenden des
Vorstands berufen. Seit 1994 gehört er
außerdem dem Konzernvorstand
der Aachener und Münchener
Beteiligungsgesellschaft (AMB) an.

Michael Kalka

Kunde und Konzept entscheiden über den Erfolg

Die Allfinanz-Idee ist die moderne Antwort auf individuelle Bedürfnisse der Menschen

Es ist offenkundig und wird durch Unternehmensfusionen und neue Aktionärsstrukturen unterstrichen: Die Finanzwelt insgesamt – Banken und Versicherungen – steht vor einem gewaltigen Umbruch. Dabei geht es auch, aber nicht nur, um unternehmerische Macht, um Einfluß in Wirtschaft und Politik. Entscheidender sind die Herausforderungen des größeren und attraktiveren Marktes vor allem auf dem Gebiet der privaten Vorsorge, die einen Paradigmenwechsel erzwingen. Der in Finanznot geratene Staat zieht sich zunehmend in Fragen der sozialen Sicherung zurück, beschränkt sich aus seiner zwanghaften Situation heraus immer mehr auf eine noch nicht genau definierte »Grundsicherung« und überläßt es nun den Bürgern, durch Eigenverantwortung ihre materielle Zukunft, vor allem die Sicherheit im Alter, zu gewährleisten.

Gleichzeitig gibt es schon jetzt ein Billionen-Geldvermögen in Deutschland, viele Billionen D-Mark sind in Immobilien angelegt, die in den nächsten Jahren vererbt und dabei zum Teil auch veräußert werden, und nicht zuletzt werden die Ablaufleistungen aus fällig werdenden Lebensversicherungen zunehmen. Das ist die Ausgangssituation, die dazu führt, daß das bisher friedliche und wohldosierte Nebeneinander von Banken und Versicherungsbranche der Vergangenheit angehört.

Deshalb werden jetzt in den einzelnen Branchen die Weichen gestellt, und dabei können einzelne aus der Vergangenheit wenig lernen. Es ist schon richtig, was Hermann Kahn formuliert hat: »Heute kommt es darauf an, aus der Zukunft zu lernen.« Es genügt also nicht, die komfortablen unternehmerischen Trampelpfade der Vergangenheit auszubauen. Über den Erfolg im nächsten Jahrtausend werden Vertriebsstrategien, Produktinnovationen im schnellen Tempo – und ganz entscheidend – die richtige Antwort auf die flexiblen Ansprüche und das Verhalten der Kunden den Ausschlag geben. Der ganz konkreten »produktiven« Auseinandersetzung mit den persönlichen Wünschen und mittelfristigen Zielen der Menschen, soweit es die Fragen »rund ums Geld« betrifft, kommt also eine zentrale Bedeutung zu.

Über den Weg zu diesem Ziel gibt es verschiedene Denkschulen. Die einen unterstellen eine normierte Gesellschaft, in der die Mehrheit – grob gesehen – gleichförmig denkt und sich aus einem Standard-Angebot, zu dem naturgemäß Information, Kommunikation und Dienstleistung gehören, Produkte heraussucht. Geringschätzig sprechen deshalb manche von der »Buffetkultur«.

Andere wiederum kommen in ihren unternehmerischen Zielsetzungen zu dem Ergebnis, die Zukunft könnte in einer virtuellen Kundenwelt liegen, in der vor allem der Einsatz elektronischer Kanäle dominiert. Man setzt dabei auf die unstillbare Lust von aktiven und sehr selbständigen Kunden, die sich als Schnäppchenjäger erfolgreich sehen oder – positiv ausgedrückt – ihre sehr individuellen Bedürfnisse in diesem Bereich regeln wollen. Eine solche Verkaufsphilosophie mit »Freibeutern« in einer virtuellen Welt setzt selbstverständlich eine globale elektronische Präsenz der anzubietenden Unternehmen voraus.

Ich bekenne offen, daß ich beiden – in Analyse und Methodik weit auseinanderklaffenden – Konzepten keinen durchschlagenden Erfolg zuspreche. Die standardisierte Gesellschaft gibt es nicht, beziehungsweise wird es in einer immer intensiver werdenden Informationsgesellschaft immer weniger geben. Der Trend zum Individualismus ist eindeutig, im persönlichen Verhalten, in der Einlassung zum sozialen Umfeld, in der Reflexion gegenüber der Politik, und er ist auch immer deutlicher in der Organisation der Arbeitswelt (Heimarbeitsplätze) zu erkennen.

Andererseits wird das Zukunftsszenario »virtuelle Welt« immer nur eine Minderheit begeistern können, weil die Deutschen, wenn es um ihre Sicherheit, also um ihr Geld geht, sei es in D-Mark oder in Euro, überaus vorsichtig sind. Sie mißtrauen zu Recht aggressiv präsentierten Angeboten aus einem mehr oder weniger doch anonymen elektronischen Hintergrund heraus. Das Internet ist zweifellos ernst zu nehmen, die Frage, ob ein Unternehmen dort schon präsent ist oder nicht, entscheidet inzwischen mit über das moderne Image eines Unternehmens. Die Internet-Präsenz ist eine Ergänzung der Imagebroschüren eines Unternehmens, viele Nutzer suchen gewiß auch sehr zielorientiert nach Informationen und Angeboten. Aber für Entscheidungen über Zukunftsfragen, die Absicherung gegen Berufsunfähigkeit und Arbeitslosigkeit, gegen Not im Alter usw., ist der Nutzwert dieses Mediums zu dünn.

Eine noch zentralere, mehr zukunftweisende Bedeutung wird vielmehr die Allfinanz-Konzeption erlangen, die den sehr differenzierten Wünschen der einzelnen Bürger gerecht werden kann. In der Kombination eines breitgefächerten Produktangebots und einer kompetenten persönlichen Beratung ist sie unschlagbar. Für diese Revolution in der Finanzwelt steht Dr. Reinfried Pohl, der die Allfinanz-Idee vor gut zwanzig Jahren entwickelt und mit der Gründung der Deutschen Vermögensberatung zum überzeugenden Erfolg geführt hat. Das heute so viel und auch zu Recht geforderte und gerühmte »vernetzte Denken« hat er schon damals geleistet und mit einer einzigartigen Überzeugungsarbeit gegen massive Widerstände der »Etablierten« durchgesetzt. Heute wird Reinfried Pohl – der Vater der Allfinanz-Idee – ob seiner revolutionären Tat und der enormen Vertriebskraft der Deutschen Vermögensberatung gewürdigt, beneidet und umworben. Die Bankenwelt gibt sich Mühe, seine Konzeption zu kopieren.

Das Allfinanz-Konzept ist in mehrfacher Hinsicht überzeugend. Heute genügt es nicht mehr, dem Kunden ein Bankprodukt *oder* ein Angebot aus der Versicherungsbranche zu unterbreiten. Diese Unterscheidungsmerkmale haben sich aufgehoben, zumindest in den Ansprüchen der Kunden. Sie wollen »global« beraten werden. Andererseits ist ein scharfer Wettbewerb etwa im Bereich der Altersvorsorge zwischen der Lebensversicherungsbranche und den Banken entstanden, die Aktien dafür propagieren. Die Lebensversicherungsbranche hat darauf mit der »Fondsgebundenen Lebensversicherung« reagiert, die »Sicherheit« und »Vorsorge« mit der »Rendite« eines attraktiven Aktienfonds zusammenführt.

Das Allfinanz-Konzept ist auch deshalb so modern und erfolgreich, weil es sehr schnell und intensiv zielgenau auf die unterschiedlichsten Wünsche des Kunden reagieren kann. Es bietet nämlich eine sehr breitgefaßte Produktpalette aus einer Hand an, also nicht nur Lebensversicherungen unterschiedlicher Ausprägung und Bankprodukte, sondern auch Krankenversicherungen, Bausparverträge und Rechtsschutzversicherungen. Das heißt, kein Kunde muß mangels Masse enttäuscht werden.

Das ist ein ganz entscheidender, auch psychologischer Vorteil. Zugleich hat Reinfried Pohl im Sinne des vernetzten Denkens den Beruf des Vermögensberaters ins Leben gerufen, also ein neues Berufsfeld geschaffen. Die Logik erzwang diesen Schritt. Denn die Globalisierung des Angebotes kann nicht durch eine Person bewältigt werden, die nur einer Branche angehört. Schon die neue Berufsbezeichnung »Vermögensberater« signalisierte den umfassenderen Anspruch. Dies setzt natürlich auch eine breitere, intensive Ausbildung voraus, in Einzelfällen auch zusätzlich die Beratung durch Spezialisten, wenn es um sehr komplexe Sachverhalte geht. Jedenfalls wurden durch die Praxis und den wachsenden Erfolg der Allfinanz-Idee sehr rasch jene Gegner oder Skeptiker widerlegt, die meinten, es gehe vorwiegend um Optik, nur um den Versuch, den amerikanischen Begriff »Financial Services« in Deutschland für Überschriften reif zu machen.

Diese Allfinanz-Konzeption ist allerdings kombiniert mit dem Anspruch und dem Angebot, die Kunden persönlich zu beraten, und zwar aus der plausiblen Erkenntnis heraus, daß grundlegende Fragen der Vorsorge und der Geldanlage im Detail vertrauensvoll besprochen und ausgelotet werden müssen. Beim Geld hört bekanntlich nicht nur die Freundschaft, sondern vor allem der Leichtsinn auf, obwohl man sich immer wieder neu wundern muß, wie intelligente Menschen auf unseriöse, höchstspekulative Konstruktionen hereinfallen und dabei viel Geld verlieren. Erstaunlicherweise sind es nicht selten Menschen, die selber sehr hart für ihr Einkommen arbeiten müssen, aber dann, wenn es um Sicherheit und realistische Renditen geht, außer Kontrolle geraten.

Das persönliche Beratungsgespräch in Kombination mit dem Allfinanz-Angebot ist ein Erfolgsmodell. Das hat Reinfried Pohl unter Beweis gestellt, der auf Fragen nach den Ursachen für diesen Erfolg manchmal antwortet, jeder Bankautomat sei ein Argument für sein Konzept. Er meint damit den Verlust des unmittelbaren menschlichen Kontakts, der durch Technisierung und neue Medien erzwungen ist. Die Einrichtung von Kunden-Centern und anderen technischen Hilfsinstrumenten kann diesen Verlust nicht ausgleichen. Hinzu kommt, daß die Banken unter dem enormen Wettbewerbs- und Kostendruck gezwungen sind, Abschied von ihrem opulenten Zweigstellennetz zu nehmen. Dies bedeutet in erster Linie einen Rückzug aus der Fläche und rentable Konzentration des Dienstleistungsangebots in den bevölkerungsreichen und wirtschaftsstarken Regionen oder Metropolen. Experten schätzen, daß dadurch bis zu 100 000 Arbeitsplätze verlorengehen werden. Die übrigen werden sich in einer völlig veränderten Welt zurechtfinden müssen.

So ist nicht nur in der Bankenlandschaft der Versuch zu erkennen, aus Bankbeamten Vertriebsleute und aus Zweigstellen Verkaufsbüros zu machen. Ernsthafte Studien haben ergeben, daß heute 40 Prozent der Mitarbeiter in Zweigstellen der Banken ihre Arbeitszeit mit »kundenfernen« Tätigkeiten verbringen, 30 Prozent sind mit »filialgebundener« Arbeit beschäftigt und nur 30 Prozent von ihnen mit dem Vertrieb. 70 Prozent der Kundenbetreuer wissen laut diesen Studien nicht, an welchen Produkten und Dienstleistungen die Kunden besonders interessiert sind. Service ist also oft Glücksache, und dies ist ein gefährlicher Zustand in einer Zeit, in der die Treue der Kunden im Geschäftsleben generell im Schwinden ist. Hinzu kommt häufig der Trugschluß, die Kunden könnten den normalen Service bereits als solchen empfinden und würdigen. Das Gegenteil ist zunehmend der Fall: Nur die außergewöhnliche, auf Anhieb deutlich erkennbare Dienstleistung wird noch als solche überhaupt wahrgenommen.

Nun könnte man gegen meine Favorisierung der Allfinanz-Idee, gekoppelt mit dem persönlichen Beratungsaspekt, einwenden, die Zukunft liege dennoch bei dem mediengestützten Vertrieb, und dies sei nicht zuletzt eine Generationsfrage. Ich sehe dafür keine Anhaltspunkte. Es mag sein, daß die neuen Medien wie Internet usw. ihre Faszination ausleben und in Jahrzehnten wirkungsvoll genutzt werden, genauso wie ich mir vorstellen kann, daß in den vor uns liegenden Jahrzehnten die Zahl der Heimarbeitsplätze rapide zunehmen wird. Aber ich rechne nicht damit, daß von diesen veränderten Verhaltens- und Arbeitsweisen auch die Fragen der Geldanlage und der Altersvorsorge betroffen sein werden. Die Gründe dafür liegen auf der Hand und sind letztlich auch nicht generationsbedingt. Produkte und Tarife in einer überbordenden Marktsituation und Vielfalt sind vom Nicht-Experten, also in der Regel vom Kunden, nicht mehr zu bewerten. Im Gegenteil: Er wird, je mehr Anbieter mit immer neuen Angeboten auf den Markt drängen, der Situation hilflos gegenüberstehen.

In dieser Situation wird er nach der direkten persönlichen und vertraulichen Beratung verlangen, denn schließlich geht es dabei auch um einen Teil seiner ganz persönlichen Belange. Der Vergleich mit dem Hausarzt ist in diesem Zusammenhang nicht abwegig. Gesundheit und Geld rangieren sehr weit vorne im Bewußtsein der Deutschen, und beides sind in der Regel Tabu-Bereiche. Das persönliche Vertrauen zwischen Patient und Arzt, Klient und Vermögensberater ist hier entscheidend. Der Vermögensberater wird schon im eigenen Interesse alles tun, um durch eine kompetente Hilfestellung und Begleitung des Kunden auch nach Vertragsabschluß sich dessen langfristiges Wohlwollen zu sichern. Das »schnelle Geschäft« machen zu wollen, wäre aus dieser Erkenntnis heraus absurd, weil damit die langfristige Kundenbindung leidet und in dieser Enttäuschung auch meist weitreichende geschäftliche Beziehungen in die Brüche gehen können. Denn die Vermögensberater sind elementar auf persönliche Empfehlungen angewiesen; zumindest diejenigen, die langfristig Erfolg haben wollen.

Die Notwendigkeit der persönlichen Beratung und Information zeigt sich auch jetzt ganz deutlich im Zusammenhang mit der erwarteten politischen Entscheidung zugunsten des Euro. Die Bevölkerung ist verunsichert, sie fühlt sich nicht ausreichend unterrichtet, und in dieser Situation haben es Skeptiker und Kassandra besonders leicht. Was hier die Politik – aus welchen Gründen auch immer – nicht zu leisten vermag, können Vermögensberater an Aufklärung beitragen. Und sie tun es ja auch. Natürlich ist es verständlich, daß den älteren Menschen die Währungsreform noch in Erinnerung ist, und sie fragen sich, warum jetzt die überall in der Welt begehrte D-Mark einem Euro weichen soll, einer Währung, die von so vielen und in der Leistungsfähigkeit und Mentalität seiner Bewohner so unterschiedlichen Länder »getragen« werden soll.

Es ist ja auch nicht abwegig, hier gravierende Risiken einzukalkulieren. Denn Währungsentscheidungen, das zeigt die Vergangenheit, sind nicht immer nur von ökonomischer Vernunft, sondern auch von politischer Opportunität bestimmt. Die heftige Kontroverse bei uns über Auf- und Abwertungen der D-Mark in den zurückliegenden Jahrzehnten hat dies auch den Deutschen bewußtgemacht, obwohl wir das Glück haben, mit der Bundesbank eine autonome und gegenüber politischen Begehrlichkeiten resistente Währungshüterin zu haben. In anderen Ländern, zum Beispiel im benachbarten Frankreich oder in Südeuropa, ist die Ausgangslage zugunsten der politischen Einflußnahme noch viel direkter und größer.

Dennoch muß den Deutschen gesagt werden, beim Euro geht es nicht um eine Währungsreform, sondern nur um eine Währungsumstellung, freilich gleichbedeutend mit dem Verzicht auf die geliebte und geschätzte D-Mark. Die D-Mark wird noch für sehr lange Zeit im nächsten Jahrtausend nicht nur für Wirtschaftshistoriker ein Symbol für wirtschaftlichen Erfolg, Exportfähigkeit, soziale Sicherheit und ganz persönliche Freiheit sein. Sie ist nicht nur das Ergebnis der Produktivität in unserem nunmehr vereinigten Land, sondern sie war in Zeiten der Teilung immer auch ein politisches Signal. Es kam ja nicht von ungefähr, daß die Deutschen in der damaligen DDR 1989 in der Einbeziehung in die Währungshoheit der D-Mark ihr Glück sahen, weil die D-Mark eben für das andere System stand.

Jetzt muß man die Schwelle überschreiten, auch wenn es vielen objektiv schwerfällt. Die europäische Vision – oder nüchterner: die Integration – bedarf der nächsten entscheidenden Etappe, nachdem dieses Europa nach dem Zusammenbruch des unseligen und menschenmordenden Ost-West-Konflikts seine Verteidigungsstrategie neu definiert und dabei klugerweise den Brückenschlag zu den benachbarten Ländern im Osten und dem großen, strategisch bedeutsamen Rußland gesucht hat. Die Wirtschafts- und Währungsunion, in Maastricht beschlossen und zu Recht als historische Entscheidung eingeordnet, ist nun der nächste entscheidende Schritt, um diesem alten Kontinent Ordnung, Einklang und Vitalität nach innen und vor allem in der Konkurrenz zu den anderen großen Wirtschafts- und Währungszonen zu geben. Deshalb brauchen wir den Euro. Er sichert auf Dauer die Konkurrenzfähigkeit gegenüber Nordamerika und Asien, er eröffnet Perspektiven für mehr Beschäftigung, und er hat alle Chancen, im internationalen Währungskonzert mit dem US-Dollar gleichzuziehen. Denn dieses Europa wird, allen Problemen zum Trotz, noch lange über das größte Sozialprodukt auf diesem Planeten verfügen, es wird die größte Handelsmacht sein.

Wenn die Wirtschafts- und Währungsunion endlich einmal konkrete Gestalt annimmt und sich auch im Alltag bewährt, dann wird sich vehement die nächste Frage stellen: Wie wird dieses Europa auf der politischen Weltbühne auftreten und seine außenpolitischen Interessen definieren? Bei aller Politikverdrossenheit gibt es keinen Grund, anzunehmen, daß dieser Prozeß scheitern könnte. Denn Anlässe für eine Neuorientierung im Sinne eines Rückzugs in einen wiederauflebenden Nationalismus hätte es in der Vergangenheit genügend gegeben. Frankreich und die Bundesrepublik Deutschland, die nach der Vereinigung wieder zur stärksten Macht auf dem Kontinent geworden ist, sind dieser Versuchung nicht erlegen. Beide hätten sich von den Zwängen der Gemeinschaft lösen, befreien können. Das haben sie glücklicherweise nicht getan. Deshalb sind die Weichen für den weiteren Integrationsprozeß gestellt, mit aller Ernsthaftigkeit und politischer Weitsicht.

Der Traum von den Vereinigten Staaten von Europa, einer Föderation eng verbundener Völker, einer Wertegemeinschaft könnte somit bald im nächsten Jahrtausend doch Wirklichkeit werden. In unserem komplexen Staatswesen greift ein Rad in das andere, und eine Einzelentscheidung hat oft gravierende Auswirkungen für einen sehr langen Zeitraum. Ein Scheitern des Euro – an das ich nicht glaube – würde dieses Europa der Vision zurückwerfen, vielleicht so erschüttern, daß Friktionen entstehen. Die Überzeugungsarbeit für den Euro ist sehr wichtig, und sie wird auch von verantwortungsbewußten Vermögensberatern geleistet.

Die Allfinanz-Idee halte ich für *das* erfolgreiche Konzept der Zukunft. Die umfassende, branchenüberschreitende Produktpalette und die sehr persönliche Beratung und Betreuung sind herausragende Merkmale dieses Weges. Der Kunde profitiert davon, denn der Vermögensberater, der eine solche Vielfalt an

Möglichkeiten in der Hand hält, ist im Sinne des Kunden unabhängig; er ist keinem bestimmten Produkt verpflichtet und kann im Sinne des Kunden entscheiden, welches Angebot dessen ganz persönlichen Zielen am ehesten entspricht. Der alte Vorbehalt, es werde in erster Linie unter Provisionsgesichtspunkten beraten und verkauft, ist oft widerlegt, dies zeigt sich beispielsweise an der Verkaufsentwicklung von Lebensversicherungen und Investmentangeboten, die durchaus ambivalent ist.

Die Vermögensberater leisten mit ihrer Arbeit auch eine eminent wichtige gesellschaftspolitische Aufgabe, denn sie überzeugen Millionen von Bürgern von der Notwendigkeit, teilweise auf Konsum zu verzichten und einen bestimmten Betrag für die private Vorsorge und Hinterbliebenenversorgung zu investieren. Dieser »sanfte Sparzwang« hat große volkswirtschaftliche Bedeutung, weil er zum einen das Bewußtsein für die Eigenverantwortlichkeit schärft und zum anderen den Staat von Aufgaben entlastet. Im Grunde genommen wird dadurch die Vermögensbildung breiter Schichten bewirkt, freilich auf anderem, direkterem Wege, als es die Politik propagiert hat, aber letztlich nicht erreichen konnte.

Der Erfolg der Vermögensberater – besonders der Deutschen Vermögensberatung (DVAG) – bestätigt immer wieder die Richtigkeit der Allfinanz-Konzeption. Wir alle wissen, daß Vertriebskraft heute mehr denn je über Marktanteile entscheidet. Dieses Bewußtsein, das vielen internen Stabsstellen nur mit Mühe und Beharrlichkeit vermittelt werden kann – aber auch muß –, gibt natürlich einem so strukturierten und erfolgreich operierenden Vertrieb weitreichende Einflußmöglichkeiten. Zum Beispiel auf die spezielle Gestaltung von Kundenprodukten. Ein solcher Vertrieb wird immer ein ganz besonders kreatives, unbequem aber mit Recht forderndes Element sein, das auf hohes Innovationstempo drückt. Dies ist nachvollziehbar, denn er hat die absolute Nähe zum Kunden, der sich im vertraulichen Gespräch – ähnlich wie beim Arzt – gleichsam »ausziehen« muß. Da kommt so ziemlich alles auf den Tisch: Verbindlichkeiten, Wünsche und konkrete Ziele sowie die finanzielle Leistungsfähigkeit. Die Vermögensberater kennen die Gegebenheiten »draußen« und sind ganz sicher in diesem Spektrum ein zuverlässiges »Meinungsforschungsinstitut«.

Im Gegensatz dazu wird – ebenfalls berechtigt – von Risiken gesprochen. Johann F. Volrad Deneke hat die Ausgangslage schon 1988 definiert: »Vermögensberatung ist die Anwendung sorgfältig recherchierten und analysierten, an individueller Nachfrage orientierten, volkswirtschaftlichen, sozial und steuerrechtlichen Grundwissens sowie anlage- und vorsorgespezifischen Angebotswissens.« Die Frage stellt sich: Wie kann ein Vermögensberater dieses gewaltige Anspruchsvolumen tatsächlich erfüllen? Die Antwort darauf lautet: Nur durch eine gründliche, intensive und breit angelegte Aus- und Weiterbildung! Diese Investition ist unerläßlich. Wie sonst könnte ein Vermögensberater in der Lage sein, persönliche und familiäre Einkommens- und Vermögensverhältnisse zu erfassen, Versorgungsziele der Kunden abzugleichen, zu präzisieren und dann einen konkreten Vorschlag zu unterbreiten, der sowohl den Versorgungszielen wie den damit verbundenen Renditeerwartungen gerecht wird? Um dieses berechtigte Anspruchsdenken des Kunden erfüllen zu können, muß der Vermögensberater eine ganzheitliche Analyse erstellen und einzelne Produkte in Widerstreit stellen. Sein Wort gegenüber dem Kunden hat dann besonderes Gewicht, und in der Realisierung der Empfehlung wird der Kunde den Berater letztlich bewerten.

Natürlich gibt es im Beratungssegment auch schwarze Schafe, die die Prinzipien der Seriosität und Kundenverpflichtung mißachten und nur auf das einmalige schnelle Geschäft abzielen. Jeder Fall ist zuviel! Aber wo gibt es diese schwarzen Schafe nicht? Die seriösen Unternehmen erkennt man an Selbst-Verpflichtungen. Die Deutsche Vermögensberatung hat sich als Aktiengesellschaft der Publizitätspflicht unterworfen; dies bedeutet Transparenz gegenüber der Öffentlichkeit. Zugleich hat dieses Unternehmen ein Grundkapital von 100 Millionen

D-Mark geschaffen und ein besonderes Versorgungswerk für seine Mitarbeiter eingerichtet. Vor allem aber verzichtet die DVAG von vornherein auf die Angebote des sogenannten »grauen Marktes«, die zwar verlockend, aber mit einem beachtlichen Risiko für den Kunden behaftet sind. Für den langfristigen Erfolg ihrer Vermögensberater spricht noch etwas: Versicherungsprodukte und Versicherungsdienstleistungen im weiteren Sinn werden überwiegend aufgrund persönlicher Beziehungen des Kunden zum Versicherungsvertrieb verkauft. Produktvergleiche spielen dabei zwar auch eine Rolle, aber sie dominieren Entscheidungen nicht. Außerdem ist das Wissen des Kunden um die Unabhängigkeit seines Vermögensberaters ein großer Vorteil.

Freilich genügt es nicht, daß die »Instrumente« der Lebensversicherungsbranche – also die Vertriebszweige – intakt sind, denn sie leiden oder profitieren von der Vitalität des Unternehmens insgesamt. Die Versicherungsbranche muß noch zulegen an Schnelligkeit, Kundenfreundlichkeit und Serviceorientierung, wenn sie ihren Rang behaupten will. Es gibt ermutigende Anzeichen, daß die Branche statisches Denken, in der Idylle einer geregelten, also wenig aufregenden Tariflandschaft gereift, über Bord wirft und sich den neuen Herausforderungen eines immer stärker werdenden Wettbewerbs stellt. Andere Unternehmen, wie Kreditkartenfirmen oder Mobilfunkprovider, sind da weiter und spektakulärer. Dennoch sollte man sich solche Aktionen nicht zum Vorbild nehmen. Die Versicherungsbranche muß umdenken, muß flexibler werden, muß Kunden schneller als bisher beraten, muß auch über die normalen »Geschäftszeiten« hinaus zur Verfügung stehen. Die Liste der Veränderungen, die sofort notwendig sind, ist lang. Die Branche hat eine besondere Verantwortung für die Kunden. Spielertypen kann man hier nicht gebrauchen.

Die große Auseinandersetzung in den kommenden Jahrzehnten um Einfluß, Marktposition und Kundennähe wird sich zwischen der Versicherungsbranche und den Banken abspielen, die stark die Aktie propagieren. Ich bin nicht gegen die Entwicklung einer Aktienkultur in Deutschland. Dafür gäbe es ja keinen vernünftigen Grund. Aber Aktien, das ist meine feste Überzeugung, allein oder als erster Schritt taugen nicht für die Altersvorsorge des »normalen Bürgers«. An erster Stelle müssen vielmehr die Lebensversicherung und Rentenprodukte stehen, die so konzipiert sind, daß sie den unterschiedlichen persönlichen Anforderungen gerecht werden. Das heißt, die sofortige Absicherung gegen fundamentale Risiken kann mit der Altersvorsorge verknüpft werden. Erst wenn diese Grundvoraussetzungen erfüllt sind, können Aktien dazuerworben werden. Allein auf Aktien zu setzen, wäre für den Normalbürger fatal. Turbulenzen auf den Aktienmärkten – und ihre Anfälligkeiten, die es international geben kann, sind offenkundig demonstriert worden – können persönliche Planungen und Zielsetzungen über Nacht in Frage stellen.

Den volkswirtschaftlich wichtigen Gehalt der Lebensversicherung möchte ich noch betonen: Immerhin gibt es über 80 Millionen Lebensversicherungen in Deutschland. Was wäre die Politik ohne dieses Engagement und die darin enthaltene Finanzierung? Der frühere Gesetzgeber hat deshalb aus gutem Grund die Lebensversicherung als entscheidendes Element der Vorsorge mit einer Steuerentlastung versehen und diese Begünstigung an klare Kriterien gebunden, um auch die Zielorientierung »private Vorsorge« zu gewährleisten. In ihrer Finanznot sind jetzt Politiker auf die Idee gekommen, von dieser Linie abzuweichen und sich damit neue Einnahmequellen zu verschaffen. Dabei gab es sogar Überlegungen, die Lebensversicherung mit anderen Produkten gleichzusetzen, die auf dem freien Markt und ohne Vorsorgebindungen zirkulieren. Mit solchen Plänen stünde Deutschland einzigartig in Europa im negativen Sinne da. Geradezu grotesk nehmen sich diese politischen Überlegungen als Kontrastprogramm zu den öffentlichen Aufforderungen der gleichen Politik aus, umzusteuern, mehr als bisher private Vorsorge zu betreiben.

Fazit

Strikte und ideenreiche, aber auf solider Basis begründete Kundenorientierung wird künftig mehr denn je über den Erfolg im Wettbewerb entscheiden. Das Allfinanz-Konzept, das moderne und leistungsfähige Produktangebote mit einer persönlichen, soliden Beratung in allen Fragen »rund um das Geld« zusammenfügt, ist die zukunftweisende Antwort auf die individuellen Wünsche und Zielsetzungen der Bürger. Die Reflexionen aus dem breitgefächerten Kundenkreis über den Vertrieb werden die Versicherungsunternehmen zwingen, in immer schnellerem Tempo neue Produktvarianten zu entwickeln und zu begründen. Wer diese fundamentalen Herausforderungen rechtzeitig begreift, wird den Wettbewerb erfolgreich bestehen. Auf jeden Fall wird es auch in dieser Hinsicht spannend im nächsten Jahrtausend.

Dr. Dieter H. Vogel
1941 in Eger geboren,
besuchte in Berchtesgaden die Schule
und studierte nach dem Abitur
am Humanistischen Gymnasium
von 1962 bis 1966 an der
Technischen Universität Darmstadt
Maschinenbau.
Es folgte von 1967 bis 1969
eine Tätigkeit als Assistent an
der Technischen Universität München,
der sich die Promotion anschloß.
In den Jahren 1970 bis 1974
bekleidete er verschiedene Positionen
in der Bertelsmann AG, Gütersloh.
Von 1975 bis 1985 war er bei der
Pegulan AG in Frankenthal tätig; ab 1978
als Vorsitzender des Vorstands.
Seit 1986 wirkt er bei der
Thyssen-Gruppe: derzeit als Vorsitzender
des Vorstands. Zusätzlich ist
Dieter H. Vogel Mitglied und Vorsitzender
in mehreren Aufsichtsräten.

DIETER H. VOGEL

Globalisierung und Unternehmens-konzentration

Wirtschaftliche Dynamik durch Öffnung der Märkte

In wenigen Jahren wird ein ereignisreiches Jahrhundert zu Ende gehen. Die internationalen Wirren zweier Weltkriege, die Gegenbewegung einer nachkriegszeitlichen Blockbildung in West und Ost und das allmähliche Verschwinden nationalstaatlicher Grenzziehungen in Europa haben diesem Jahrhundert ebenso seine besondere Prägung gegeben wie die deutsche Teilung, das wirtschaftliche Wiedererstarken der Bundesrepublik und die großen Herausforderungen der deutschen Wiedervereinigung.

Je mehr wir uns dem Ende dieses Jahrhunderts und damit der magischen Jahreszahl 2000 nähern, desto nachhaltiger wird das Interesse an der Frage, was uns jenseits dieser zeitlichen Schallmauer erwarten wird, desto deutlicher meinen wir Umrisse dessen erkennen zu können, was uns ein 21. Jahrhundert bringen wird. Sind dies unwägbare Risiken wie der Verlust des gewohnten Arbeitsplatzes, eine Zunahme sozialer Kälte und ein gnadenloser, sozialdarwinistischer Ausleseprozeß? Wird die Angst vor der Zukunft zum vorherrschenden Gefühl der Bürger dieses Landes?

Zahlreich sind die Versuche, Antworten auf die drängenden Fragen dieser Zeit mit der Lieblingsfrage der Deutschen, der Schuldfrage, zu verbinden: Man versieht die großen Herausforderungen, vor allem aber die scheinbar unlösbaren Probleme unserer Gesellschaft der Einfachheit halber mit einem Namen und verteufelt diesen Sammelbegriff im gleichen Atemzug als Vorboten einer nicht zu bewältigenden Zukunft. Um sich von der quälenden Verpflichtung zu kreativen Antworten und Reaktionen zu befreien, werden die Synonyme der Bedrohung als willkommene Sündenböcke mit all dem identifiziert, was uns täglich von neuem plagt und ängstigt. Und kann man dabei gar auf einen unaufhaltsamen, fast gespenstisch anmutenden Vorgang abstellen und ihn als die Wurzel allen Übels ausmachen, so enthebt dies auf bequeme Art der Veranlassung, in einen wirklichen Wettstreit alternativer Lösungsansätze für die brennenden Herausforderungen unserer Zeit einzutreten.

Zwei dieser schillernden Phänomene stehen im Mittelpunkt dieses Beitrags: Die »Globalisierung« der nationalen Volkswirtschaften und die strukturellen Anpassungen der »Unternehmenskonzentration« als mögliche Reaktion der Unternehmen scheinen in den Augen vieler die beschriebene Stellvertreterfunktion für einen Großteil der Verheißungen und Probleme unserer heutigen und vor allem einer zukünftigen Zeit innezuhaben.

Globalisierung und Unternehmenskonzentration sind indes keine Zwillinge. Sie bedingen einander nicht, haben gleichwohl miteinander zu tun: Unternehmenskonzentration im Sinn der Fokussierung auf Kerngeschäfte und der weitergehenden Zusammenarbeit bisheriger Konkurrenten kann als eine mögliche betriebswirtschaftliche Antwort auf die volkswirtschaftlichen Herausforderungen der Internationalisierung und der damit einhergehenden Verschärfung des Wettbewerbs interpretiert werden. Globalisierung und Unternehmenskonzentration sind damit Ausdruck des Zeitgeists und Reizwörter der aktuellen Diskussion – in durchaus kontroverser Wertung.

Die einen nutzen die teutonische Stimmungslage Moll zu einer vehementen Wiederaufnahme fundamentaler Kapitalismuskritik: Autoren stürmen die Bestsellerlisten, die vom »Terror der Ökonomie«, der »Internationale des Kapitals« oder gar von der »gefährlichen Sekte« sprechen (gemeint sind die global orientierten Unternehmenslenker), die eine »neue Despotie« und den »Freiheitskampf des Kapitals« plane. »Ganze Staaten und deren bisherige gesellschaftliche Ordnung«, so die düstere Prophezeiung, würden nun »aus den Angeln gehoben«. Eine »Diktatur des Welthandels« wird an die Wand gemalt, die sich in »Fusionsfieber« äußert und sich in mächtigen »Konzentrationswellen« und »Übernahmeschlachten« den Weg in unsere westlichen Demokratien ebnet und so unsere sozialen Errungenschaften gnadenlos niedermäht.

Die Posaunen der Vertreter einer eher optimistischen Weltsicht anglo-amerikanischer Prägung klingen positiver: Die weltumspannende Öffnung der Märkte bringe neue wirtschaftliche Dynamik, den lange ersehnten Sieg der Leistungsgesellschaft, das Aufbrechen verkrusteter Strukturen in durch Konzentrationsprozesse wirtschaftlich erstarkten Großunternehmen, die sich dem globalen Wettbewerb erfolgreich zu stellen vermögen. Wohlstand und anhaltende Prosperität für alle ist hier das Heilsversprechen.

Dieser Widerstreit der Empfindungen hat sicher mehr als eine richtige Antwort. Dennoch kann der emotional geführte Thesenstreit – reduziert auf ökonomische Fakten – die Richtung einer möglichen Antwort weisen. Denn die Fakten sprechen – nüchtern betrachtet – eine ganz andere Sprache.

I.

Der Globalisierung liegt trotz der aktuellen Popularität des Begriffs ein eher altes ökonomisches Konzept zugrunde. Früher sprach man eher von internationaler Arbeitsteilung, Spezialisierung oder der Liberalisierung des Handels und des Kapitalverkehrs. Pikanterweise waren es gerade Marx und Engels, die bereits in ihrem »Kommunistischen Manifest« von 1848 schrieben:

»Das Bedürfnis nach einem stets ausgedehnteren Absatz für ihre Produkte jagt die Bourgeoisie über die ganze Erdkugel ... Die uralten nationalen Industrien sind vernichtet worden und werden noch täglich vernichtet. Sie werden verdrängt durch neue Industrien, die nicht mehr einheimische Rohstoffe, sondern den entlegensten Zonen angehörige Rohstoffe verarbeiten und deren Fabrikate nicht nur im Lande selbst, sondern in allen Weltteilen zugleich verbraucht werden ...

Die Bourgeoisie reißt durch die rasche Verbesserung aller Produktionsinstrumente, durch die unendlich erleichterte Kommunikation alle, auch die barbarischsten Nationen, in die Zivilisation. Die wohlfeilen Preise ihrer Waren sind die schwere Artillerie, mit der sie alle chinesischen Mauern in den Grund schießt ...«

Damit sind wesentliche Charakterzüge einer Globalisierung bereits beschrieben – wenn auch aus dem historischen Zusammenhang der Imperialismustheorie gerissen. Schon vor 150 Jahren legten Marx und Engels dar, daß sich die Zulieferung und der Absatz der Produkte aus ökonomischen Gründen zwangsläufig zunehmend internationalisieren und durch den Wettbewerb verbesserter Produkte oder Produktionsinstrumente sich am Ende immer der für den Wettbewerb am besten gerüstete Standort durchsetzen werde.

Auch Joseph Schumpeter hat in seiner »Theorie der wirtschaftlichen Entwicklung« 1912 bereits wesentliche Erklärungsansätze zum Verständnis des Globalisierungsprozesses gegeben: Danach werden Unternehmer durch die Aussicht auf mögliche Gewinne immer wieder gelockt, neue Unternehmen zu gründen oder vorhandene so umzustellen, daß entweder bessere Produkte hergestellt oder neuartige, effizientere Produktionsmethoden eingesetzt werden können. Im Falle wirtschaftlichen Erfolges setzen sie andere Unternehmen unter erheblichen Wettbewerbsdruck, die versuchen, mit veralteten Produktionsverfahren oder überkommenen Produkten zu konkurrieren. Wollen diese dem Druck nicht erliegen, müssen sie reagieren und ebenfalls bessere Güter anbieten oder kostengünstigere Produktionsmethoden anwenden – und damit auf günstigere Standorte ausweichen. Erleichtert wird dieser Anpassungsprozeß durch funktionierende Kapitalmärkte, die den Innovationen das notwendige Kapital zur Seite stellen.

Überträgt man den historischen Denkansatz von Schumpeter auf unsere heutige Situation, so scheint der Weg in die Globalisierung einfach herleitbar: In einer Welt, in der sich durch die moderne Technik der Computer, Telefone und Faxe, der Pipelines, Flugzeuge und Containerschiffe die nationalen politischen Grenzen mehr und mehr verwischen und die Transaktionskosten sich damit auf breiter Front auf ein Minimum reduzieren, wird der Wettbewerb zwangsläufig zu einer globalen Veranstaltung: Der innovative Unternehmer in Taiwan oder der unternehmerische Erfinder in den USA werden zum direkten Konkurrenten unseres heimischen Produzenten auf der Suche nach immer besseren Produkten und effizienteren Produktionsmethoden. Unterstützt werden die Innovationen dabei durch einen weltumspannenden Markt für Investitionskapital, welches immer dorthin fließt, wo die Erträge am vielversprechendsten erscheinen.

Der Hersteller aus Malaysia oder die Börse von New York liegen so plötzlich um die Ecke, im »globalen Dorf« entsteht globaler Wettbewerb: Staaten wetteifern durch attraktive Standortpolitik mit anderen Staaten um die Ansiedlung von Firmen, die Firmen ihrerseits zielen weltweit auf die gleiche Klientel: Kunden und Aktionäre.

Kunden und Aktionäre sind damit Motor und Nutznießer der Globalisierungsentwicklung zugleich: Für den Verbraucher, der in Turnschuhen »made in Taiwan« joggt, Tee aus Sri Lanka oder Kaffee aus Kolumbien trinkt, sich mit US-Jeans oder dem Sakko aus Mailand bekleidet und dabei immer günstigere Preise fordert, hat die weltweite Massenfertigung fast alle Produkte um ein Vielfaches billiger werden lassen. Die Kaufkraft in Deutschland – und damit der nationale Wohlstand – hat seit 1960 erheblich zugenommen; 1960 mußte ein Deutscher noch 351 Stunden für ein Fernsehgerät arbeiten, heute ist ein gleichwertiges Gerät in 70 Stunden verdient. Daß in Zeiten zunehmender weltweiter Beachtung der Wertorientierung auch die Aktionäre zu den Profiteuren der Globalisierung gehören, ist ohnehin klar: Der Wert der börsennotierten Firmen hat sich weltweit in den vergangenen zehn Jahren verfünffacht. Der Börsenwert der hundert wichtigsten deutschen Firmen legte allein in den vergangenen vier Jahren um 150 Prozent zu.

Globalisierung erscheint demnach als fast zwangsläufiges, aber offensichtlich auch für eine Mehrheit sehr segensreiches Phänomen. Es wird getrieben von Verkehrs- und Kommunikationstechnologie, die es möglich macht, große Ungleichgewichte einzuebnen: Das Ungleichgewicht zwischen Rohstoffvorkommen und Verbrauch, das Ungleichgewicht zwischen Lohnkosten und Produktivität, das Ungleichgewicht zwischen der Erwartung niedriger Preise und der Erwartung hohen Einkommens einschließlich aller Sozialleistungen.

Dennoch ist die Beurteilung oft sehr unterschiedlich. Denn ob man der Globalisierung positiv oder negativ gegenübersteht, hängt ganz entscheidend vom eigenen Standort ab: Als flexibler, chancenorientierter Unternehmer, als preisbewußter Konsument oder als spekulativer Aktionär lobt man die Errungenschaften der Marktmechanismen, denn man profitiert davon. Als Unternehmer alten Stils, aber auch als Mitarbeiter eines Unternehmens, das in diesen Verhältnissen bestehen muß, kann man sich durch das ständige »zu teuer«, »zu schlecht« und »zu wenig Service« durchaus in der Existenz bedroht fühlen; und selbst bei einem Gewerkschafter modernen Zuschnitts läßt der Zwiespalt zwischen der Erkenntnis einer notwendigen internationalen Arbeitsteilung und dem Wunsch der Konditionenverbesserung für die eigene Klientel das Unwohlsein zum Dauerzustand werden. Wir müssen uns also bei Kritikern und Befürwortern der Globalisierung immer vor Augen halten, aus welcher Position heraus sie ihr Urteil fällen. Mancher Standpunkt kann da aus der Sicht des einzelnen durchaus nachvollziehbar und verständlich erscheinen. Dennoch läßt sich durch nüchterne Betrachtung der an die Globalisierung gerichteten Vorwürfe so manches Mißverständnis ausräumen und viele der Ängste als letztlich unbegründet erscheinen.

Heftigster Vorwurf der Kritiker gegenüber der Globalisierung ist die Behauptung, sie entziehe dem Nationalstaat die Macht. Kartellistische, multinationale Unternehmungen teilten die Macht unter sich auf und machten die staatlichen Souveräne zum Spielball ihrer Profitinteressen.

Diese Position ist im Grunde genommen keine Kritik an der Globalisierung, sondern vielmehr ein Aufwärmen bereits früher geäußerter Bedenken gegen den Wettbewerb der Standorte. Dabei sorgt der Wettbewerb der Standorte nicht für eine Einschränkung des Handlungsspielraums nationaler Regierungen, er erschwert nur eine schlechte Wirtschaftspolitik. So macht er zum Beispiel die Steuererhöhung eines einzelnen Landes praktisch unmöglich, wenn der Rest der Welt niedrigere Steuersätze hat. Globalisierung, das wird an diesem Beispiel deutlich, scheint damit zwar vordergründig die Handlungsmöglichkeiten der Politiker zu beschränken, in Wirklichkeit aber initiiert sie einen Wettbewerb innovativer Wirtschaftspolitik. Sie macht letztlich Politik, insbesondere Wirtschaftspolitik, zu einer unternehmerischen Aufgabe. Und Wettbewerb heißt auch auf diesem Gebiet Eliminierung von Fehlentwicklungen durch kreative Neuansätze.

Handlungsbedarf besteht allerdings im Bereich der Wettbewerbspolitik. Der Weg von den nationalen Kartellämtern zur Europäischen Kartellbehörde ist in weiten Teilen vollzogen. Was in der Tat fehlt, ist eine »globalisierte« Wettbewerbskontrolle, die auf Basis internationalen Wettbewerbsrechts und entsprechender Durchsetzungsmechanismen dem Eindruck entgegenwirkt, globalisierte Unternehmen agierten aufgrund ihrer Größe in einem rechtsfreien Raum.

Ein weiterer Vorwurf an die Adresse der Globalisierung lautet, sie sei Ausdruck des Imperialismus der Ökonomie. Diese Kritik wurzelt in der Befürchtung vieler, die Globalisierung könnte alle Lebensbereiche den Gesetzen des Marktes unterwerfen. Nur die Politik könne sich dieser Entwicklung erfolgreich entgegenstemmen.

In Wirklichkeit gab es immer ökonomische Gesetze, die die Politik nicht unbeachtet lassen sollte – obwohl sie dies oft genug tut. Zu diesen Gesetzen zählt die Tatsache, daß Umweltpolitik, Gesundheitspolitik und Bildungspolitik eben nicht kostenlos sind; jemand bezahlt immer. Die Globalisierung und der damit einhergehende internationale Wettbewerb verdeutlichen uns nur, wie stark unsere Wettbewerbsfähigkeit durch die Mißachtung dieser ökonomischen Gesetze belastet wird. Damit soll keinesfalls gesagt werden, daß diese öffentlichen Güter unnötige Kostenfaktoren sind. Sie bestimmen im Gegenteil ganz wesentlich die Qualität unseres Wirtschaftsstandorts Deutschland. Zudem wären mehr Markt und stärkere Verursachungszuordnung bei den Kosten dieser öffentlichen Güter geeignete Mittel zur zusätzlichen Erhöhung unserer Wettbewerbsfähigkeit.

Die Globalisierung trage die Schuld einer zunehmenden sozialen Demontage, so ein weiterer Vorwurf. Dabei führt sie uns doch nur vor Augen, wo wir stehen, wie stark wir alle zu Bürgern mit Vollkasko-Mentalität geworden sind. Die Globalisierung verlangt von uns eine Rückbesinnung auf die Grundlagen einer offenen Gesellschaft wie Anreizsysteme, Eigenverantwortung und Innovation. Sie zwingt die Regierenden dazu, für Wählerstimmen nicht jedweder sozialpolitischen Vorstellung Raum zu geben, das Sozialwesen in Balance zwischen Einnahmen und Ausgaben zu bringen und dem Mißbrauch Einhalt zu gebieten.

Es geht doch bei Reformen wie der Begrenzung der Lohnfortzahlung im Krankheitsfall nicht um sozialstaatliche Demontage, sondern um den Abbau von Fehlanreizen zugunsten wirklich Bedürftiger. Tatsächlich kommt der Solidarität der Industriestaaten mit ihren schwächsten Gliedern eine wachsende Bedeutung zu, weil der durch die Globalisierung angestoßene Anpassungsprozeß zunächst zu Verlusten an gewohnten Arbeitsplätzen und Einkommenseinbußen führen kann, die sozial aufgefangen werden müssen. Die Globalisierung unterzieht das Sozialgefüge unserer westlichen Demokratien einem unglaublichen Härtetest. Die Kunst einer modernen Sozialpolitik liegt hier darin, zu verhindern, daß die Vorteile der Globalisierung mit sozialer Desintegration und Kälte bezahlt werden müssen. Eine solche Politik muß angebotsorientiert und nicht verbotsorientiert sein!

Aus der Sicht bislang weniger entwickelter Länder kann man in der Globalisierung der Märkte gar eine Globalisierung der sozialen Gerechtigkeit erkennen. Globalisierung heißt ja eben nicht, nur in anderen Regionen Produkte zu verkaufen. Sie bedeutet vielmehr, auch große Teile der Wertschöpfung in die Absatzmärkte zu verlegen. Globalisierung befruchtet insofern nicht nur die Märkte in Technologie, Design, Produktentwicklung und Marktideen, sondern trägt auch zur Entwicklung eines besseren Sozialgefüges in diesen Ländern bei. Nur so haben diese Länder eine Chance, Unabhängigkeit, soziale Stabilität und Wohlstand aufzubauen.

Ebenfalls falsch ist die Behauptung einiger Kritiker, der mit der Globalisierung verbundene »Turbo-Kapitalismus« führe mittelfristig zu einer »80 zu 20-Gesellschaft«, das heißt, ein Fünftel gut ausgebildeter Arbeitskräfte stehe in einem Anstellungsverhältnis, wohingegen vier Fünftel nicht mehr benötigt würden und »von den Brosamen der Reichen« leben müßten. Der globalisierten Welt, so heißt es, gehe die Arbeit aus.

Tatsächlich ist das Gegenteil zu beobachten: Seit 1970 stieg die Zahl der Erwerbstätigen in den OECD-Ländern um ein Drittel – immerhin ein Zuwachs von jährlich 1,2 Prozent. Der Beschäftigungsaufbau fand dabei allerdings insbesondere in den beiden nordamerikanischen Volkswirtschaften USA und Kanada statt und hat dort in den letzten Jahren unvermindert angehalten. Obwohl man sich auch in den USA Gedanken und Sorgen um die Folgen einer zunehmenden Globalisierung macht, käme dort jedoch niemand auf die Idee, als Medizin gegen die Globalisierung kürzere Arbeitszeiten vorzuschlagen – wie wir Europäer dies gerne tun. Entsprechend dürftig präsentiert sich daher auch die Beschäftigungsbilanz der Europäer. Die

These vom Ende der Arbeit nährt sich damit allenfalls aus der – selbstverschuldeten – schwachen Beschäftigungslage der großen europäischen Volkswirtschaften. Unsere Politik der Tabuisierung der richtigen Rezepte hat offenbar versagt. Wären die europäischen Arbeitsmärkte hinsichtlich des Preises der Arbeit und der Arbeitszeit so flexibel wie die amerikanischen, würde die Arbeitslosigkeit ihren Spitzenplatz sicher schon eingebüßt haben.

So wird uns die fortschreitende Globalisierung weiter gnadenlos unsere Fehler, insbesondere unsere politische Führungsschwäche vor Augen führen, bis wir eines Tages einlenken und uns mit aller Konsequenz dem weltweiten Wettbewerb stellen – oder irreversibel als ernstzunehmende Wirtschaftsnation von der Bühne verschwinden.

II.

Die Globalisierung führt zu veränderten Rahmenbedingungen in zahlreichen Bereichen. Wer auf diese Rahmenbedingungen angewiesen ist, muß sich auf sie einstellen: Politik, Wirtschaft und jeder einzelne von uns.

Die Unternehmer haben sich – wie so oft in der Geschichte – der gesellschaftspolitischen Lage zuerst angepaßt. Vor zehn Jahren noch zögerlich, heute mit ganzer Energie, wird ein immer größerer Teil der Wertschöpfung ins Ausland verlegt. Bei Thyssen gingen vor zehn Jahren 20 Prozent der Investitionen ins Ausland, vor fünf Jahren 40, heute sind es 60 Prozent. Die Zahlen beschönigen die Lage noch. Würden nicht durch den Investitionszwang bei bereits bestehenden deutschen Kapazitäten Mittel im Inland gebunden, wäre die Quote noch höher. Dies hat nichts mit der in bestimmten Kreisen immer wieder erhobenen Behauptung zu tun, die Unternehmen exportierten Arbeitsplätze. Denn auch bei der Gewinnsituation der Unternehmen hat die größere Internationalisierung einen immer maßgeblicheren Einfluß. Ausländische Gewinne tragen heute überproportional zum Ergebnis deutscher Unternehmen bei – und sichern damit deutsche Arbeitsplätze. Der im Zusammenhang mit der ersten Behauptung immer wieder zu hörende Hinweis, die Gewinnlage der Unternehmen sei doch wieder sehr zufriedenstellend, trägt so fast makabre Züge.

Es gibt für die Unternehmer heute keinen Ausweg. Sie müssen sich im Spannungsfeld zwischen standortpolitischen Parametern sowie deutlich aggressiver und fordernder gewordenen Kunden und Aktionären behaupten, müssen Mittel und Wege finden, ständigen Veränderungen dieser Parameter pragmatisch zu begegnen. Sie können es sich heute und in der Zukunft nicht mehr leisten, als Generalisten in aller Welt alles zu tun. Wenn der globalisierte Markt die Besten honoriert – und das tut er –, muß sich jeder konzentrieren und spezialisieren auf das, was er am besten kann. Ein Unternehmen muß dabei definieren, welche Geschäftsfelder zu seinen Kernkompetenzen gehören und diese – und nur diese – forciert ausbauen.

Zu den Instrumenten der Anpassung und des Ausbaus der Kerngeschäftsfelder gehören dabei Unternehmenskonzentrationen als betriebswirtschaftliche Antwort auf die volkswirtschaftlichen Herausforderungen einer globalisierten Welt. Sie sind *ein* mögliches Werkzeug im Umgang mit der säkularen Entwicklung der Globalisierung.

Wie die Globalisierung ist auch dieses Thema seit geraumer Zeit negativ belegt, wird als »Jobkiller« und bedrohliches Vorgehen verantwortungsloser Großkonzerne diffamiert. Die Fusionen bei Handel, Chemie und Banken seien Zeichen für den arbeitsvernichtenden Konzentrationsprozeß des globalen Kapitalismus. Auch hier ist es wohl oft die unterschiedliche Sichtweise und die Unkenntnis der ökonomischen Hintergründe, die das Urteil maßgeblich beeinflussen.

Sicher sind Fusionen nicht die einzige Antwort auf die globalen Herausforderungen. Das Zusammengehen zweier Unternehmen kann aber – unter den richtigen Vorzeichen – zu einer Erhöhung und Absicherung der Wettbewerbsfähigkeit eines Unternehmens im globalen Wettbewerb und damit zu einer langfristigen Sicherung der Arbeitsplätze führen: Sofern sich die betroffenen Unternehmen gegenseitig ergänzen, läßt sich möglicherweise auf Anhieb die Präsenz auf anderen Märkten herstellen. Produktpaletten können im Sinne der Markterfordernisse vervollständigt, ökonomisch sinnlose Parallelinvestitionen oder Entwicklungsaufwendungen vermieden und Skaleneffekte beim Einkauf genutzt werden. Die Finanzkraft eines Unternehmens wird durch einen Zusammenschluß oft besser, so daß notwendige Produktinnovationen und umfangreiche Investitionen leichter finanziert werden können. Die größere Eigenkapitalbasis und die oft diversifiziertere Produktpalette kann das fusionierte Unternehmen schließlich in eine robustere Situation gegenüber Konjunkturschwankungen bringen.

Ein solchermaßen gestärktes Unternehmen kann damit im internationalen Vergleich eine nachhaltig positive Wertentwicklung sicherstellen, die zunächst den Anteilseignern, nicht zuletzt jedoch auch Kunden und Mitarbeitern zugute kommt, denn nach wie vor gilt die Binsenwahrheit: Nur wettbewerbsfähige Arbeitsplätze sind sichere Arbeitsplätze.

Eine Fusion kann somit den beteiligten Unternehmen im globalisierten Markt Zukunftspotentiale eröffnen, die den einzelnen Unternehmen nicht zugänglich wären. Es kommt dabei aber ganz wesentlich auf die Umstände an, die sorgfältig geprüft werden müssen, um Fehleinschätzungen zu vermeiden.

Angestellte Vergleiche zwischen den Prognosen in Verschmelzungsgutachten und der späteren Realität zeigen da gelegentlich ein erschütterndes Bild. Zahlreiche Beispiele mißlungener Fusionen lehren uns, daß ein Unternehmenszusammenschluß nicht grundsätzlich sinnvoll sein muß. Motiviert durch Partikularinteressen können überlebensfähige Strukturen, Arbeitsplätze und Mitarbeiter-Motivation unnötig vernichtet werden, insbesondere dann, wenn die erwarteten Synergien ausbleiben beziehungsweise durch weitaus höhere Reibungsverluste aufgezehrt werden. Dies ist bei zwei Übernahmeformen besonders häufig der Fall: bei feindlichen Übernahmen durch die Unvereinbarkeit der unterschiedlichen Unternehmenskulturen und bei voll fremdfinanzierten Übernahmen durch das Fehlen einer tragfähigen Finanzierung künftiger Expansion. Wenn beides zusammenkommt, sind die Erfolgschancen außerordentlich gering.

Im Rückblick auf Fusionen der jüngsten Vergangenheit fällt auf, daß die Notwendigkeiten oder Chancen von Fusionen meist mit den durch den Zusammenschluß erzielbaren Synergien begründet wurden. Dabei wurden nicht nur die – den Synergien entgegenlaufenden – unvermeidlichen Reibungsverluste offenbar unberücksichtigt gelassen: Der Begriff Synergien wurde auch reichlich überstrapaziert. Synergien scheinen zum Scharnier in der Begründung von Unternehmenskonzentrationen bei Investment-Bankern geworden zu sein. Der »Synergie-Effekt« dient fast als Zauberwort für die Verheißung einer besseren Zukunft. Verheißungen und Prophezeiungen sind aber eine schlechte Basis für die fundierte unternehmerische Arbeit zur nachhaltigen Unternehmenswertsteigerung. Dafür tragen Unternehmer eine zu hohe Verantwortung, vor allem, wenn man bedenkt, daß bei Unternehmenszusammenschlüssen nicht einmal 50 Prozent der erwarteten Synergien tatsächlich realisiert werden konnten. Synergie-Prognosen scheinen sich somit nicht wesentlich von Prognosen im übrigen zu unterscheiden.

Selbstverständlich muß ein Unternehmer bereit sein, für eine zukunftweisende Lösung auch gewachsene Strukturen verantwortungsbewußt in Frage zu stellen. Bezogen auf Synergien bedeutet das: Man muß nach ihnen suchen, jede Chance nutzen, sie zu realisieren, aber man muß dabei mit der Nüchternheit und Präzision vorgehen, die im Geschäftsleben nun einmal unabdingbar sind. Luftschlösser haben am Ende sehr hohe Abbruchkosten. Für jeden Unternehmenszusammenschluß sollte daher der erste Schritt immer eine sorgfältige Analyse der Ausgangspositionen und Alleingangskonzepte der betroffenen Unternehmen sein. Diese Analyse ist Voraussetzung für die Prüfung von Plausibilität und Volumen möglicher Synergie-Potentiale. In einem zweiten Schritt können die Synergien dann konkret bewertet werden, um so Grundlage zu sein für den nüchternen Abwägungsprozeß zwischen Risiken und Chancen ihrer Realisierung.

Die Stahlfusion zwischen Thyssen und Krupp – wie sie schließlich zustande kam – kann hier als Positivbeispiel dienen. Es wurde präzise analysiert, sorgfältig bewertet, um danach eine faire Ausgangsbasis zu bestimmen. Die Synergie-Erwartungen stützen sich auf die Schaffung einer konkreten, im Detail durchgeplanten Anlagenkonzentration an abgestimmt operierenden Standorten. Rationalisierungsaufwand und Erlös wurden ins Verhältnis gesetzt. Die Analysen führten zu der Erkenntnis, daß ein Zusammengehen vorteilhaft ist: es verbessert die Rentabilität gegenüber dem Alleingang und verringert die Zyklizität des Geschäftes. Deshalb wurde gehandelt.

Eine frühzeitige Festlegung einer Fusionsentscheidung, bevor alle relevanten Daten auf dem Tisch und bewertet sind, entspricht indes nicht der unternehmerischen Verantwortung gegenüber Aktionären und Mitarbeitern. Fusionen von Unternehmen kosten schließlich in der Regel zunächst Arbeitsplätze, vor dem Hintergrund der aktuellen Lage auf dem Arbeitsmarkt sicher ein noch größeres Problem als früher. Fusionsbedingte Arbeitsplatzverluste können daher nur dann akzeptiert werden, wenn durch den Zusammenschluß nachweisbar so große wirtschaftliche Dynamik und Wachstum entstehen, daß sich letztlich auch positive Effekte für den Arbeitsmarkt ergeben.

Fazit

Die bequeme Welt von gestern ist zu Ende. Säkulare Trends bestimmen die Entwicklung mit großer Intensität und hoher Geschwindigkeit: die Globalisierung des Wettbewerbs, die demographischen Veränderungen in den alten Industrieländern, Energieknappheit und steigendes Umweltbewußtsein. Zuversichtlichem Vertrauen der einen auf neue Chancen individueller und gesellschaftlicher Entwicklung steht die Furcht vieler anderer vor dem Verlust materieller Besitzstände und sozialer Geborgenheit gegenüber. Dabei scheint die gesellschaftliche Entwicklung bis heute weitgehend sich selbst überlassen. Staat, Bürokratien, Verbände und auch manche Unternehmen alten Stils haben sich in einer Welt zunehmender Instabilität eingerichtet auf eine bequeme Verlängerung der Vergangenheit in die Zukunft.

Die Wirklichkeit um uns herum hat nun für das Ende dieses Traums gesorgt. Ein System, das in Ländern wie Deutschland und Frankreich Arbeitslosigkeit in heutige Größenordnungen treiben läßt, muß das Versagen seiner Führungseliten in Politik, aber auch in der Wirtschaft bekennen.

Es sind die Unternehmer, die sich den veränderten Bedingungen zuerst stellen und für notwendige Anpassung sorgen – und dafür oft massiv gescholten werden. Dabei reagieren sie lediglich auf die Erkenntnis, daß eine Verlängerung des in der Vergangenheit Gewohnten nicht zu den erstrebten Lösungen führen kann. Unternehmenskonzentrationen sind dabei mögliche, aber keinesfalls zwingende Antworten und Handlungsalternativen. Sie können den fusionierenden Unternehmen in jeder Hinsicht eine nachhaltig gekräftigte Position im weltumspannenden Wettbewerb geben. Dennoch sollte der Schritt zu einer Fusion mit Bedacht gewählt werden, bringt er doch auch irreversible Risiken für Aktionäre, Kunden und Mitarbeiter mit sich.

Bleibt die Frage, wie die Politik auf die veränderten Rahmenbedingungen des Globalisierungszeitalters reagieren soll. Ist der aktuelle Neoliberalismus amerikanischer Prägung eine Alternative? Nein! Nach den Irrungen und Wirrungen des ausklingenden Jahrhunderts sollte die Zukunft der Nationen in einem aufgeklärten Kapitalismus liegen, der Marktwirtschaft und soziale Verantwortung gleichermaßen ernst nimmt. Dazu brauchen wir eine neue Politik und in ihr eine neue Rolle des Unternehmertums. Ein solcher Masterplan muß die ganze Breite national unterschiedlicher Szenarien umfassen und dabei gleichzeitig der Individualität des einzelnen den notwendigen

Raum geben. Den alten Industrieländern Europas muß die Notwendigkeit eines Rückzugs des Staats auf seine hoheitlichen Pflichten ebenso offenkundig werden wie das unabdingbare Aufbrechen des Ungleichgewichts zwischen individuellem Anspruch und individuellem Leistungsbeitrag. Im angloamerikanischen Bereich muß es gelingen, die Kluft zwischen Arm und Reich zu verringern. Es sind Regeln zu finden, die die Dynamik der Kräfte des Marktes erhalten und doch sozialen Schutz für die Schwachen bieten.

Kapitalismus pur kann nicht die Antwort auf die Herausforderungen des nächsten Jahrtausends sein, wenn gesellschaftliche Stabilität in einem freien System erhalten bleiben soll. Die Politik muß mit klaren Rahmenbedingungen den Wandel aktiv unterstützen und glaubwürdig Orientierungsdaten liefern. Und die Unternehmen müssen in einer Welt zunehmender Unstetigkeit und Ungleichgewichte ihren Beitrag zur Stabilisierung der gesellschaftlichen Entwicklung leisten, indem sie sich noch mehr auf das besinnen, was vorbildliche Unternehmer zu allen Zeiten getan haben: die Fähigkeit, durch unternehmerische Kreativität breiten, angemessenen materiellen Wohlstand zu schaffen. Unter Nutzung aller im Wandel auftretenden Chancen und unter Wahrung einer unternehmerischen Ethik, die Glaubwürdigkeit schafft.

In unserer Welt gibt es keine einfachen Rezepte mehr. Was immer wir tun, stellt uns schon bald wieder vor neue Fragen und Herausforderungen. Ob wir wollen oder nicht: Wir müssen uns in dieser unsicheren Zukunft zurechtfinden, denn allem Anschein nach werden wir in ihr – und nicht in der Vergangenheit – unser weiteres Leben verbringen. Nur wer die Herausforderungen einer globalisierten Welt offensiv annimmt, wird ihnen erfolgreich begegnen können – dies gilt für die Unternehmer, die Politiker und jeden einzelnen von uns.

Gelingt die schwierige Harmonisierung von Stabilität und Wandel, dann steht uns eine ganz und gar nicht bedrohliche, sondern eher eine hoffnungsvolle Zukunft bevor.

DR. GERHARD STOLTENBERG
1928 in Kiel geboren,
besuchte in Bad Oldesloe die Schule.
Nach Studium und Promotion zum
Dr. phil. 1954 habilitierte er sich 1960
und wurde Dozent an der Universität Kiel.
Von April bis September 1965 und
von November 1969 bis Dezember 1970
war er Direktor der Fried. Krupp GmbH.
Seit 1947 ist Gerhard Stoltenberg
Mitglied der CDU. Von 1971 bis 1989
war er Landesvorsitzender der CDU
Schleswig-Holstein und von 1969 bis 1992
stellvertretender Bundesvorsitzender.
Dem Landtag Schleswig-Holstein gehörte
er von 1954 bis 1957 an. Mitglied des
Bundestages war er von 1957 bis 1971
und wieder seit 1983. Von 1965 bis 1969
war er Bundesminister für wissenschaftliche Forschung.
Zwischen 1971 und 1982 stand er als
Ministerpräsident der Landesregierung
Schleswig-Holstein vor.
Bundesminister der Finanzen war er von
1982 bis 1989 und von 1989 bis 1992 war er
Bundesminister der Verteidigung.
Seit Januar 1993 ist Gerhard Stoltenberg
Vorsitzender der Konrad-Adenauer-Stiftung.

Gerhard Stoltenberg

Unternehmerisches Engagement im Wandel der Zeit

Soziale Verantwortung und wirtschaftliches Handeln

Unternehmer gab es seit den frühen Anfängen differenzierter Wirtschafts- und Sozialsysteme nach der Zeit der nur von Hirten, Jägern, Bauern bestimmten einfacheren Lebensformen. Handwerker und Händler übernahmen in alten Kulturen zentrale Aufgaben und vollbrachten erstaunliche Leistungen. Rechtliche Rahmenbedingungen, eigene Verantwortung und Fremdbestimmung waren sehr unterschiedlich ausgeprägt. Aber in verschiedenen Herrschaftsformen kam die Gestaltungskraft tüchtiger und mutiger Menschen immer wieder zur Geltung.

Bereits im späten Mittelalter entwickelte sich in Westeuropa ein selbstbewußteres und einflußreicheres Unternehmertum. Zu ihm gehörten die Kaufleute der Hanse, deren Aktionsradius vom Atlantik bis in das zentrale Rußland reichte, ebenso wie die großen Bankiers in den norditalienischen Städten und Produzenten, die anspruchsvollere Verfahren vor allem in der Textilindustrie anwandten.

Mit der beginnenden Industrialisierung entstand im Europa der Neuzeit ein anderer Typ des Unternehmers, der rasch wachsende Bedeutung gewann. Dabei konzentrierten sich die Analysen der klassischen Nationalökonomie zunächst mehr auf das Regelwerk und die Interdependenzen der fortgeschrittenen Volkswirtschaften als auf die handelnden Personen in der Wirtschaft. Diese Unterlassung in der überkommenen ökonomischen Theorie rief später Verwunderung hervor. Joseph A. Schumpeter, einer der bahnbrechenden Nationalökonomen seiner Zeit, schrieb 1930 rückblickend: »Die Behandlung des Unternehmerproblems ist kein Ruhmesblatt sozialökonomischer Analyse. Die Theoretiker haben es schier fertiggebracht, diese farbenreichste Figur des zeitgenössischen Wirtschaftslebens zu übersehen.«

Dies änderte sich im Verlauf unseres Jahrhunderts grundlegend. Mittlerweile haben Wirtschaftswissenschaftler, Historiker und Soziologen in einer unübersehbaren Fülle an Veröffentlichungen die Rolle des Unternehmers in der Marktwirtschaft untersucht und dabei die immer größere Bandbreite vom persönlich haftenden selbstverantwortlichen Einzelunternehmer bis zum Manager großer Kapitalgesellschaften beschrieben.

Technische Basisinnovationen trugen im 18. und 19. Jahrhundert ebenso zum Entstehen eines neuen Unternehmertypus bei wie die Transformation vieler Obrigkeitsstaaten zu modernen Verfassungssystemen mit bürgerlichen Freiheiten, der allmählich beginnende Abbau von Handelsschranken, die Vervielfachung der grenzüberschreitenden Ex- und Importe vor allem in Europa und Nordamerika. Ein stark steigender Kapitalbedarf für die meisten Firmen, zunehmende Spezialisierung und mehr Wettbewerb stellten veränderte, größere Anforderungen. So änderte sich auch die Definition des Begriffs Unternehmer in der Wissenschaft und der Publizistik.

Schumpeter schrieb in seiner Theorie der wirtschaftlichen Entwicklung, »daß jemand grundsätzlich nur dann Unternehmer ist, wenn er eine neue Kombination (in der Produktion oder im Vertrieb) durchsetzt«. Er meinte, diese Definition sei zugleich weiter und enger als die bisher üblichen: »Weiter: Denn wir nennen Unternehmer erstens nicht bloß jene ›selbständigen‹ Wirtschaftssubjekte der Verkehrswirtschaft, die man so zu nennen pflegt, sondern alle, welche die für den Begriff konstitutive Funktion tatsächlich erfüllen, auch wenn sie, wie gegenwärtig immer häufiger, ›unselbständige‹ Angestellte einer Aktiengesellschaft – aber auch Privatfirma – sind ... Enger: Unter unseren Begriff fallen nicht alle selbständigen, für eigene Rechnung handelnden Wirtschaftssubjekte, wie das üblich ist. Eigentum am Betrieb – oder überhaupt irgend welches ›Vermögen‹ – ist für uns kein wesentliches Merkmal.«

Eine derart anspruchsvolle Eingrenzung wird im üblichen Sprachgebrauch in der Regel nicht vorgenommen. Sie würde viele Selbständige ausschließen. Mit der wachsenden Bedeutung des Dienstleistungssektors ist heute auch der traditionelle Unterschied zu den Freien Berufen weniger eindeutig.

Unternehmer sind verantwortliche Führungspersönlichkeiten in Firmen, die im Wettbewerb stehen. Traditionell war das Zusammenkommen von persönlich haftendem Eigentum, Leistung und Risiko kennzeichnend. Durch die stark gewachsene Zahl der Kapitalgesellschaften gewannen dann die Management-Unternehmer neben den Eigentum-Unternehmern im Verlauf dieses Jahrhunderts eine beträchtlich gestiegene Bedeutung.

Europa und Nordamerika gingen in der Industrialisierung, im rasch zunehmenden grenzüberschreitenden Wettbewerb voran. Das förderte bestimmte Qualitäten und Merkmale von Unternehmern. Die Vielfalt der regionalen und sektoralen Bedingungen in Industrie, Handel, Banken und neuen Dienstleistungen, in Firmengrößen und Gesellschaftsformen blieb jedoch so groß, daß man von einem allgemein vorherrschenden Typus nicht sprechen konnte. Max Weber hatte Anfang unseres Jahrhunderts in seinem grundlegenden Werk »Die protestantische Ethik und der Geist des Kapitalismus« geschrieben: »Der Idealtyp des kapitalistischen Unternehmers, wie er auch bei uns in hervorragenden Beispielen vertreten war, hat mit gröberem oder feinerem Protzentum nichts Verwandtes. Er scheut die Ostentation und den unnötigen Aufwand ebenso wie den bewußten Genuß seiner Macht und die ihm ebenso unbequeme Entgegennahme von äußeren Zeichen der gesellschaftlichen Achtung, die er genießt. Seine Lebensführung trägt oft einen gewissen asketischen Zug an sich.«

Weber war sich völlig darüber im klaren, daß er so eine bestimmte, besonders wichtige Gruppe beschrieb, deren Ethos und Engagement vor allem vom christlichen Calvinismus geprägt war. Es gab sie zahlreich in den angelsächsischen Ländern. Aber vor allem in den USA traten im 19. Jahrhundert bei der Erschließung des mittleren und fernen Westens machthungrige und kapitalstarke Persönlichkeiten auf, die mit Härte und oft auch skrupellosen Methoden wirtschaftliche Macht und sehr große Vermögen anhäuften. So fügte Weber nicht zuletzt mit Blick auf diese Erscheinungen hinzu: »Die kapitalistische Wirtschaftsordnung braucht die Hingabe an den Beruf des Geldverdienens. Sie ist (in unserer Gegenwart) so sehr mit den Bedingungen des Sieges im ökonomischen Daseinskampf verknüpft, daß von einem notwendigen Zusammenhang mit irgendeiner einheitlichen Weltanschauung heute gar keine Rede mehr sein kann.«

Kinderarbeit, verbreitete soziale Not, fehlender Arbeitsschutz waren düstere Schattenseiten der eindrucksvollen wirtschaftlichen Dynamik, die mit der Industrialisierung einsetzte. Aus verschiedenen Antrieben erfolgten hier allmählich Korrekturen mit ersten staatlichen Schutzgesetzen. Aber aus einem Protest gegen die bedrückenden Existenzprobleme der meisten Arbeitnehmer entstanden schon zuvor sozialistische und kommunistische Bewegungen, die sich später in revolutionäre und reformistische Parteien aufspalteten. Der Klassenkampf wurde eine Ideologie und zeitweise auch eine Realität. Diese Erfahrung früherer Generationen hat bis in unsere Zeit hinein immer wieder verbreitete Zweifel an dem sozialen Charakter eines freien auf Privateigentum beruhenden Unternehmertums und einer Marktwirtschaft lebendig gehalten.

Dabei wurde bereits im 19. Jahrhundert die neue soziale Frage von nicht wenigen Unternehmern erkannt und in vielen betriebsbezogenen Einrichtungen versucht, das Los der Arbeitnehmer zu verbessern. Aber das genügte den vorwärtsdrängenden Kräften der Veränderung nicht. Die Forderungen und Erwartungen der neuen Massenorganisationen gingen viel weiter und die Sozialkonflikte nahmen in allen westlichen Ländern zu.

So wurde das Netz der Sozialgesetzgebung dichter. Allerdings mit beträchtlichen Unterschieden in den verschiedenen Industrienationen wie auch in der öffentlichen Bewertung.

In den Perioden eines starken wirtschaftlichen Wachstums, also vor dem Ersten Weltkrieg und nach 1945, waren die Bedingungen für evolutionäre Veränderungen, die zunehmende Teilhabe der Arbeiter am ökonomischen und sozialen Fortschritt günstig. In vielen Ländern gelang eine friedliche Transformation. Die schweren Erschütterungen der beiden Weltkriege und der Weltwirtschaftskrise um 1930 beförderten in einigen Staaten revolutionäre Veränderungen und härtere Konflikte.

In den letzten Jahrzehnten haben sich die marktwirtschaftlichen Systeme gegenüber den verschiedenen Formen der sozialistischen, planwirtschaftlichen Organisationen eindeutig als überlegen erwiesen. Sie beruhen ja im wesentlichen auf privater, unternehmerischer Initiative in einem rechtlichen Ordnungsrahmen, auf Wettbewerb und offenen Märkten.

Zugleich bestätigen demoskopische Untersuchungen immer wieder, daß die Einschätzung der Wettbewerbswirtschaft und der Unternehmer in der Bevölkerung zwiespältig ist, durch verbreitete Unsicherheit und manche Vorurteile mitbestimmt. In den letzten Jahren haben in Westeuropa die Wachstumsschwäche und steigende Arbeitslosigkeit die kritische Stimmung noch verstärkt.

Offenkundig ist eine beträchtliche Unkenntnis über die Regeln und ethische Legitimation einer freiheitlichen Wirtschaftsordnung, die Funktionsbedingungen einer erfolgreichen Unternehmensführung. Alle Bemühungen, Themen der Wirtschaft und Betriebsorganisation stärker in den Schulunterricht einzubeziehen, haben wenig bewirkt. Dabei gibt es im einzelnen auch ermutigende Entwicklungen. In mehreren Bundesländern nehmen mittlerweile die meisten Absolventen von Realschulen und Gymnasien an Betriebspraktika teil, die ihnen auch eine wichtige Orientierung für spätere Berufsentscheidungen geben können. In den meisten Fachschulen, Fachhochschulen und

Wirtschaftsakademien wurde eine stärkere Verbindung von Theorie und Praxis erreicht. Viele Unternehmer – aber noch nicht alle – haben erkannt, daß dies in ihrem eigenen Interesse ebenso liegt wie die Erhaltung des dualen Ausbildungssystems in der Kombination von Lehre und Berufsschulunterricht.

Die soziale Verantwortung des Unternehmers in einer offenen Gesellschaft ist weltweit zu einem zentralen Thema unserer Zeit geworden. Es gibt in Wissenschaft, Publizistik und Politik unterschiedliche Antworten. Milton Friedman hat in besonders profilierter und für manche provozierender Weise Stellung bezogen. Er schrieb: »Geschäftsleute, die lautstark von der sozialen Verantwortung der Wirtschaft reden, glauben, das freie Unternehmertum mit der Behauptung zu verteidigen, daß die Wirtschaft nicht nur am Gewinn interessiert ist, sondern auch an der Förderung wünschenswerter sozialer Ziele. ... Aber: Nur Menschen können Verantwortung haben. Eine Körperschaft ist ein künstliches Gebilde, und in diesem Sinne hat sie eine künstliche Verantwortung.«

Nichts sei dagegen einzuwenden, wenn Firmeninhaber persönlich großzügig für gemeinnützige und soziale Zwecke spenden. Unternehmer praktizierten ihre Verantwortung jedoch am wirksamsten, wenn sie durch Optimierung ihres Potentials und durch Innovationsfähigkeit erfolgreich seien und dabei die Spielregeln beachteten, das heißt, ohne zu täuschen oder zu betrügen, am fairen, offenen Wettbewerb teilnehmen.

Friedmans ordnungspolitische klare Position kann man als bewußte Zuspitzung verstehen, die andere Aspekte vernachlässigt. Richtig ist, daß im Wettberwerb nichts den Erfolg zu ersetzen vermag. Wenn Unternehmerverbände oder Einzelfirmen im Interesse eines angenehmen sozialen Klimas zu großzügige Lohnzugeständnisse machen oder freiwillige Leistungen zu stark auf Kosten der Rentabilität erhöhen, dann ist dies in der Regel ein schlechter, manchmal verhängnisvoller Kurs. Wir haben in den letzten Jahrzehnten auch in Deutschland mehrfach solche Erfahrungen gemacht.

Aber Friedman übersah eine andere wichtige Erfahrung. Immer wieder haben angesehene, erfolgreiche Unternehmer im eigenen Betrieb und auch in öffentlichen Ämtern ihre im Beruf erworbene Kompetenz für das Gemeinwohl eingesetzt. Ob es Stiftungen waren, die soziale Belange für Mitarbeiter, kulturelle Einrichtungen der Heimatstadt oder Wissenschaft und Forschung im eigenen Land förderten, ob es um die ehrenamtliche Tätigkeit in Organen der Selbstverwaltung für die berufliche Aus- und Fortbildung oder die Förderung von neuen Existenzgründungen ging, die scharfe Trennung zwischen der Verantwortung für die eigene Firma und den privaten Spendern entsprach oft nicht der Realität.

So sind aus gutem Grund institutionelle oder firmenbezogene Regelungen für die Zusammenarbeit von Unternehmern und Mitarbeitern in den Betrieben geschaffen worden, um einen vernünftigen Interessenausgleich zu erreichen. Im Kern hat sich das deutsche Betriebsverfassungsgesetz bewährt. Das gilt unabhängig von der Diskussion über bestimmte Korrekturen, die unter dem Vorzeichen einer stärkeren Harmonisierung in der Europäischen Union gefordert werden. Nicht nur Eigentümer-Unternehmer, sondern auch die Manager zahlreicher Kapitalgesellschaften haben mit den Betriebsräten neue Formen der Vermögensbildung der Arbeitnehmer ebenso vereinbart wie die Schaffung von Betriebskindergärten und anderer sozialer Einrichtungen.

Die Rahmenbedingungen für die Marktwirtschaft wichen in den Industrieländern voneinander ab. Das gilt besonders für die Dimension des Sozialen. Für die Sicherung eines funktionsfähigen Wettbewerbs hat der Staat eine Ordnungs- und Ausgleichsfunktion. Die grundsätzlichen Debatten hierüber wurden bald nach dem Ende des Zweiten Weltkriegs unter den Vorzeichen der schweren Wirtschaftskrise um 1930 und der Diktaturen geführt.

In Deutschland verbanden vor allem Ludwig Erhard und Alfred Müller-Armack neoliberale und christlich-soziale Ideen in dem Konzept einer sozialen Marktwirtschaft. Zu ihnen gehörten die Förderung des privaten Eigentums auch an Produktionsmitteln, marktgerechte Preise, Gewerbe- und Niederlassungsfähigkeit, Mitwirkungsrecht der Arbeitnehmer an bestimmten Entscheidungen in den Betrieben, gesetzliche Standards über menschenwürdige Arbeitsbedingungen und soziale Sicherung für die Alten und wirtschaftlich Schwachen. Die Konkretisierung dieser Prinzipien und ihre politische Umsetzung wurden nicht ohne heftige Auseinandersetzungen erreicht. Aber der schnelle Erfolg der ersten Grundsatzentscheidungen und die rasch einsetzende wirtschaftliche Dynamik gaben Erhards Politik eine starke Unterstützung, besonders in den Wahlen der fünfziger Jahre.

Viele Unternehmer nutzten die neuen günstigen Rahmenbedingungen und Impulse. Der Wiederaufbau alter, durch Krieg oder Vertreibung schwer getroffener Firmen ging rasch voran. Zahlreiche Neugründungen kamen hinzu, oft in der Verbindung von technischer Innovation und moderner Betriebsorganisation. Besonders erfolgreiche Unternehmerpersönlichkeiten fanden starke Anerkennung und Beachtung. Max Grundig, Heinrich Nordhoff, Josef Neckermann, Hermann Josef Abs standen beispielhaft für Tausende in der ersten Nachkriegsgeneration.

Die freie Wirtschaft übte in den ersten Nachkriegsjahrzehnten eine starke Anziehungskraft auf tüchtige junge Leute aus. Sie bot den Heimkehrern aus dem Krieg, den folgenden Jahrgängen zunehmend Arbeits- und Aufstiegschancen. Der öffentliche Dienst hatte vor allem seit der zweiten Hälfte der fünfziger Jahre Schwierigkeiten im Wettbewerb um die besten Absolventen der Hochschulen. Noch 1968 bevorzugten zwei Drittel der jungen Akademiker Berufe im privaten Sektor. Eine große Anzahl machte sich selbständig. In dem veränderten politischen und geistigen Klima der siebziger Jahre gab es dann einen Umschwung. 1980 strebten über 60 Prozent der Hochschulabsolventen in den öffentlichen Dienst.

Seit den Anfängen der Regierung Brandt wurde die Rolle des Staates in Wirtschaft und Gesellschaft neu definiert. Eine »Erweiterung des öffentlichen Korridors«, ein höherer Staatsanteil, mehr Interventionen der öffentlichen Hand in den ökonomischen Bereich galten als erforderlich, um die Zukunftsprobleme zu lösen, durch verstärkte Umverteilung einen sozialen Ausgleich zu fördern.

Im veränderten Klima jener Zeit wehte auch für die Unternehmer ein rauherer Wind. Die Mitbestimmungsrechte der Gewerkschaften wurden in den größeren Betrieben erweitert, Steuern und Abgaben stiegen an. Dies trug zu dem langsameren Wirtschaftswachstum und der steigenden Arbeitslosigkeit während der siebziger Jahre bei. Dabei zeigten die meisten Betriebe ein hohes Maß an Anpassungsfähigkeit an die neuen Bedingungen. In den Wirtschaftsverbänden setzte eine verstärkte Diskussion über das Selbstverständnis der Unternehmer in einer sich rasch wandelnden Gesellschaftsstruktur ein. Das System der sozialen Marktwirtschaft wurde auch in dieser Zeit wachsender innenpolitischer Gegensätze im Grunde nur von Minderheiten in Frage gestellt. Es blieb auf Unternehmer angewiesen, die den Wettbewerb als Herausforderung für sich annahmen, die zum kalkulierten Risiko bereit und zur Innovation befähigt waren und durch Investitionen Arbeitgeber für andere wurden. So konnte man den Unternehmer als Reformer in einem Teilbereich bezeichnen, einen Schrittmacher für sektoralen Fortschritt.

Nach 1970 ging die weitgehende Öffnung der internationalen Märkte voran, deren Folgen erst allmählich voll begriffen wurden. Hierzu trug die rasche Erweiterung der Europäischen Union ebenso bei, wie die weltweiten Handelsabkommen. 1991 wurden in der Zeit der dramatischen politischen Veränderungen in Deutschland und Europa die neuen internationalen Abkommen im Rahmen des GATT und die Gründung einer Welthandelsorganisation von einer breiteren Öffentlichkeit nur wenig beachtet. Heute ist die Globalisierung zu einem Hauptthema der politischen und publizistischen Diskussionen geworden. Sie wird von nicht wenigen zunehmend mit düsteren Prognosen über ihre angeblich schlimmen Folgen für die überkommenen Wirtschaftsstrukturen und die Arbeitnehmer behandelt.

Die großen weltweiten Veränderungen der letzten zehn Jahre haben die Marktwirtschaft und mit ihr die Spielraume fur unternehmerische Initiative stärker vorangebracht, als dies in Generationen zuvor der Fall war. Die zunehmend vertraglich abgesicherte Marktöffnung wurde schon erwähnt. Hinzu kam die rasante Entwicklung der modernen Kommunikations- und Verkehrstechniken. Demokratie und Marktwirtschaft sind in den meisten Ländern Asiens, in Lateinamerika, in den früher kommunistisch beherrschten Staaten Osteuropas auf dem Vormarsch.

Es ist faszinierend zu sehen, wie offene politische und wirtschaftliche Systeme enorme produktive Kräfte freisetzen, private Initiativen der verschiedensten Art ermutigen und beachtliche Lernprozesse insbesondere in der jüngeren Generation fördern. Bei meinem ersten Besuch in China 1981 hörten meine Begleiter und ich in der Millionenstadt Chengdu im Staatshotel, soeben sei das erste private Teehaus eröffnet worden. Wir besuchten es, mit Mühe fanden wir in dem überfüllten Etablissement inmitten begeisterter, fröhlicher Menschen einen Platz. Heute gibt es in diesem Hauptort der Provinz Szetschuan viele tausend private Unternehmen im Dienstleistungssektor und den verschiedensten Bereichen der Produktion. Ihre Eigentümer, Manager und leitenden Angestellten werden von westlichen Geschäftspartnern und Kunden mittlerweile als kompetente, ernstzunehmende Fachleute anerkannt und respektiert.

Vergleichbare Erfahrungen können wir Deutsche heute in einer weiter wachsenden Zahl von Ländern mehrerer Kontinente machen. Die Dynamik und der Leistungswille der Menschen erinnert uns an die Situation in den Jahren des Wiederaufbaus bci uns. In Ostcuropa sind dic Chcfs postkommunistischer Par teien nicht selten maßgeblich an marktwirtschaftlichen Reformen, an Privatisierung und Förderung des Leistungsprinzips beteiligt. Manche von ihnen wirken moderner als gewisse im alten Denken verharrende Politiker und Verbandsfunktionäre in den traditionellen Demokratien.

Für uns Deutsche ist dies ein eindringlicher Appell, uns wieder auf die Grundsätze einer freiheitlichen und sozialen Marktwirtschaft zu besinnen. Sie geht von der Fähigkeit und Bereitschaft der mündigen Menschen zu Selbstverantwortung, ihrer Freude an der aktiven Gestaltung des eigenen Lebensbereiches und zum Gemeinsinn aus, also von ethischen Qualitäten, ohne die eine Demokratie kaum Bestand haben wird. In diesem Kontext kann der besondere und unentbehrliche Beitrag der Unternehmer für Wirtschaft und Gesellschaft wieder deutlicher sichtbar und besser verstanden werden. Das vergrößert die Chance, daß wieder mehr begabte, tüchtige Menschen bereit sind, sich für Selbständigkeit und unternehmerisches Engagement zu entscheiden.

Dr. Rolf E. Breuer
1937 in Bonn geboren,
absolvierte 1956 eine Ausbildung
bei der Deutschen Bank.
Nach Jurastudium und Promotion
kehrte er 1967 zur Deutschen
Bank zurück.
1985 wurde er Mitglied des
Vorstandes, zuständig für das
Börsen- und Fondsgeschäft
und den Bereich Capital Markets
der Deutschen Bank.
Seit Mai 1997 ist Rolf E. Breuer
Sprecher des Vorstandes der
Deutschen Bank AG.
Als Präsident der Frankfurter
Wertpapierbörse und als
Vorsitzender des Aufsichtsrats
der Deutsche Börse AG hat er
wesentlich zur Modernisierung
des deutschen Kapitalmarktes
beigetragen und sich besonders
für dessen Wettbewerbsfähigkeit
in Europa eingesetzt

Rolf E. Breuer

Finanzplatz Deutschland

Internationaler Wettbewerb und europäischer Standort

Mit dem Begriff Finanzplatz assoziiert man die Namen New York, London, Tokio, aber auch Paris und Frankfurt. Die ersten drei genannten haben sich als die bedeutendsten Finanzplätze ihrer Zeitzone herausgebildet. New York ist das Zentrum des größten Kapitalmarktes der Welt und ein Finanzzentrum mit internationaler Anziehungskraft für Marktteilnehmer und für Produkte. New York schöpft seine Kraft und Kreativität aus einem riesigen Binnenmarkt und seiner ausgeprägten Inlandsorientierung, dem *Domestic Business*. New York profitiert aber auch von der Vormachtstellung des US-Dollar im Weltwährungsgefüge. Tokio ist in etwa mit New York vergleichbar. Die Entstehung und Entwicklung Tokios als Finanzzentrum geht ebenfalls primär auf das *Domestic Business* zurück. Die Bedeutung von London ist eine ganz andere als die von Tokio oder New York; London könnte vom britischen Geschäft allein nicht leben. London profitiert als Finanzzentrum vornehmlich vom internationalen Geschäft, von der Vielzahl dort ansässiger Finanzinstitutionen und von deren hohem Asset-Management-Volumen.

Innerhalb Europas sind Frankfurt und Paris, mit gebührendem Abstand zu London, als die dominierenden kontinentaleuropäischen Finanzplätze anzusehen. Ihnen fehlt aber die Internationalität nach Londoner Muster. Sie sind primär nationale, auf die Heimatwährung ausgerichtete Märkte. Die Anziehungskraft Frankfurts – sowie des Finanzzentrums Deutschland – beruht auf der Währung, der D-Mark. So hat Frankfurt eine starke Position in international nachgefragten D-Mark-Produkten; gleichzeitig werden in Deutschland aber nur wenige Nicht-D-Mark-Produkte gehandelt. Dies ist ein Faktor, der Deutschland mit Blick auf die Währungsunion bewegt. Wird Frankfurt mit der D-Mark auch seine Bedeutung als internationales Finanzzentrum verlieren? Oder wird mit der Europäischen Zentralbank auch der Schwerpunkt des Euro-Währungsprogramms in Frankfurt zu finden sein?

Selbstverständlich gibt es in Europa – und sogar in Deutschland – noch eine Vielzahl von kleineren Finanzplätzen mit lokaler Bedeutung, die alle einen Anteil am Wettbewerb haben. Diese entwickeln sich aber zunehmend zu Nischenplätzen, die weder die gleichen Kapazitäten noch die gleichen Ziele haben wie die größeren Plätze. Man könnte jene Plätze, die die volle Leistungspalette anbieten, auch »Finanzzentren« nennen, um sie von den kleineren Finanzplätzen abzugrenzen. Die folgenden Ausführungen beschreiben die Parameter, welche solche Finanzplätze und Finanzzentren bestimmen. Daran schließt sich eine Analyse des Profils des Finanzplatzes Deutschland. In einem dritten Teil werden die Perspektiven, die sich aus den beiden vorangegangenen Teilen für den Finanzplatz Deutschland ergeben, aufgezeigt.

Märkte in Bewegung

Die Finanzmärkte befinden sich schon seit einiger Zeit in einem tiefgreifenden Wandel. Sie sind selbst oft das Medium, durch das sich der wirtschaftliche, gesellschaftliche und politische Wandel manifestiert. Der Finanzplatz Deutschland wird in nächster Zukunft vor allem durch zwei Trends beeinflußt: die Globalisierung und die Europäische Währungsunion (EWU).

Viele Veränderungen, die in den letzten Jahren die Finanzmärkte bewegt haben, können auf den gemeinsamen Nenner »Globalisierung« gebracht werden. Auf den ersten Blick sind globale Märkte solche, auf denen Transaktionen über politische Grenzen hinweg erfolgen; man spricht von Cross-border-Geschäften. Dies trifft den Sachverhalt nicht genau.

Wer von globalen Märkten spricht, meint auch solche Märkte, auf denen globale Produkte oder zumindest internationale Produkte gehandelt werden. Und nicht zuletzt sind es Märkte, an denen globale *player* präsent sind. Erst dieser Dreiklang der Globalität, nämlich globale Transaktionen, durchgeführt von global präsenten Finanzdienstleistern in global verfügbaren Produkten, machen einen globalen Markt aus. Ein solcher Markt ist erst durch drei weitere Entwicklungsstränge – die technische Entwicklung, die Deregulierung und die Institutionalisierung des Finanzdienstleistungsgeschäfts – möglich geworden.

Neben diesen Megatrend Globalisierung tritt die Europäische Währungsunion komplementär und trendverstärkend hinzu. Sie ist ein wichtiger Entwicklungsfaktor und wird in Europa markante Veränderungen bewirken, die den Wettbewerb der Finanzplätze deutlich verschärfen. Die Zukunft der europäischen Finanzplätze ist somit in das Vorhaben der Europäischen Währungsunion untrennbar eingebettet. Sie hat nicht nur technische und organisatorische Implikationen, sondern auch einen strategischen Aspekt. Die europäischen Märkte werden einheitlicher, transparenter und offener. Damit birgt die Europäische Währungsunion die große Chance, in einem viel größeren Markt neue ertragreiche Geschäfte zu machen.

Der Euro verschärft den Wettbewerb

Der Euro wird die Herausforderungen unserer Zeit – insbesondere die Globalisierung, aber auch die Technologisierung und Institutionalisierung – verstärken und damit den Wettbewerb der europäischen Finanzplätze beschleunigen. Es stellt sich insbesondere die Frage: London, Frankfurt, Paris – welcher dieser Finanzplätze wird zum Zentrum des Handels mit Euro-Produkten? Mit der Einführung einer gemeinsamen Währung wird der Wettbewerb zwischen diesen europäischen Metropolen intensiviert. Die an den jeweiligen Plätzen handelnden Unternehmensgruppen haben dabei ein großes Interesse, sich positiv von anderen Finanzplätzen abzugrenzen, um neue, international tätige Finanzdienstleister anzuziehen und ansässige Akteure nicht zu verlieren.

Als Banken- und Finanzzentrum profitiert London vornehmlich vom internationalen Geschäft, von der Vielzahl dort ansässiger Finanzinstitutionen und von deren hohem Asset-Management-Volumen. Neben der Internationalität verdankt London seine dominierende Stellung auch seiner Dynamik und Innovationskraft, die sich in den letzten Jahren verbessert und zu seinen Gunsten ausgewirkt hat, sowie dem hohen bankgeschäftlichen Know-how der in London arbeitenden Finanzfachkräfte. Diese Menschen fühlen sich zudem in dieser Stadt aus finanziellen und kulturellen Gründen wohl und lassen sich daher weit weniger leicht an andere Bankenplätze verlagern als zum Beispiel Kapital und Informationen. Der Finanzplatz London profitiert vom derzeitigen Trend internationaler Finanzdienstleister, die in jeder Zeitzone dieser Welt mit nur noch einem Hauptstützpunkt vertreten sein möchten.

Für Paris und Frankfurt heißt das Ziel, auf dem Kontinent der führende Bankenplatz in der Europäischen Währungsunion zu werden und die Lücke zu London zu verringern oder sogar zu schließen. Maßnahmen zur Förderung des Finanzplatzes waren und sind in Frankreich und in Deutschland in vielfältiger Weise zu beobachten. Paris hat schon recht frühzeitig mit der Modernisierung des Bankenplatzes begonnen und Ende der achtziger Jahre einen *big bang* durchgeführt. Bis heute wurde die aktive Politik der Förderung des französischen Kapitalmarktes fortgesetzt. Der Bankenplatz Paris hat dabei zweifellos auch von der zentralistischen Ausrichtung des französischen Staates profitiert. Auf die entsprechenden Bemühungen in Frankfurt wird noch einzugehen sein.

Was ist ein Finanzzentrum? Und wie entsteht es?

Wenn sich die Vorgabe des Wettbewerbs für den Finanzplatz Deutschland wie beschrieben darstellt, dann lohnt es sich, der grundsätzlichen Frage nachzugehen, was wir unter einem Finanzzentrum verstehen. Finanzzentren sind grundsätzlich Dreh- und Angelpunkte von internationalen Kapitalflüssen. Finanzzentren sind – konkret ausgedrückt – Orte, an denen erstens Menschen arbeiten, die ein umfassendes Know-how in allen Sparten des Finanzdienstleistungsgeschäfts vorweisen, die zweitens eine hohe Konzentration von in- und ausländischen Finanzinstitutionen mit internationalen Geschäftsbeziehungen aufweisen und drittens deren Finanzmärkte aktiv von in- und ausländischen Emittenten und Anlegern genutzt werden. Finanzzentren haben viertens eine Geschichte und Identität, die oft länger als und über materielle Strukturen und Organisationen hinaus Bestand haben. In einem Zeitalter des virtuellen Wertpapierhandels ist Finanzzentrum nicht gleichbedeutend mit Börsenplatz. Aber darauf wird ebenfalls noch einzugehen sein.

Noch viel wichtiger ist die Frage, was ein Finanzzentrum erfolgreich macht. Welche Kriterien entscheiden, ob ein Finanzzentrum den bereits erwähnten internationalen Anforderungen gerecht werden kann oder ob es dem Wettbewerb standhält? Die jederzeitige Verfügbarkeit international konkurrenzfähiger Finanzdienstleistungen, die von effizient arbeitenden Finanzinstitutionen erstellt und angeboten werden, ist keine Selbstverständlichkeit. Sie ist die Konsequenz eines intensiven Wettbewerbs, der sich nur in Finanzzentren mit einer kritischen Konzentration von Teilnehmern und Produkten positiv und langfristig entwickelt.

Finanzzentren, deren Rahmenbedingungen für Finanzmarktteilnehmer nicht internationalem Standard entsprechen und die Nachfrage nach Dienstleistungen und Produkten nicht mit einem attraktiven Angebot bedienen können, werden Marktanteile an andere, leistungsfähigere Finanzzentren verlieren. Oder umgekehrt: Je günstiger die Erfolgsfaktoren als Ganzes an einem Finanzplatz gestaltet sind, desto höher ist ihre positive Wirkung auf die Wettbewerbsfähigkeit dieses Zentrums.

Die Erfolgsparameter eines Finanzzentrums haben drei Dimensionen: Markt, Infrastruktur und Umfeld. Der Markt setzt sich aus seinen Teilnehmern und den gehandelten Produkten zusammen. Für die Standortfrage der Marktteilnehmer zählt die Attraktivität eines Zentrums als internationaler Banken- und Finanzdienstleistungsplatz. Sie achten besonders auf die Attraktivität und Vielfalt der Produkte, die auf dem Kapitalmarkt oder an der Börse dieses Zentrums angeboten und gehandelt werden, und die Teilnehmer, mit denen sie Handel treiben. Die Infrastruktur besteht aus der Organisation des Marktes, in aller Regel einer Börse, den Gesetzen und anderen Regeln, denen der Markt unterworfen ist. Das Umfeld schließlich wird einerseits bestimmt von der für Finanzdienstleister essentiellen Ressource qualifizierter Arbeitskräfte und andererseits von weichen Faktoren wie Sprache, Kultur und gesellschaftlichem Umfeld. Der Markt ändert sich oft schnell, das Umfeld eher langsam. Deswegen ist die Toleranz für Imperfektionen beim Markt sehr gering, beim Umfeld vielleicht höher. Aber langfristig sind alle drei Dimensionen für den Erfolg entscheidend.

Markt: Teilnehmer und Produkte

Die Attraktivität eines Finanzzentrums – seine Stärken und Schwächen – hängen naturgemäß letztlich von den Finanzmarktteilnehmern ab, die diesen Platz prägen. Finanzmarktteilnehmer sind vor allem Banken. Die international im Wettbewerb stehenden Banken stellen verstärkt Überlegungen an, wie sie in einem solchen Umfeld eine höhere betriebswirtschaftliche Effizienz erzielen können. Der steigende Kostendruck erfordert es, organisatorische und geschäftliche Strukturen zu straffen und Überkapazitäten in der Produktentwicklung, beim Vertrieb, bei Bearbeitungs- und Abwicklungssystemen, aber auch in Handelsbereichen abzubauen. Auch im Hinblick auf die Europäische Währungsunion, in der alle Unternehmen ohne Wechselkursrisiken agieren können und die Märkte größer und transparenter werden, geht es insbesondere für die Banken auch darum, die Wahl des Standorts oder die Ansiedlung von bestimmten Geschäftsbereichen neu zu überdenken.

Bei der Beantwortung der Standortfrage dürften die Banken nicht immer zu gleichen Ergebnissen kommen. Während bei den europäischen Banken die Zentrale natürlicherweise als Heimatstandort bestehen bleiben dürfte und sich die Standortfrage nur für bestimmte Geschäftsfelder stellt, zum Beispiel für das internationale Großkundengeschäft oder das Back Office, geht es für außereuropäische Banken tendenziell darum, ihre Aktivitäten an einem Bankenplatz mit den insgesamt attraktivsten Wettbewerbsbedingungen zu zentralisieren.

Dieser Trend heißt Konzentration. Die Agglomeration von Kreditinstituten, Wertpapierhäusern, Anlegergruppen und international tätigen Unternehmen vermittelt Vorteile in Form von Nachfragesteigerung, von besseren Möglichkeiten der Kostenreduktion, der Informationsbeschaffung und der Spezialisierung. Sie stellen aus der Sicht von Finanzdienstleistern wesentliche Kriterien für die Attraktivität eines Finanzzentrums dar. Eine hohe Konzentration von Finanzinstitutionen in einem Finanzzentrum bewirkt tendenziell eine höhere Wettbewerbsintensität. Diese führt zur qualitativen und quantitativen Verbesserung der Marktleistungen und fördert die Entwicklung von Produkt- und Organisationsinnovationen im Finanzbereich. Das heißt, der Erfolg eines Finanzzentrums hängt zu einem wesentlichen Teil von den Standortentscheidungen der Finanzdienstleister ab.

Produkte sind Gegenstand des Handels der Marktteilnehmer. Länder wie die Vereinigten Staaten von Amerika haben einen originären Vorteil aufgrund ihres großen Binnenmarktes. Sofern ein Zentrum nicht auf einen großen Binnenmarkt bauen kann, muß es besonders für internationale Produkte attraktiv sein, um bei Entwicklung neuer Produkte die Schwäche der lokalen Produkte zu kompensieren.

Infrastruktur: Börse und Regeln

Die Börse ist heute noch gewiß ein ganz wesentliches Element eines Finanzzentrums, auch wenn sie nur im Aktienbereich und bei Futures und Optionen Bedeutung hat. Ihre Bedeutung im Renten- und im Devisenbereich ist geringer, da das Geschäft meist außerhalb der Börse direkt zwischen Marktteilnehmern erfolgt. Die Börse kann ihre Attraktivität weitgehend selbst gestalten. Sie muß neben bedarfsgerechten Produkten ein Marktmodell anbieten, das eine schnelle und billige Durchführung von Geschäften, eine faire Preissetzung, einen hohen Handels- und einen sicheren Abwicklungskomfort bietet. Sie kann durch eine investorengerechte Marktstruktur die Voraussetzungen für einen hohen Marktanteil im internationalen Börsenwettbewerb schaffen und damit auch den Stellenwert des eigenen Finanzzentrums mitbeeinflussen. Wer zukünftig zu den attraktivsten Wertpapiermärkten der Zeitzone gehören will, muß daher eine Verbesserung der Marktqualität und eine leistungsfähige Infrastruktur herbeiführen.

Angesichts der Entwicklungen und Fortschritte auf dem Gebiet der Technologie und der Kommunikation dürfte möglicherweise zukünftig immer weniger die Notwendigkeit bestehen, daß die Börse Teil eines Finanzzentrums ist. Beschleunigt werden diese Überlegungen durch den Umstand, daß die physische Präsenz vor Ort an vielen einzelnen Bankenplätzen wegen der fortgeschrittenen Kommunikationstechnik und der Remote Membership – dem Fernzugang zu den Handelsplätzen anderer Staaten – immer weniger erforderlich wird.

Die Regeln, nach denen der Handel stattfindet, werden nicht nur durch Gesetze bestimmt, sondern auch durch gesetzesähnliche Vereinbarungen wie Börsenordnung sowie Selbstregulierung zwischen den Finanzmarktteilnehmern. Nicht nur die

Substanz dieser Regeln, sondern auch deren Handhabung durch staatliche Organe und Aufsichtsbehörden haben einen Einfluß auf die Attraktivität des Zentrums. Auch Regulierungsunterschiede und Unterschiede in der Besteuerung, die kostenbedingt bedeutende Auslöser von Kapitalverlagerungen darstellen, prägen die Wettbewerbsfähigkeit und Attraktivität eines Finanzzentrums. Beispiele, die diese Behauptungen unterstreichen, sind Luxemburg und Dublin. Der Grund für die Existenz oder für das Entstehen des Finanzplatzes Luxemburg waren die Mindestreserveregelungen in der Bundesrepublik. Das derzeitige Entstehen des Finanzplatzes Dublin ist ebenfalls auf die günstige steuerliche Behandlung von Neuinvestitionen im Finanzdienstleistungsbereich zurückzuführen.

Der Gesetzgeber und die Aufsichtsbehörden bestimmen über die Zulässigkeit von Kapitalmarkttransaktionen, deren Kosten und Besteuerung, welche wiederum über die Produktvielfalt und damit die Bedeutung des Finanzzentrums entscheiden. Die Globalisierung hat das Verhältnis Finanzmärkte und Politik in Bewegung gebracht. Weil auch Politiker sich den Regeln der Märkte unterwerfen müssen, sprechen manche schon von einer Dominanz der Märkte. Jedenfalls reagieren Investoren rasch, eindeutig und – das wird vielfach unterschätzt – nachhaltig auf Veränderungen von Rahmenbedingungen. Einmal verlorenes Geschäft wieder zurückzuholen, ist schwer. Der Gesetzgeber wird so mit seinen regulatorischen Rahmenbedingungen zu einem immer wichtigeren Erfolgsfaktor eines Finanzzentrums. Je mehr sich die politischen, sozialen und wirtschaftlichen Verhältnisse der Finanzzentren im internationalen Vergleich angleichen, desto eher wird ein ausscherender Markt gemieden.

In Europa mit einer einheitlichen Währung kann ein Regulationsgefälle nicht akzeptiert werden. Ansonsten begeben sich die Marktteilnehmer zu dem am wenigsten regulierten Finanzzentrum. Eine Harmonisierung regulatorischer Bedingungen zwischen den einzelnen Staaten ist daher notwendig. Sie ist Voraussetzung für gleiche Wettbewerbschancen.

Zur Infrastruktur im weiteren Sinne zählt man auch noch die geographische Lage eines Finanzzentrums. Die Zeitzonenlage entscheidet in einem nicht geringen Maße über die Wettbewerbsbeziehung zu anderen Finanzplätzen. Durch die Entwicklung zum 24-Stunden-Handel, der sich von Amerika über Asien nach Europa erstreckt, sind viele Banken und Finanzdienstleister bestrebt, in jeder Zeitzone vertreten zu sein. Daher entwickelt sich innerhalb der Zeitzonen ein intensiver Wettbewerb der Finanzzentren um die Führerschaft. Der durch die Globalisierung induzierte Wettbewerbs- und Kostendruck auf die international tätigen Finanzdienstleister fördert allerdings den Trend, sich primär in den drei wichtigen Zeitzonen der Triade Amerika, Asien und Europa effizient zu organisieren.

Umfeld: Arbeitsmarkt und Gesellschaft

Eine hohe Qualifikation und ein gutes Ausbildungsniveau der Arbeitskräfte sind Voraussetzung für die Effizienz eines Finanzplatzes. Das Arbeitsrecht eines Landes kann für die Zentrierung von Geschäftsbereichen einer Bank – insbesondere das Wholesalegeschäft – auf ein Finanzzentrum eine wichtige Rolle spielen. Verkrustete Arbeitsmarktbedingungen sind wettbewerbsschädlich, erschweren und verteuern das Geschäft; internationale Aktienemissionen, bei denen rund um die Uhr gearbeitet werden muß, sind ein Beispiel.

Sogenannte weiche Standortfaktoren wie Kultur- und Freizeitangebot, Schulen, Universitäten und Ladenöffnungszeiten spielen eine Rolle für die Menschen, die in diesem Finanzzentrum arbeiten. Je angenehmer das Leben für die Menschen an einem Ort ist, desto leichter ist es, an diesen Orten die besten Talente zu finden. Zu den weichen Faktoren gehört auch das Image – der gute Ruf und Erfolg – eines Finanzzentrums, das aus rationalen und emotionalen Elementen besteht. Gutes Image zieht nicht nur Investoren an, sondern auch Know-how in Form hochqualifizierten Personals, das wiederum Garant für hohe Qualität der Dienstleistungen und einer hohen Innovationskultur ist. Die intellektuelle Basis ist ein bedeutender Standortfaktor, wenn es um die Entwicklung innovativer Finanzmarktprodukte und die Umsetzung neuerer Entwicklungen und Strategien an den Kapitalmärkten geht. Das Image-Phänomen gewinnt mit dem wachsenden intellektuellen Niveau der Finanzmärkte wettbewerbsbestimmende Dimension.

Auch die Landessprache und die Geschäftskultur bestimmen die Attraktivität von Finanzzentren mit. Da im internationalen Finanzwesen Englisch die *lingua franca* geworden ist, trägt die Verbreitung der englischen Sprache an einem Finanzzentrum durchaus zu dessen Attraktivität bei. Daher haben Finanzzentren wie London und New York natürliche Vorteile. Letztlich ist es auf die gemeinsame Sprache zurückzuführen, daß seinerzeit US-amerikanische Finanzinstitute London als ihren Standort in der europäischen Zeitzone wählten.

Nur wo die Bedeutung der Finanzmärkte und Finanzzentren auch bei Politik und Ökonomie erkannt und akzeptiert ist, wird sich ein attraktives Umfeld für diese Art unternehmerischen Handelns einstellen. Ein Beispiel dafür, welche Rolle die Politik spielen kann, ist der interessante Wettstreit, der seit Jahren zwischen Hongkong und Singapur zu beobachten ist. Der Vorteil, den Singapur lange Zeit aus der sich ändernden politischen Konstellation in Hongkong ziehen konnte, unterstreicht die folgende These: Sobald nur der Anschein von Sorgen in bezug auf politische oder gesellschaftliche Stabilität geweckt wird, ziehen sich Marktteilnehmer aus Finanzzentren zurück und verlagern ihr Geschäft in sichere Häfen. Unter den wirtschaftlichen Kriterien zählt zum Beispiel die Größe der Volkswirtschaft und ihr Integrationsgrad in der Weltwirtschaft. Das Finanzzentrum New York ist das beste Beispiel dafür, wie ein großer Binnenmarkt einem hervorragenden, wettbewerbsfähigen Finanzzentrum die Kraft gibt, eine hohe Anziehungskraft für Emittenten, Investoren und Intermediäre zu entwickeln.

Gesellschaftliche Funktionen des Finanzplatzes

Aus diesen Erfolgfaktoren ergibt sich schon, daß ein Finanzzentrum kein Selbstzweck ist, sondern in einer starken Wechselwirkung mit der Gesellschaft, in der es sich befindet, steht. Es hat eine wesentliche betriebswirtschaftliche und makroökonomische Bedeutung für das gesamte Umfeld in dem betreffenden Land. Es stellt zum Beispiel den strukturellen Rahmen für die Funktionsfähigkeit der Kapitalmärkte zur Verfügung. Wenn sich Finanzzentren und ihre Märkte entfalten können, sorgen sie für eine optimale Allokation der Ressourcen im realwirtschaftlichen Bereich. Funktionierende, liquide und sichere Finanzmärkte lenken damit Kapital in die Verwendungen, in denen es den höchsten Ertrag bringt, und begünstigen so Wachstum und Wohlstand des Landes. Der Beitrag ist aber auch direkt. Ein gut funktionierendes Finanzzentrum liefert einen substantiellen Beitrag zum Bruttosozialprodukt. Die Finanzdienstleistungsbranche bietet Arbeitsplätze, liefert dem Staat hohe Steuererträge und ist überdurchschnittlich produktiv.

Ein Finanzzentrum ist schließlich auch ein Anstoß zum Fortschritt. Finanzinnovationen werden meist von einer kleinen Gruppe von Marktteilnehmern und »Professionals« vorangetrieben. Neue und ergebnisträchtige Geschäfte sind häufig besonders »talentintensiv«. Ein Finanzzentrum kann wie ein Motor funktionieren, der das rechtliche, soziale und kulturelle Umfeld immer wieder prüft und modernisiert. Ein Finanzstandort hat große Bedeutung für Gesundheit und Entwicklungsperspektiven seiner Volkswirtschaft. Der Markt für Finanzdienstleistungen ist der »Blutkreislauf« der Wirtschaft und hält diese in Schwung.

Bisherige Modernisierungserfolge in Deutschland

Der Finanzplatz Deutschland befindet sich auf gutem Wege, international weiterhin an Wettbewerbsfähigkeit zu gewinnen und Anschluß an die Weltspitze zu halten. In den letzten Jahren ist er ein gutes Stück vorangekommen. Die bisherigen Erfolge können sich sehen lassen. Vieles ist zwar auf Druck der internationalen Entwicklung erfolgt, doch haben die lokalen Beteiligten – der Gesetzgeber, die Deutsche Bundesbank, die Börse, die Banken und die Wissenschaft – viel zu diesem Erfolg beigetragen.

Der Gesetzgeber hat maßgeblich eine Verbesserung der rechtlichen Infrastruktur herbeigeführt. Meilensteine waren die Deregulierungen im Gesellschaftsrecht und die beiden Finanzmarktförderungsgesetze, die zu substantiellen Verbesserungen am Finanzplatz Deutschland führten. Das 3. Finanzmarktförderungsgesetz setzt diese Entwicklung fort. Deutschland wird mit seinen ordnungspolitischen Rahmenbedingungen gegenüber seinen Finanzplatz-Wettbewerbern weitgehend konkurrenzfähig sein.

Auch die Deutsche Bundesbank hat seit Mitte der achtziger Jahre maßgeblich zu einer Liberalisierung des Finanzplatzes beigetragen. Restriktive Regelungen wurden schrittweise beseitigt. Der Finanzplatz wurde für internationale Marktteilnehmer geöffnet: Inlandsemissionen in Fremdwährung wurden freigegeben und rechtlich selbständige Auslandsbanken wurden zur Konsortialführung zugelassen.

Steuern und Regulierungen wurden abgebaut: Die Mindestreserve für Einlagen aufgrund sogenannter Repo-Geschäfte wurde schrittweise auf Null gesenkt. Reine Geldmarktfonds wurden zugelassen. Mit dem Einverständnis der Bundesbank zur Begebung unterjähriger und zweijähriger Schatzanweisungen wurde das Laufzeitspektrum vervollständigt und das Standing des Bundes als Benchmark-Emittent erhöht. Das Stripping 10- und 30jähriger Bundesanleihen gibt den Investoren die Möglichkeit, die Zinsstrukturkurve vollständig abzudecken.

Die Deutsche Börse AG hat nach der Übernahme der Trägerschaft für die Frankfurter Wertpapierbörse von der Industrie- und Handelskammer und der Trägerschaft für die Deutsche

Terminbörse (DTB) die Grundlagen für ein wettbewerbsfähiges Angebot sämtlicher Börsendienstleistungen aus einer Hand geschaffen. Mittlerweile sind Kassamarkt, Terminmarkt und Abwicklung unter einem Dach erfolgreich integriert, eine Struktur, die wohl einzigartig in der Welt ist.

Die Banken haben die Reform- und Modernisierungsmaßnahmen und die internationale Ausrichtung der Deutschen Börse AG maßgeblich betrieben und natürlich mitgetragen. Sie selbst haben internationale Usancen übernommen, beispielsweise das Bookbuilding im Aktienemissionsgeschäft, im Anleihengeschäft wettbewerbsfähige Produkte wie beispielsweise Globals, Jumbos etabliert sowie den Pfandbrief international attraktiv gemacht.

Diese Liste der bereits erreichten Fortschritte zeichnet ein positives Bild. In Deutschland sind sich Politik und Verwaltung inzwischen offenbar des Stellenwertes des eigenen Finanzzentrums für die Wirtschaftskraft des Landes bewußt, denn sie schauen zunehmend über die Grenzen und orientieren sich bei Gesetzen und Regularien an internationalen Standards. Trotzdem soll an dieser Stelle, anhand der oben beschriebenen Kriterien, ein Stärken- und Schwächenprofil des Finanzplatzes Deutschland gezeichnet werden.

Stärken und Schwächen

Internationale Teilnehmer sind in Frankfurt heute zahlreich präsent und haben teilweise starke Marktpositionen erringen können. Der Fernzugang aus anderen Ländern – das sogenannte Remote Membership – hat dazu geführt, daß heute an der DTB über die Hälfte der Teilnehmer aus dem Ausland stammt. Im übrigen gehören deutsche Häuser zu den stärksten und stabilsten europäischen Kapitalmarktteilnehmern.

Der Finanzplatz hat eine starke Position in D-Mark-Produkten. Der deutsche Rentenmarkt ist angesichts seiner Größe, der bedeutenden Emissionstätigkeit des Bundes, der Liquidität und

Internationalität gut positioniert. Das *debt management* des Staates entspricht jedoch noch nicht internationalem Standard, weil es noch zu stark an überkommenen Vorstellungen vom Konsortialgeschäft hängt. Gleichzeitig werden aber in Deutschland nur wenige Nicht-D-Mark-Produkte gehandelt. Auch wichtige Finanzinnovationen wurden in Deutschland oft erst mit Verspätung eingeführt und sind meist Anwendungen anderenorts entwickelter und getesteter Konzepte. Typisch »deutsche« Finanzinnovationen oder Produkte, zum Beispiel der Pfandbrief, stoßen im Ausland teilweise noch auf regulative Hemmnisse oder Unverständnis.

Der Aktienmarkt, und zwar sowohl auf der Unternehmens- als auch auf der Anlegerseite, ist eine gravierende Schwachstelle. Zur Verdeutlichung seien ein paar Zahlen angeführt: Deutschland liefert zwar 13 Prozent der Weltindustrieproduktion, aber nur knapp 3 Prozent der Weltbörsenkapitalisierung. Trotz einer hohen Sparquote sind nur 5 Prozent der Deutschen Aktionäre; diese bescheidene Zahl hat sich seit 1975 nicht verändert und ist international gesehen vergleichsweise sehr gering. Von 4000 Aktiengesellschaften sind nur knapp 700 Unternehmen börsennotiert. Das Neuemissionsvolumen liegt weit unter dem Durchschnitt westlicher Industriestaaten, auch wenn die Zahl in den letzten zehn Jahren deutlich zugenommen hat.

Mit der Weiterentwicklung der Börsenorganisation hat sich in Deutschland die Deutsche Börse AG eine stabile und schlagkräftige Einheit geschaffen. Sie ist mit ihrer Infrastruktur für die Abwicklung von Börsengeschäften auf Weltstandard; im Handel wird man diesen mit der erfolgreichen Umsetzung des Projekts XETRA bald erreichen. Im Zeitalter von Remote Membership sind die DTB und die FWB mit XETRA für den künftigen internationalen Wettbewerb gut gerüstet. Die vollelektronische DTB gehört zu den drei größten Terminbörsen der Welt. DTB, MATIF und die schweizerische Soffex sind eine Kooperation eingegangen, um der LIFFE Paroli zu bieten.

Frankfurt hat hier besondere Nachteile, denn es ist hier nicht ohne weiteres möglich, einen dem globalen Umfeld angemessenen 24-Stunden-Handel zu unterhalten oder Mitarbeiter bei Bedarf am Wochenende ins Büro zu bitten. Mehr Flexibilität benötigen wir also im Arbeitsrecht – auch wenn das Arbeitszeitgesetz 1994 neu gefaßt wurde. Gesetzliche Regelungen, die einfache und flexible Öffnungsklauseln enthalten, sind dringend notwendig, um Wettbewerbsnachteile für deutsche Finanzdienstleister – beispielsweise bei der Durchführung internationaler Emissionsgeschäfte – zu vermeiden. Nach einer Umfrage des Forsa-Instituts sehen 70 Prozent der befragten Manager die bestehenden Gesetze und Tarifverträge als stark oder sehr stark hinderlich für die Schaffung neuer Arbeitsplätze an. Dies ist das Resultat einer Arbeitsgesetzgebung, die in der Industriestruktur der Bundesrepublik vor 50 Jahren fußt, die heute aber angesichts der fortschreitenden Globalisierung ihre Berechtigung verloren hat und sogar hinderlich geworden ist.

Global gesehen kann man sagen, daß Frankfurt nicht dafür berühmt ist, im Investmentbanking besonders qualifiziertes Personal einzusetzen, zum Beispiel im Vergleich zu den Benchmarks der Finanzzentren in New York und London. Dabei zählen Arbeitsplätze in der Finanzdienstleistungsbranche »doppelt«. Mit etwa 3 Prozent der erwerbstätigen Bevölkerung erzeugt die Branche über 6 Prozent des Bruttosozialproduktes, und die Wertschöpfung pro Kopf liegt mit etwa 225 000 D-Mark pro Arbeitnehmer beim Doppelten des deutschen Durchschnitts. Die fachliche Ausbildung und der Know-how-Transfer müssen in Deutschland intensiviert werden, um bestehende Wettbewerbsdefizite aufholen zu können. Bei der Beseitigung dieser Defizite sind neben den Universitäten auch die Finanzmarktunternehmen gefordert. Die Gründung des »Center for Financial Studies« in Frankfurt zeigt, daß diese Herausforderung erkannt wird.

Grundsätzlich bieten die starke D-Mark, die bedeutende Emissionstätigkeit des Bundes und die Größe und Leistungsfähigkeit unserer Volkswirtschaft ein attraktives ökonomisches

Umfeld. Diesen Stärken stehen akute Beschäftigungsprobleme und langfristig ein noch ungelöstes Rentenproblem gegenüber. Der Kapitalmarkt hat in Deutschland seine ordnungspolitische Rolle noch nicht entfalten können. Wenn die Kapitalproduktivität Deutschlands im Vergleich mit den USA um 35 Prozent niedriger liegt, so ist das zu einem bedeutenden Teil auf eine suboptimale Kapitalallokation zurückzuführen. In Summe erklärt diese Fehlallokation ein entgangenes Bruttosozialprodukt von ca. 5 Prozent, das sind 470 Millionen D-Mark pro Tag. Bei den regulatorischen Rahmenbedingungen bestehen strukturelle Nachteile noch in bezug auf rechtliche und steuerrechtliche Rahmenbedingungen, die zu einer schwachen Ausprägung unseres Aktienmarktes als Emissions- und als Anlagemarkt führen und bisher nicht zu einem funktionierenden Venture-Capital-Markt geführt haben. Nachteile bestehen aber auch im Arbeitsrecht, das im internationalen Vergleich noch zu restriktiv ist.

Insgesamt gesehen lassen sich damit am Finanzstandort Deutschland drei wichtige Schwachstellen identifizieren. Der Finanzplatz hat erstens noch mit strukturellen Nachteilen zu kämpfen, zweitens ist er noch kein ausreichend internationaler Platz, und er leidet drittens an mangelnder Dynamik und Innovationskraft. Eine Beseitigung dieser Schwachstellen würde dem deutschen Finanzplatz große Wachstumspotentiale erschließen. Die entscheidende Rolle kann dabei vor allem der Aktienmarkt spielen. Er ist wegen seiner höheren Realrenditen und seines hohen Potentials für Wachstum und Internationalisierung der Schlüsselfaktor.

Perspektiven für Deutschland

Wir brauchen eine gute Ausgangsposition für das Eurozeitalter, aber nicht nur dafür. Der Euro ist gewiß eine große Herausforderung für den Finanzplatz, aber andere, bestehende Trends der Globalisierung erfordern nicht minder geeignete Antworten. Künftig wird die zunehmende marktseitige, technische und regulative Integration der Produkte und Märkte die Konzentration der international bedeutsamen Teilnehmer weiter vorantreiben. Dieser Agglomerationstrend hat schon bisher in nahezu allen Ländern zur Herausbildung nur eines Finanzzentrums geführt. Wo es zwei starke Zentren in einem Land gibt, zum Beispiel in den USA mit New York und Chicago, hat jedes ein klares Profil, und es gibt eine eindeutige Aufgabenverteilung.

Diese Entwicklung wird sich auf europäischer Ebene wiederholen. Langfristig muß der Finanzplatz daher im Wettbewerb um innovative und international gehandelte Benchmark-Produkte offener und internationaler werden. Protektionistische Regulierungen können zwar Teilnehmer an Marktplätze binden, jedoch nur für nationale Geschäfte. Wenn andererseits Rahmenbedingungen für Finanzmarktteilnehmer nicht dem internationalen Standard entsprechen und wir die Nachfrage nach Dienstleistungen und Produkten nicht mit einem attraktiven Angebot bedienen können, werden wir Marktanteile an andere, leistungsfähigere Finanzzentren verlieren.

Der Euro als Herausforderung und als Chance

Mit der Einführung der europäischen Währung findet eine weitere markante Veränderung der Rahmenbedingungen statt, die den Wettbewerb der Finanzplätze verschärfen und nur wenige Finanzplätze mit internationalem Status hinterlassen wird. Der Euro ist einer der Faktoren – allerdings ein sehr wichtiger –, den die Marktteilnehmer zum Anlaß nehmen, insbesondere auch die Standortfrage oder die Ansiedlung von bestimmten Geschäftsbereichen an bestimmten Standorten neu zu überdenken. Der Finanzplatz mit den besten Erfolgsfaktoren hat dabei komparative Vorteile.

Deutschland verliert den Vorteil, die D-Mark als Heimatwährung zu haben. Wenn sich Deutschland – gerade mit Blick auf den Euro – in Strategie und Taktik rechtzeitig für den Umbruch rüstet, eröffnen sich aber gute Chancen, auf dem Kontinent den Finanzplatz Paris hinter sich zu lassen und neben London zu einem führenden internationalen Finanzzentrum mit Weltgeltung in unserer Zeitzone zu werden. Der erst spätere Beitritt Großbritanniens zur Währungsunion eröffnet Deutschland ein interessantes Zeitfenster. Deutschland kann in diesem Wettbewerb den Abstand zu London deutlich verringern; es könnte aber auch zu einem Platz geringer Bedeutung absteigen.

Das Wesentliche ist, daß sich der neue Finanzmarkt nicht evolutionär *step by step* vollzieht, sondern nach Art eines *big bang* zum Zeitpunkt der Einführung. Der Finanzmarkt dehnt sich urplötzlich – am 1. Januar 1999 – auf eine europäische Dimension aus und schafft eine neue Wettbewerbsarena für alle Beteiligten. Die Finanzzentren in Europa stehen somit auch einem plötzlichen »Event« gegenüber. Wer sich richtig, mit Weitblick und vollständig vorbereitet hat, hat eine große Chance, erfolgreicher zu arbeiten als andere, die zu spät kommen und sich korrigieren müssen. So stellt die Europäische Währungsunion besondere Anforderungen an Analysefähigkeit und strategische Schlußfolgerung.

Die Zukunft der europäischen Bankenplätze ist damit in das Vorhaben Europäische Währungsunion untrennbar eingebettet. Der Bankenplatz Frankfurt hat eine gute Chance im Euro-Zeitalter zum Qualitätssiegel für Deutschland zu werden wie bisher schon die Deutsche Mark. Der Euro ist auch eine enorme Chance für uns alle. Die Eurowährung ist eine langfristig sinnvolle Investition, die erhebliche Markt- und Ertragspotentiale bietet und neue Geschäftsmöglichkeiten eröffnet. Die Motive zur aktiven Unterstützung der Idee einer Europäischen Währungsunion beruhen also nicht allein auf politischen und gesamtwirtschaftlichen Überlegungen, sondern sind natürlich auch betriebswirtschaftlicher Natur.

Konsequentes Handeln

Die Notwendigkeit des Handelns für den Finanzplatz ergibt sich aus der Schwächen-Analyse: die strukturellen Rahmenbedingungen für den Finanzplatz auf ein europaweit konkurrenzfahiges Niveau zu heben, eine neue Aktienkultur einzuführen und den Markt für Euro-Produkte zu verankern. Hieraus ergeben sich für den Finanzplatz Deutschland folgende Handlungserfordernissse. Neben den Finanzdienstleistungen, die den Wandel in ihrer Branche bewältigen müssen, ist vor allem die richtige Reaktion auf die Virtualisierung des Wertpapierhandels gefordert.

Finanzdienstleister im Wandel

Für die Finanzdienstleister sind die Megatrends deutlich spürbar. Die Globalisierung führt zum Wegfall nationaler Privilegien und Naturschutzparks für Finanzgeschäfte. Neue Wettbewerber kommen hinzu. In Europa ermöglicht der Europäische Paß, ohne zusätzliche Genehmigung Finanzdienstleistungen grenzüberschreitend anzubieten. Die europäischen Finanzzentren werden »bunter«, wenn die Möglichkeit des Europäischen Passes genutzt wird und sowohl Universalbanken als auch angelsächsische Wertpapierhäuser und amerikanische Nichtbankunternehmen, wie beispielsweise Fidelity oder GE Capital, ihre Dienstleistungen anbieten.

Andererseits drängen neue Technologien immer stärker in alle Bereiche des Finanzgeschäftes vor. Automatisierung, Home Banking via PC und Internet ermöglichen neue, auch grenzüberschreitende Dienstleistungen. Die ersten virtuellen Banken, die ihre Dienstleistungen ausschließlich on-line anbieten, wurden bereits eröffnet. Schnelle Technologiesprünge führen zu einer weltweiten Konkurrenzsituation. Die physische Präsenz vor Ort wird wegen der Fortschritte im Telekommunikationsbereich und der Remote Membership immer weniger erforderlich. Inzwischen ist vielen Finanzhäusern eine kostengünstige

Teilnahme über elektronische Medien an anderen Finanzzentren möglich, ohne an diesen Finanzzentren physisch präsent zu sein. Im Börsenhandel genügt ein einfaches Terminal.

Mit der Währungsunion entsteht aus bisher fragmentierten Finanzmärkten ein größerer einheitlicher Markt. Die Spezialisierungsvorteile vieler Institute werden aufgehoben, was die Nischenfindung für die Banken und Finanzdienstleister schwieriger macht. Aus Sicht der Banken führt eine Vereinheitlichung und Austauschbarkeit (Commoditisation) der Finanzprodukte, gefördert durch die Eurowährung, zu einer Reduktion der Margen. Die Währungsunion beschleunigt daher bereits laufende Umstrukturierungsprozesse.

Eine verstärkte räumliche Konzentration von Banken oder einzelnen Geschäftsbereichen von Banken auf das eine oder andere Finanzzentrum in Europa ist zu erwarten. Dies gilt weniger für das weiterhin stark regional geprägte Retailbanking als für das Wholesalegeschäft im internationalen Bereich. Zum Beispiel könnte das Unterhalten von Handelsräumen in mehreren europäischen Zentren mit der Eurowährung in Frage gestellt werden: Der Handel von europäischen Staatsanleihen beispielsweise könnte «von einem Tisch aus« erfolgen. Diese Umbruchsituation ist jedoch als Chance für ein Finanzzentrum zu begreifen, Standortentscheidungen zum eigenen Vorteil zu beeinflussen.

Damit Deutschland ohne die D-Mark zu einem internationalen Finanzplatz wird, sind noch vor der Einführung des Euro stärkende Maßnahmen notwendig: International operierende Teilnehmer müssen einen Anlaß haben, ihre Aktivitäten – auch außerhalb des D-Mark-Bereichs – nach Deutschland zu legen und hier für liquide Märkte zu sorgen. Neben einer kostengünstigen und sicheren Infrastruktur für verschiedene Währungen – Stichworte sind privilegierter TARGET-Zugang, multi-currency-fähige Börsen- und Abwicklungssysteme - bedarf es einer gezielten Förderung internationaler und innovativer Produkte. Um eine kritische Masse solcher Produkte in Deutschland zu etablieren und damit eine eigene Innovationsdynamik zu erreichen, müssen hier neue Märkte – zum Beispiel Osteuropa, Credit Derivatives, handelbare Kredite – geschaffen und gefördert werden.

Daneben ist von besonderer Dringlichkeit, schon zu Beginn der Währungsunion die Altschulden des Bundes von D-Mark auf Euro umzustellen und frühzeitig neue Euro-Produkte zu etablieren, um nicht Gefahr zu laufen, den Benchmark-Status an andere Wettbewerber zu verlieren.

Börsen im Wandel: Aus Märkten werden Netze

Die Börsen befinden sich angesichts der Herausforderungen der heutigen Zeit überall auf dem Globus ebenfalls in einem tiefgreifenden Wandel. Börsen haben ihre auf die physische Präsenz gestützte Monopolstellung der früheren Jahre verloren, die Technologie hat die Wertpapierindustrie verändert, und es entstehen zunehmend Parallelmärkte in Form außerbörslicher Handelssysteme und Serviceprovider, die in Konkurrenz zu den herkömmlichen »Heimatbörsen« treten. Das Wertpapiergeschäft wird immer mehr von Institutionen und immer weniger von Privatanlegern beherrscht. Die etablierten Börsen müssen prüfen, ob die Organisation ihres eigenen Marktes noch zeitgemäß und effizient ist. Die richtige Strategie und das Dienstleistungsangebot von Börsen wird letztlich der Erfolgsfaktor für ihre künftige Wettbewerbskraft sein und damit die Attraktivität des betreffenden Finanzzentrums mitbestimmen.

Die Kassabörsen sind dabei, die Weichen neu zu stellen. An zahlreichen Börsen in den Finanzzentren finden tiefgreifende Reform- und Modernisierungsmaßnahmen statt, wobei der Zugang zur Börse vereinfacht, technische Handelsprozesse modifiziert und automatisiert sowie Handelsstrukturen rationalisiert werden. Die Aufgabe besteht darin, das Handelssystem vornehmlich auf die Anforderungen der Institutionen auszurichten, aber auch die Abwicklungssysteme auf die Globalisierung des Geschäfts einzustellen. Benötigt wird ein faires Börsensystem mit hoher Transparenz, großer Liquidität, niedrigen Transaktionskosten, geringer fiskalischer Belastung und einem effizienten Clearing.

Aus Handelsplätzen werden Handelsnetze. Remote Membership und Fortschritte in der Kommunikationstechnologie führen grundsätzlich zu einer abnehmenden Bedeutung des geographischen Sitzes einer Börse. Die Aktien eines Landes werden beispielsweise primär im Heimatland gehandelt, aber Bildschirme werden über Europa verteilt sein, die somit anderen Marktteilnehmern den Zugang zum Handel erlauben. Virtuelle Marktprozesse werden durch preiswerte, raumübergreifende Kommunikationssysteme Realität. Damit wird der ursprüngliche Standortvorteil entwertet, und es wird immer schwieriger, vom Wertpapierhandel als einer an nationalen Grenzen orientierten Veranstaltung zu sprechen. Man wird von einem paneuropäischen integrierten Börsenhandel über Front-end-Systeme sprechen können. Dies muß allerdings mit einer Vereinheitlichung der Vielzahl heute noch bestehender Technologieplattformen sowie der regulatorischen Infrastruktur einhergehen.

Gewichtsverlagerungen zugunsten oder zu Lasten von Finanzzentren könnten sich allerdings dann ergeben, wenn sich eine oder wenige Satellitenbörsen etablieren, welche für bestimmte Produkt- und Transaktionskostenprofile maßgeschneiderte Handelsplattformen anbieten und Orders von institutionellen Anlegern in internationalen Blue-Chips anziehen. Den traditionellen Heimatbörsen würde nur noch das Segment für kleine Orders oder Orders in Mid- und Small-cap-Titeln als Residuum verbleiben. Technisch ist sicher alles machbar. Der Handel wird jedoch wahrscheinlich dort stattfinden, wo die Analysten ein Unternehmen und dessen Management am besten kennen.

Die europäischen Zinsterminbörsen sind vor dem Hintergrund der Eurowährung mit der Konsequenz einer einheitlichen Zinsstruktur-Kurve und einer damit zu erwartenden Konzentration des Kontraktvolumens auf das Benchmark-Produkt dem stärksten Wettbewerb ausgesetzt. Die Marktanteile der über 20 europäischen Zinsterminbörsen sprechen jedoch heute schon ein deutliches Wort. Die drei größten Terminbörsen vereinigen gegenwärtig etwa 85 Prozent der europaweiten Umsätze in Zinsfutures auf sich, wobei die LIFFE den Spitzenplatz mit 50 Prozent hält, gefolgt von der MATIF mit 25 Prozent und der DTB mit 10 Prozent. Sie kämpfen intensiv um Marktanteile. So ist auch die Kooperation der DTB, MATIF und Soffex zu verstehen. Die Währungsunion dürfte den vielen kleinen Zinsterminbörsen Nachteile bringen, und auch der Aktienbereich bei den europäischen Terminbörsen dürfte signifikanten Konsolidierungstendenzen unterliegen.

Der Börsenwettbewerb ist vor allem für institutionelle Investoren voll funktionsfähig, nicht zuletzt deshalb, weil sie ihre Orders direkt an alternative – zum Teil sogar selbst organisierte – Handelsplattformen plazieren können; private Investoren verfügen dagegen noch nicht über diese Abwanderungsmöglichkeit. Langfristig könnte diese Unterscheidung dazu führen, daß der Markt auseinanderdriftet und sich reine Märkte für den Wholesale-Handel und reine Märkte für den Retail-Handel herausbilden. In diesem Fall müßte man eine Differenzierung des Anlegerschutzes für Retail- und institutionelle Kunden erwägen.

Aktienkultur

Der entscheidende Ansatzpunkt zur Finanzplatzförderung in Deutschland ist der Aktienmarkt. Die nachfolgend skizzierten Veränderungen würden insbesondere den Aktienmarkt und die Aktienkultur fördern. Angesichts der fundamentalen Stärken und des Potentials unserer Volkswirtschaft könnte der deutsche Aktienmarkt langfristig zur tragenden Säule des Finanzplatzes werden. Flankierend zu strukturellen Maßnahmen ist es wichtig, den Informationsstand zu verbessern und im Rahmen der Aus- und Weiterbildung – beginnend in den Schulen – auf eine

Änderung der »Aktienkultur« hinzuwirken. Mehr Information, Promotion und Marketing rund um die Aktie würde die Akzeptanz und das Vertrauen in die Aktie fördern und zu einem Mentalitätswandel in breiten Bevölkerungskreisen beitragen.

Die heutige Eigentümerstruktur deutscher Aktiengesellschaften begünstigt die Konservierung bestehender Aktionärsverhältnisse. Eine stärkere Ergebnisorientierung von Kapitalgebern und Management würde einen wichtigen Beitrag zur effizienteren Nutzung von Kapital leisten. Dazu wäre eine stärkere Entlohnung des Management nach performanceorientierten Kriterien ebenso sinnvoll wie institutionalisierte Investoren, die durch eine Umstellung des Altersvorsorgesystems einen entscheidenden Beitrag leisten könnten.

Die Rahmenbedingungen für den Zugang zu Eigenkapital, insbesondere für kleine und mittlere Unternehmen und Existenzgründer, sollten erleichtert werden, um zusätzliche Wachstumsreserven unserer Volkswirtschaft zu mobilisieren und damit neue Beschäftigungschancen zu eröffnen. Anpassungen sollten vorgenommen werden, um das Eigenkapital gegenüber dem Fremdkapital nicht länger zu benachteiligen. Ziel sollte sein, neben den heute schon gut funktionierenden Fremdkapitalmarkt einen gut funktionierenden Eigenkapitalmarkt zu stellen. Zum Beispiel wäre wichtig, daß die Förderung echter unternehmerischer Beteiligung der steuerlichen Verrechnung von Verlusten, die in vielen Fällen unproduktive Wirtschaftsanreize schafft, vorgezogen wird. Heute kommt es zu einer erheblichen Fehlallokation von Kapital. Die durchschnittlichen jährlichen Investitionsvolumina privater Haushalte betragen für Geschlossene Immobilienfonds 9,3 Mrd. D-Mark, für Schiffsbeteiligungen 2,3 Mrd. D-Mark und für Aktien – ohne Telekom – 0,6 Mrd. D-Mark.

Altersvorsorge

Für die Investorenseite ist eine steuerliche Gleichbehandlung aller Anlageformen wichtig. Die einseitige Begünstigung bestimmter Vermögensanlagen, also eine Benachteiligung der Aktie, dient der Sache »Förderung des Kapitalmarktes« wenig. Die beste langfristige Chance, den Aktienmarkt zu beleben, liegt aber in einer schrittweisen Umstellung der Finanzierung der Altersvorsorge vom heutigen Generationenvertrag auf das Kapitaldeckungsverfahren. Sie wird einen Nachfrageschub nach Kapitalanlagen auslösen und der deutschen Aktienkultur zum Durchbruch verhelfen.

Die Zulassung von Pensionsfonds zum Beispiel würde die Vielfalt der Durchführungswege der betrieblichen und privaten Altersvorsorge erhöhen und durch die Zufuhr dieser Gelder auch den Aktienmarkt beleben und zudem zu einer Beteiligung von Arbeitnehmern am Produktivkapital führen. Besteuerungsfragen sind im Interesse der genannten Effekte neu zu beantworten. Das Prinzip der nachgelagerten Besteuerung für alle Durchführungsformen der betrieblichen Altersversorgungswege würde sicherlich zu mehr Gleichbehandlung führen.

Wir müssen uns gedanklich von der heute praktizierten Umlagefinanzierung und ihren »systemkonformen« Reformen trennen. Eine Reform zu schaffen, die für alle Beteiligten Zukunftssicherheit schafft, erworbene Rentenansprüche anerkennt und zugleich ökonomisch rational und kapitalmarktverträglich ist, ist *die* Herausforderung an unsere Gesellschaft. Ohne ein Kapitaldeckungsverfahren wird es keine Lösung geben. Das betrifft auch die Pensionsverpflichtungen, die der Staat direkt übernommen hat. Nicht nur die Arbeitnehmer können sparen; der Staat kann es auch. Die öffentliche Hand sollte ihren zukünftigen Verpflichtungen durch ein – zumindest partielles – Ansparen gerecht werden. Denn der »demographische Sprengsatz« ist in der Beamtenversorgung noch um ein Vielfaches schärfer als in der Gesetzlichen Rentenversicherung. Das Land Rheinland-Pfalz hat mit seinem »Finanzierungsfonds«-Modell einen Schritt in die richtige Richtung getan.

Venture Capital

Die Gesellschaft hat wegen arbeitsmarktpolitischer, wettbewerblicher und standortsichernder Aspekte ein Interesse an einem funktionierenden Venture Capital-Markt. Ihm kommt für die Finanzierung innovativer Prozesse eine große Bedeutung zu. Um den wirtschaftlichen Strukturwandel zu meistern und Voraussetzungen für neue Arbeitsplätze zu schaffen, muß eine Volkswirtschaft anpassungsfähig und flexibel sein. Eine Vielzahl von Unternehmensgründungen und Innovationen ist Ausdruck davon. Das Potential ist vorhanden. Eine bessere Infrastruktur in der Nähe von Universitäten und Forschungsinstituten würde den Wissenstransfer von der Forschung in die Praxis verbessern und vorhandene Kreativität nutzbar machen. Erhebliche Impulse verspricht die Beschleunigung des Technologietransfers aus der öffentlich-rechtlichen Forschungslandschaft in die Privatwirtschaft.

Die bestehende Diskrepanz zwischen Risiko-optimaler Finanzierungsstruktur und Steuer-optimaler Finanzierungsstruktur erschwert die Eigenkapitalfinanzierung junger Unternehmen erheblich. Neue Besteuerungskonzeptionen mit dem Ziel, Veräußerungsgewinne steuerfrei zu stellen, liegen im Interesse der Entwicklung eines liquiden Marktes. Die Investitionen in innovative kleine und mittlere Unternehmen können auch durch ein angemessenes Bewertungssystem (Rating) gefördert werden. Davon würde insbesondere auch der Neue Markt, das Börsensegment der Deutschen Börse AG für innovative und Wachstumsunternehmen, profitieren. Eine Ratingagentur könnte Märkte für Kreditverbriefung und Kreditderivate schaffen.

Erreichtes kommunizieren: Aktionskreis Finanzplatz

Eine Befragung unter Fachjournalisten und Finanzexperten nach den Attributen von Finanzplätzen ergab für London, Paris und Frankfurt folgende Hauptmerkmale. London wird für dynamisch, kompetent und international gehalten, Paris dagegen für stabil, *human resources*-orientiert, aber provinziell. Frankfurt schließlich gilt als reguliert, konservativ, aber stabil. Es ist uns in Deutschland offenbar noch nicht gelungen, die durchaus vorhandenen Erfolge der Vergangenheit entsprechend zu vermarkten und der Öffentlichkeit im In- und Ausland bewußt zu machen. Wir müssen offenbar nicht nur positive Fakten schaffen, sondern die Wahrnehmung verändern und auf notwendige Veränderungen hinweisen und diese besser kommunizieren.

Gutes Image zieht nicht nur Investoren an, sondern auch hochqualifiziertes Personal, das wiederum Garant für hohe Qualität der Dienstleistungen und einer hohen Innovationskultur ist. Durch ein steigendes intellektuelles und kulturelles Niveau der Finanzmärkte und Finanzplätze verbessert sich das Image des jeweiligen Platzes in einem für den Wettbewerb ausschlaggebenden Maße. Image kann, wenn auch nur langfristig, verändert und verbessert werden. Je früher wir damit anfangen, desto besser ist es. Dazu müssen wir heute und in Zukunft die wichtigen Themen besetzen, aufbereiten und beim richtigen Adressaten plazieren.

Seit Ende 1996 gibt es den Aktionskreis Finanzplatz e.V., der für breite Kommunikation sorgen soll. Darin sind die nationalen Kräfte gebündelt und Unternehmen, Anleger, Politik, Öffentlichkeit und Medien, Wissenschaft, Börsen und Banken sowie Personen, die sich mit den Zielen des Vereins identifizieren und diese nachhaltig unterstützen, vertreten. Sie alle müssen nicht nur am selben Strang, sondern auch an dessen selben Ende ziehen. Zwar soll die Vielstimmigkeit der Akteure nicht verdeckt werden, aber der Aktionskreis übernimmt die Funktion einer Klammer. Professionelle Berater haben ein Kommunikationskonzept erarbeitet, das bereits in einer Reihe von Roadshows in London, New York und Tokio präsentiert wurde. Wichtig ist, den Bekanntheitsgrad des deutschen Finanzplatzes zu fördern und seine Leistungsfähigkeit bei den Marktteilnehmern an anderen europäischen Finanzplätzen zu propagieren. Wir müssen international operierende Teilnehmer dazu bewegen, ihre Aktivitäten – auch außerhalb des D-Mark-Bereichs – nach Deutschland zu legen und hier zur Liquidität der Finanz- und Aktienmärkte beizutragen.

Fazit

Frankfurt wird im Rennen mit anderen Finanzplätzen gewinnen, wenn es gelingt, die strukturellen Rahmenbedingungen auf ein europaweit konkurrenzfähiges Niveau zu führen, eine Renaissance des Aktienmarktes herbeizuführen und den Markt für Euro-Produkte frühzeitig in Frankfurt zu verankern. Der «Gap« zu London wird sich maßgeblich nach dem Zeitpunkt des Beitritts Großbritanniens zur Währungsunion bestimmen. Da dieser Zeitpunkt unbestimmt ist, gilt es für Frankfurt, das Zeitfenster schnell und effektiv zu nutzen, um zur Nummer eins der Zeitzone aufzuschließen. Positive Fakten müssen durch gezielte Öffentlichkeitsarbeit im In- und Ausland optimal und imagefördernd verbreitet werden. Nur durch den Zweiklang, das heißt, notwendige Veränderungen herbeizuführen und diese in der Öffentlichkeit auch zu vermarkten, wird es gelingen, das Image des Bankenplatzes Frankfurt weiter zu verbessern.

Die Stärkung des Finanzplatzes ist eine gesamtwirtschaftliche nationale Aufgabe. »Finanzplatz« soll ein Qualitätsmerkmal für die deutsche Wirtschaft werden wie bisher die »Deutsche Mark«. Dieses Vorhaben dient nicht den Einzelinteressen der Börse, der Banken oder der Unternehmen, sondern der Gesamtheit der deutschen Wirtschaft. Ein wettbewerbsfähiger Finanzplatz ist ein erstrebenswertes Ziel. Er wird uns helfen, den Übergang zum Euro nicht nur zu meistern, sondern Wirtschaft und Gesellschaft zu mehr Schwung und Wohlstand zu verhelfen. Finanzplatzförderung ist ein Beitrag zur Stärkung des Wirtschaftsstandorts Deutschland.

DR. WOLFGANG RÖLLER
1929 in Uelsen (Kreis Bentheim) geboren
und aufgewachsen in Halle an der Saale,
studierte Volkswirtschaft in Berlin
und Frankfurt am Main.
Nach der Promotion trat er 1955
in die Dresdner Bank ein.
Schwerpunkte seiner Tätigkeit waren
vor allem das Investment-Banking
und das Passivmanagement.
1971 berief ihn der Aufsichtsrat
in den Vorstand, dessen Sprecher
er von 1985 bis 1993 war.
Im Anschluß daran war er bis 1997
Aufsichtsratsvorsitzender der
Dresdner Bank.
Wolfgang Röller ist Vorsitzender
der Aufsichtsräte der Deutschen
Lufthansa AG und der Heidelberger
Zement AG. Er gehört außerdem
den Aufsichtsräten bedeutender
Industrieunternehmen
und Versicherungsgesellschaften an.
Von 1987 bis 1991 war er Präsident
des Bundesverbandes deutscher Banken.

Wolfgang Röller

Die Zukunft der Banken in Europa

Eine strategische Herausforderung

Europa ist ein faszinierendes Thema. In keinem anderen Teil der Welt war in den letzten Jahren eine derart starke historische Dynamik zu beobachten. Wir haben unvorstellbare Dinge erlebt. Entwicklungen, die vor wenigen Jahren niemand zu prognostizieren gewagt hätte. Deutschland erlebt die Wiedervereinigung. Das Weltreich UdSSR bricht zusammen, die osteuropäischen Länder öffnen sich dem Westen.

Und in Westeuropa schreitet – mit europäischem Wirtschaftsraum, Binnenmarkt und den Verträgen von Maastricht und Amsterdam – die freiwillige Integration unabhängiger Länder voran, obwohl es in vielen europäischen und außereuropäischen Ländern durchaus einen Trend zu wieder stärkerer Betonung nationaler und ethnischer Besonderheiten gibt.

Diese überraschende, auch nicht vorhersehbare Entwicklung der letzten Jahre in Europa macht aber deutlich, wie schwierig und riskant eine Prognose für die kommenden Jahre ist. Dies gilt besonders für die Finanzmärkte. Denn dort vollziehen sich die Veränderungen in aller Regel zuerst und am raschesten.

Globalisierung der Finanzmärkte

So war auch die sich heute in den meisten Wirtschaftsbereichen auswirkende Globalisierung zunächst an den Finanzmärkten wirksam. Die fortschreitende Verzahnung der nationalen und internationalen Kapitalmärkte, das *around the world and around the clock* bei der Abwicklung von Finanzgeschäften ist bereits seit über einem Jahrzehnt ein Faktum.

Insofern stehen wir heute nicht vor einem plötzlichen und unerwarteten Wandel in der Bankenlandschaft, wie die jüngste Diskussion vielleicht glauben machen könnte. Der Finanzsektor ist auch von den atemberaubenden Fortschritten in der Kommunikations- und Informationstechnologie besonders betroffen. Die auf den Finanzmärkten gehandelten Güter werden ja heutzutage in aller Regel nicht mehr physisch, sondern elektronisch übermittelt. So läßt sich auch die vertiefte Integration der Weltwirtschaft am besten an der Entwicklung der internationalen Kapitalströme messen.

Hier hat sich der Wettbewerb in den letzten Jahren beträchtlich verschärft. Zum einen zeigt er sich deutlich im Hinblick auf die Entwicklung neuer Instrumente und Finanzierungstechniken. Der Prozeß der zunehmenden Securitisation hat einen enormen Schub von Finanzinnovationen ausgelöst. Kreative, auf die Bedürfnisse der jeweiligen Geldnehmer zugeschnittene Finanzkonstruktionen sind immer stärker gefragt. Das Investment Banking hat damit für Banken große Bedeutung erlangt.

Die Öffnung der Märkte und die globale Ausrichtung hat zum anderen neue Wettbewerber in den Markt gelockt. Die Banken konkurrieren zunehmend mit anderen Finanzdienstleistern wie Versicherungen, Kapitalanlagegesellschaften und auch sektorfremden Anbietern. Institutionelle Investoren haben mit ihren wachsenden Anlagegeldern eine bedeutende Rolle im Markt erlangt und zur stärkeren Professionalisierung der Marktpartner beigetragen. Die Banken sind in diesem Prozeß massiv unter Margendruck geraten.

Bisher konnten sie ihre Neuorientierung vor dem Hintergrund einer vergleichsweise »sicheren« Heimatbasis planen. Mit der Währungsunion wird dieser Vorteil jedoch wegfallen, und sie werden noch stärkerem Wettbewerbsdruck ausgesetzt sein. Weitere Konzentrationenen in diesem international ausgerichteten Finanzsektor sind nicht auszuschließen.

Die europäischen Banken sehen sich damit zwei großen Aufgaben gegenüber: der Positionierung im globalen Wettbewerb und der Ausrichtung des Geschäfts unter den neuen Voraussetzungen eines vergrößerten Währungsgebiets.

Mit dem absehbaren Beginn der Europäischen Währungsunion (EWU) zum 1. Januar 1999 zeichnet sich ein Umbruch im europäischen Geld- und Währungssystem ab, wie ihn die europäische Wirtschaft seit fünf Jahrzehnten nicht erlebt hat. Für die Banken heißt es, die politischen Vorgaben des Projekts innerhalb eines begrenzten Zeitrahmens im Markt praktisch umzusetzen. Dies erfordert auf kurze und mittlere Frist beträchtliche organisatorische Vorbereitungen, die Umstellung technischer Systeme und entsprechende Investitionen. Gleichzeitig sehen sich die Institute einem erhöhten Beratungsbedarf ihrer Kunden gegenüber; diese suchen kompetente Unterstützung beim Übergang auf die neue Währung. Darüber hinaus müssen die Banken ihre langfristigen strategischen Ziele auf die Konsequenzen der Währungsunion hin überprüfen und sie den sich verändernden Rahmenbedingungen anpassen.

Wie kam es zum Projekt »Europäische Währungsunion«? Die zunehmende Globalisierung der Märkte erfordert es, daß Europa jede Chance wahrnimmt, langfristig im weltweiten Wettbewerb um ökonomische Führungspositionen zu bestehen. Dieser Wettbewerb wird sich in der Triade Europa–USA–Japan weiter verschärfen; neue Wettbewerber – zum Beispiel in der südostasiatischen Wachstumsregion – sind auf dem Vormarsch. Ein großer, einheitlicher Wirtschafts- und Währungsraum in Europa eröffnet zusätzliche Wachstums-, Markt- und Beschäftigungschancen und stärkt damit die europäische Position im globalen Wettbewerb.

Es geht nicht etwa nur darum, Urlaubern und Geschäftsreisenden den lästigen Sortenumtausch und die damit verbundenen Kosten zu ersparen. Ein wesentlicher direkter Effekt ist auch, daß für die im europäischen Markt tätigen Unternehmen Kursrisiken beziehungsweise Kurssicherungskosten entfallen. Dies macht den Waren-, Dienstleistungs- und Kapitalverkehr effizienter und wirkt damit tendenziell preissenkend. Hinzu kommen die positiven volkswirtschaftlichen Folgewirkungen, die sich aus den niedrigeren Transaktionskosten ergeben. Ressourcen werden frei und anderweitig nutzbar. All dies schafft Potential für zusätzliche Nachfrage und steigende Umsätze.

Ein gemeinsames Währungsgebiet erleichtert auch die langfristige Investitionsplanung; Kapital fließt leichter dorthin, wo es effizient arbeiten kann. Vor allem vergrößert der Wegfall von Wechselkursen die Transparenz der Märkte, was insbesondere mittelständischen Unternehmen zugute kommt. Die Preislisten werden offener, die innerbetriebliche Kalkulation wird erleichtert. Schließlich dürfte der Druck auf die Wirtschaftspolitik zunehmen, noch bestehende Protektionismen, Monopole und Marktverkrustungen in der EU abzubauen.

Die EWU ist das monetäre Pendant zur realwirtschaftlichen Liberalisierung im Rahmen des europäischen Binnenmarktes. Der Wegfall von Handelsbarrieren und die gegenseitige Anerkennung von technischen Normen und Standards im europäischen Binnenmarkt vergrößern die Produktmärkte auf unserem Kontinent. Was liegt also näher, als dem von physischen Hemmnissen befreiten Handel das nötige monetäre »Schmiermittel« in Form einer einheitlichen Währung an die Hand zu geben? Der Wirtschaftsstandort Europa muß noch leistungsfähiger werden, und der Euro könnte in diesem Prozeß als Katalysator wirken.

Unmittelbare Konsequenzen für Kreditinstitute

Mehr als jeder andere Wirtschaftszweig sind die Banken von der Einführung des Euro betroffen, denn für sie ist Geld der Rohstoff, auf dem all ihre Produkte und Aktivitäten basieren. Die Umsetzung der Währungsunion ist zum größten Teil ihre Sache.

Dies bedingt, daß die Banken selbst frühzeitig und gut auf die Währungsunion vorbereitet sind. Es bedeutet jedoch auch, daß sie ihre Positionierung im Markt des zusammenwachsenden Währungsraums neu überdenken und die strategischen Möglichkeiten ausloten müssen, die ihnen ein großer Wirtschaftsraum mit einheitlicher Währung bietet.

Zunächst haben sich die Banken auf eine neue geldpolitische Instanz – die Europäische Zentralbank (EZB) – und ein verändertes geldpolitisches Instrumentarium einzustellen. Damit die EZB in der Lage ist, eine einheitliche Geldpolitik in der Währungsunion durchzusetzen, muß das geldpolitische Instrumentarium in den Teilnehmerländern harmonisiert werden. Die Entscheidung über den operativen Rahmen der einheitlichen Geldpolitik liegt zwar bei dem Rat der Gouverneure der EZB. Sie wird daher frühestens im Mai 1998 fallen, wenn die Mitglieder der EWU feststehen und die EZB errichtet wird. Im EWI-Rat hat sich aber bereits ein Grundkonsens in bezug auf die zentralen geldpolitischen Instrumente abgezeichnet.

Man hat sich darauf geeinigt, die Offenmarktoperationen in den Mittelpunkt der Geldmarktsteuerung zu stellen. Dabei wird die EZB das Schwergewicht auf Wertpapierpensionsgeschäfte legen. In vielen EU-Ländern – auch in Deutschland – hat sich diese Art der Offenmarktgeschäfte, bei der die Zentralbank Wertpapiere ankauft und gleichzeitig über Termin wieder verkauft, als wichtigstes geldpolitisches Instrument etabliert. Darüber hinaus hat der EWI-Rat beschlossen, daß die EZB dem Geldmarkt auch wieder den Zinskorridor vorgeben soll. Die Idee ist, Schwankungen der kurzfristigen Zinsen am Geldmarkt mit Hilfe des Korridors nach oben und nach unten zu begrenzen.

Eine Spitzenfinanzierungslinie zu einem Strafzins, vergleichbar mit dem deutschen Lombardkredit, wird das obere Ende des Zinskorridors markieren. Die untere Begrenzung des Korridors wird nicht an die deutsche Tradition, in der der Diskontsatz diese Funktion übernimmt, anknüpfen. Statt dessen soll eine Einlagefazilität geschaffen werden, die es den Kreditinstituten erlaubt, jederzeit ihre gesamte überschüssige Liquidität bei der Notenbank zu einem festen Satz anzulegen. Dieser Satz stellt die untere Auffanglinie am Geldmarkt dar. Bei dem geldpolitischen Instrumentarium werden aus deutscher Sicht also einige Veränderungen auftreten.

Die Einführung des Euro hat auch Auswirkungen auf das Passivmanagement der Banken. Es ist damit zu rechnen, daß sich die Palette der Geldmarktprodukte EU-weit immer mehr angleichen wird. Dies ist der Hintergrund für die Zulassung von Geldmarktfonds in Deutschland. Die Banken müssen sich dabei vor allem über die damit verbundene Verteuerung ihrer Refinanzierung Gedanken machen.

Der Devisenhandel wird sich in Zukunft auf nur noch drei wichtige Währungen (Euro, Dollar und Yen) konzentrieren. Durch die Reduzierung der Zahl der Währungen und den Wegfall von Währungsrisiken entgehen den Banken Geschäftsmöglichkeiten beim Geldwechsel, beim Hedging, bei Swap- und Arbitrageoperationen. Im Kommissionsgeschäft für Kunden ist mit Ertragseinbußen von 30 bis 40 Prozent zu rechnen.

Beträchtliche Auswirkungen wird die Währungsunion auf das Wertpapiergeschäft haben: Sie bewirkt in den beteiligten Ländern eine weitgehende Angleichung der Zinssätze. Dieser Effekt führt schon im Vorfeld der Währungsunion zu Portfolio-Umschichtungen auch bei den Banken. Daraus abzuleiten ist ein stark erhöhter Beratungsbedarf für die Privat- und Firmenkundschaft.

Die Banken müssen sich ferner auf die technischen Anforderungen, vor allem in den Bereichen Organisation und Datenverarbeitung, Zahlungsverkehr und Rechnungswesen einstellen. Die Einführung einer gemeinsamen europäischen Währung hat zwangsläufig die Umstellung aller Konten und sämtlicher Bilanzpositionen auf die neue Währungseinheit zur Folge. Für die Übergangsphase müssen die Buchführungssysteme an die Doppelwährung DM/Euro angepaßt werden.

Die Software, vom eigenen Rechnungswesen über Kundendatenbanken bis hin zu den elektronischen Geld- und Belegausgabesystemen, muß entsprechend umgestellt werden. Sämtliche Systeme im Einlagen-, Kredit- und Wertpapierbereich sind anzupassen.

Auch im Zahlungsverkehr müssen sich die Banken auf die Umstellung sämtlicher Systeme einstellen: von Swift und den Interbanken-Zahlungssystemen über den automatischen Großbetrags- und Massenzahlungsverkehr bis hin zu den EDV-Verbindungen zu Großfirmenkunden. Der 1. Januar 1999 ist dabei ein ganz entscheidendes Datum. Von da an führt das europäische System der Zentralbanken dem Interbankenmarkt Liquidität ausschließlich in Euro zu. Zudem geht das TARGET-System, ein EU-weites Großbetragszahlungssystem zur Abwicklung inländischer und grenzüberschreitender Zahlungen, in Betrieb.

Der Interbankenmarkt wird voraussichtlich im Anschluß an diese Umstellungen bereits im ersten Halbjahr 1999 auf den Euro übergehen. Das bedeutet, daß in der Übergangsphase sämtliche D-Mark-Zahlungen an den Schnittstellen zu den Interbankensystemen in Euro umgerechnet werden müssen. Die entsprechenden technischen Anpassungen erfordern umfangreiche Investitionen und sind zeitaufwendig.

Dieser kurze Überblick zeigt bereits, daß die Banken zu einer großen Baustelle werden. Es gibt kaum einen Bereich, der nicht von der Währungsumstellung berührt ist. Ein einheitlicher europäischer Markt mit einer einzigen Währung bietet aber auch neues Ertragspotential. Diese neuen Dimensionen des europäischen Währungs- und Finanzraumes sind eine strategische Herausforderung ohnegleichen für die europäischen Banken.

Die europäischen Kreditinstitute können profitieren, wenn der zusammenwachsende Finanzplatz Europa weltweit an Gewicht gewinnt und der Euro dem Dollar etwas von seiner Leitwährungsfunktion abnimmt. Die Voraussetzungen des Euro, eine globale Rolle zu übernehmen, sind vielversprechend. Wichtige Bedingungen für eine solche Rolle wie die Größe der Wirtschaft und deren Anteil am Welthandel sind sicherlich erfüllt. In diesen Merkmalen ist die europäische Wirtschaft den USA und Japan sogar überlegen.

Der Kapitalmarkt in Europa wird eine größere Bedeutung haben als die derzeitigen D-Mark, Franc oder Pfundmärkte. Breite, Tiefe und Liquidität werden deutlich zunehmen und die Attraktivität für Investoren und Emittenten innerhalb und außerhalb der Währungsunion erhöhen. Wie schnell er jedoch an den der USA herankommen kann, ist noch unklar. Der US-Finanzmarkt zeichnet sich durch einen wesentlich höheren Entwicklungsstand aus als die stark fragmentierten Märkte in Europa. Er bietet die Volumina und die Innovationskraft, die internationale Investoren suchen. Hier konnten die europäischen Märkte dem US-Markt in der Vergangenheit nur wenig entgegensetzen.

Die Einführung des Euro könnte durchaus dazu führen, daß sich künftig diese Anlageströme verstärkt auch nach Europa bewegen. Selbst amerikanische Währungsspezialisten rechnen mit beträchtlichen Umschichtungen aus dem Dollar, die bis zu einer Billion US-Dollar betragen könnten. Dies wird den Strukturwandel an den europäischen Finanzmärkten beschleunigen. Impulse werden nicht nur die Märkte für Staatstitel erhalten, sondern insbesondere die privaten Anleihemärkte. Unternehmen werden verstärkt dazu übergehen, sich direkt über die Emission von Wertpapieren zu finanzieren. Institutionelle Investoren in Europa, die bisher durch strenge Kapitalanlagevorschriften Beschränkungen unterlagen, werden zunehmend ihr Vermögen grenzüberschreitend anlegen. Das wird den Integrationsprozeß auf den europäischen Märkten fördern.

Veränderungen im wettbewerblichen Umfeld der Banken

Die Banken in Europa stehen also vor großen Herausforderungen. Denn der mit der EWU entstehende integrierte europäische Finanzmarkt, der keine nationalen Grenzen und Regulierungen mehr kennt, sowie der generelle Trend zur Globalisierung von Finanzgeschäften werden die Konkurrenzsituation für die Kreditinstitute über die Jahrtausendwende hinaus erheblich verschärfen und den Strukturwandel weiter vorantreiben. Bei einheitlicher Währung entstehen auch einheitliche Teilmärkte für das Privatkunden- und das Firmenkundengeschäft der Banken. Märkte und Produkte werden transparenter, was insbesondere kleinen und mittleren Unternehmen zugute kommt. Auch die Produkteigenschaften und die Strukturen der nationalen Vertriebsnetze gleichen sich zunehmend einander an. Markteintrittsbarrieren werden niedriger, es entstehen *economies of scale*, und es wird rentabler, in einem einheitlichen Währungsraum überregional aktiv zu werden. Vor allem im Groß- und Firmenkundengeschäft der Banken verändert sich die Wettbewerbslage, während das Retail Banking kurz- bis mittelfristig in geringerem Maß durch den Euro betroffen sein wird. Hier sind andere Triebkräfte, wie die Entwicklung der Multimedia-Technik, von größerer Bedeutung.

Für die Finanzinstitute steht die EWU – ebenso wie für Produktions- und Handelsunternehmen – in einem Zusammenhang mit dem europäischen Binnenmarkt. Zum einen erhöht der Euro die Effizienz dieses Marktes; zum anderen verstärkt er den Druck auf die Wirtschaftspolitik in Europa, noch bestehende Wettbewerbsbeschränkungen und Monopole abzubauen; damit belebt er auch den Wettbewerb der regionalen Standortpolitik. Dies hat wiederum beträchtliche Auswirkungen auf die längerfristigen Unternehmensentscheidungen.

Hatte bereits das Binnenmarktprojekt per se eine grundlegende Neukonzeption von Geschäftsstrategien nahegelegt, so müssen die Banken jetzt erneut ihre Positionierung im europäischen Markt überdenken und die strategischen Möglichkeiten ausloten, die ihnen ein großer Wirtschaftsraum mit einheitlicher Währung bietet.

Dieses europäische Umfeld, in dem Banken und Unternehmen agieren, wird sich in den kommenden zwei Jahrzehnten stufenweise verändern. Aller Voraussicht nach startet die Europäische Währungsunion 1999 mit einer Kerngruppe von Ländern, zu denen Deutschland, Frankreich, die Benelux-Staaten, Österreich sowie möglicherweise Finnland und Irland gehören werden. Damit ist der 1. Januar 1999 für die Banken zu einem Schlüsseldatum geworden. Keine international tätige Großbank kann es sich leisten, diesen Termin unvorbereitet auf sich zukommen zu lassen. Dies bedeutet enorme technisch-organisatorische Vorarbeit, bei der man wohl hier und da – schon wegen der Kürze der Zeit – auch »improvisieren« muß.

Auf mittlere Sicht ist damit zu rechnen, daß sich der Euro-Währungsraum weiter ausdehnt, sobald die zunächst nur über einen neu zu schaffenden Wechselkursmechanismus (EWS II) an die EWU angebundenen Staaten wirtschaftlich für eine Vollintegration reif sind. Bei dieser sukzessiven Erweiterung tritt für die Banken der technisch-organisatorische Aspekt mehr und mehr in den Hintergrund, da sie bereits auf eine dann bestehende Infrastruktur zurückgreifen und auf ihr aufbauen können. Strategisch muß diese Phase jedoch bereits heute mit in die Überlegungen einbezogen werden ebenso wie die schon jetzt absehbare Erweiterung der EU nach Mitteleuropa hin. Diese Länder haben Assoziierungs-Abkommen mit der Europäischen Union abgeschlossen, und einige von ihnen befinden sich bereits in der Warteschleife für eine EU-Vollmitgliedschaft. Die realwirtschaftliche Verflechtung wird somit auf dem gesamten europäischen Kontinent noch enger werden. Man muß sich deshalb darauf einrichten, daß auch einige mitteleuropäische Staaten ihre Landeswährungen in irgendeiner Weise an den Euro als Stabilitätsanker anbinden werden.

Für die gesamtstrategische Ausrichtung einer international tätigen Großbank ist es wichtig, diese europaspezifischen Entwicklungen in einen noch breiteren Kontext zu stellen. Die real- und geldwirtschaftliche Integration in der EU ist sowohl Ausprägung als auch Katalysator der zunehmenden Markt-Globalisierung. Seit Mitte der achtziger Jahre haben die internationalen und interregionalen Güter- und Zahlungsströme doppelt so rasch zugenommen wie die Produktion. Grenzüberschreitende Direktinvestitionen und Kapitalbeteiligungen sind viermal so stark gewachsen wie die gesamte inländische Kapitalbildung weltweit. Allein in den acht größten Finanzzentren handelt man heute täglich Devisen im Gegenwert von 1,3 Billionen US-Dollar. In diesem Umfeld verschärft sich nicht nur der Leistungswettbewerb, sondern auch in zunehmendem Maße der Standortwettbewerb.

Neue Strategien sind gefragt

Vor diesem Hintergrund und mit Blick auf das Europa nach der Jahrtausendwende lautet für eine Bank die strategische Alternative »Expandieren oder Spezialisieren«. Sie impliziert die Beantwortung zweier geschäftspolitischer Grundsatzfragen: zum einen, ob man quasi flächendeckend in allen europäischen Ländern präsent sein oder sich auf Kernregionen beschränken will; und zum anderen, ob man mit der gesamten Angebotspalette einer Universalbank in sämtlichen Marktsegmenten oder spezialisiert nach Produkten und/oder Kundengruppen agieren will. Darüber hinaus geht es um die Optimierung der Vertriebswege: Welche Produkte lassen sich auf welchem Wege am besten an die jeweiligen Zielgruppen heranbringen?

Die großen deutschen, international tätigen Kreditinstitute sind in aller Regel bereits den Weg gegangen, ihre traditionelle Angebotspalette auszubauen und sich zu regelrechten Finanzzentren zu entwickeln, die Privathaushalten und Unternehmen im Rahmen eines Allround-Service sämtliche relevanten Produkte rund ums Vorsorgen und Investieren anbieten, zunächst in der Bundesrepublik und – hierauf aufbauend – auch in ausgewählten europäischen Märkten.

Dabei haben sich nationale Grenzen immer mehr verwischt – eine Tendenz, die mit der bevorstehenden »Fusion« bisher eigenständiger Währungsgebiete noch deutlicher zutage tritt.

Die Banken werden sich einer weiter steigenden Nachfrage nach grenzüberschreitenden Anlagen, Finanzierungen und sonstigen Finanzdienstleistungen gegenübersehen. Dabei können die international erfahrenen Institute entscheidende Vorteile ausspielen; sie sind deshalb auch für den Mittelstand als »Hausbank-Verbindung« unersetzlich ebenso wie als »Core Bank« für multinationale Unternehmen.

Hinzu kommt, daß der Bankkunde heute nicht nur einzelne voneinander isolierte Finanzprodukte nachfragt, sondern immer umfassendere Beratung – auch Unternehmensberatung im weitesten Sinne – und komplette Problemlösungen im Sinne eines *financial engineering* wünscht. Dieses dürfte künftig noch mehr an Bedeutung gewinnen, wobei das Preis-Leistungs-Bewußtsein weiter zunehmen wird.

Gleichzeitig gilt es jedoch, weiterhin die Vorteile der Arbeitsteilung und Spezialisierung zu nutzen. Diese sind kennzeichnend für hochentwickelte Volkswirtschaften und letztlich auch eine logische Antwort auf die zunehmende Komplexität der Güter- und Finanzmärkte. Eine verfeinerte Kunden-Produkt-Segmentierung schlägt sich auch in der Organisationsstruktur nieder, etwa in der Bildung spezialisierter Unternehmenseinheiten innerhalb einer Finanzgruppe, die nebeneinander unterschiedliche Kundenkreise mit verschiedenen Produkten im Heimatmarkt, im europäischen Ausland oder weltweit bedienen. Die Universalbank entwickelt sich insoweit zu einem Flottenverband von Spezialbanken mit jeweils eigener Kunden-, Produkt- und Ertragsverantwortung.

Für kleinere und mittlere Banken wird es schwieriger, in allen Marktbereichen präsent zu sein. Diese Institute haben dann gute Chancen, längerfristig im Wettbewerb zu bestehen, wenn sie ihr Angebot auf spezielle Marktsegmente fokussieren. Die Tendenz zu größeren Finanzkonzernen ist daher begleitet von einer anderen Trendlinie, die gerade das Entstehen von »Spezialisten« begünstigt, die sich mit ihrem Angebot auf bestimmte Produkte oder eine bestimmte Kundengruppe konzentrieren.

Im Zuge von Expansion und Spezialisierung sowie des damit einhergehenden Wettbewerbs wird es zu einem verstärkten Ausleseprozeß kommen. Regionale Filialnetze beziehungsweise kleinere regionale Institute werden an Wettbewerber veräußert, die in Verbindung mit ihrem bestehenden Netz das überregionale Filialbankgeschäft ertragreicher gestalten können. Dies bedeutet keineswegs ein Gegeneinander einzelner Institutsgruppen – etwa Banken contra Sparkassen oder Sparkassen contra Genossenschaftsbanken. Jede Gruppe hat ihre strategischen Fragen zu beantworten. Auch werden nicht »die Großen die Kleinen fressen, sondern die Schnellen die Langsamen«. Wie rasch sich einzelne Institute auf die neue Welt der Währungsunion einstellen, ist nicht eine Frage der Größe, sondern der Innovationsfähigkeit des Managements und der Flexibilität der Mitarbeiter.

Der Strukturwandel im Bankensektor wird noch aus einem anderen Grund zunehmen. Denn die erhöhten Anforderungen an das technologische Rüstzeug verlangen nicht nur enorme Investitionen, sondern setzen auch die Schwelle für das kritische Geschäftsvolumen herauf, das notwendig ist, um diese Investitionen tragen zu können. Das kann zur Konzentration führen, aber auch zur Outsourcing-Entscheidung unabhängiger Finanzdienstleistungs-Anbieter in gemeinsame Service-Töchter.

Deutlich verändern wird sich auch die Struktur der Vertriebswege. In Zukunft führen viele Wege zum Verkauf (Direct Marketing, Direct Mailing). Der rapide Fortschritt der Kommunikationstechnik verlagert standardisierte beziehungsweise standardisierbare Prozesse in der Kunde-Bank-Beziehung immer mehr auf elektronische Kommunikations- und Abwicklungsmedien. Für die Banken ist es daher eine besondere Herausforderung, ihre eigenen Finanzdienstleistungen mit den Technologien und dem Anwendungswissen der Software-Industrie und der Betreiber nationaler und internationaler Netze zu kombinieren. An dieser Stelle ist künftig mehr als jemals zuvor die Markteintrittsmöglichkeit für Nicht-Banken mit entsprechendem elektronischem Know-how und Kundenkenntnis durch Kundendatenbanken gegeben.

Eines ist sicher: Die Wettbewerbsintensität unter den Finanzinstituten wird mit der Währungsunion weiter zunehmen. In einzelnen Bereichen ist sogar mit verringertem Geschäft zu rechnen. Man darf dabei aber nicht aus dem Auge verlieren, daß auf der anderen Seite die großartigen Chancen stehen, die ein einheitlicher europäischer Markt mit einer einzigen Währung und die Neupositionierung des Finanzplatzes Europa an Ertragspotential bieten. Für die Banken ist das Europa der Zukunft eine strategische Herausforderung ohnegleichen.

ZUR PERSON

Dr. Wolfgang Kaske
1931 in Königsberg geboren,
studierte von 1951 bis 1955
Rechtswissenschaften in Köln;
1959 promovierte er zum Dr. jur.
Von 1959 bis 1960 arbeitete er
als Rechtsanwalt in einer Kölner
Anwaltssozietät. 1961 wurde er Syndikus
und Leiter der Rechtsabteilung der
Central Krankenversicherung AG
und ihrer Tochtergesellschaft,
der Bonner Lebensversicherung AG.
1965 übernahm er zusätzlich die Leitung
der Abteilung Vermögen, Hypotheken
und Recht der Agrippina Lebensversicherung AG. Ab 1967 Vorstandsmitglied
der Central Krankenversicherung,
wurde er 1984 zum Vorstandsvorsitzenden
ernannt. Von 1985 bis 1988 war er
Mitglied des Vorstands der Aachener und
Münchener Beteiligungsgesellschaft (AMB).
Nach seiner Tätigkeit als Vorstandsvorsitzender
der Volksfürsorge Versicherungen
übernahm Wolfgang Kaske von 1992 bis 1997
den Vorsitz im Vorstand der AMB
und ist seit 1998 Mitglied des Aufsichtsrats.

Wolfgang Kaske

Dr. Reinfried Pohl oder Der Erfolg einer Idee

Porträt einer Unternehmerpersönlichkeit

Wer sich an ein Porträt Reinfried Pohls heranwagt, sollte zunächst nach seinen Wurzeln suchen, die ihn maßgeblich geprägt haben. Das Wissen um das »Woher« macht es leichter, das »Warum« und »Wohin« zu erklären und zu verstehen.

Geboren am 26. April 1928, gehört Reinfried Pohl zu der Generation, die aus der Zeit des Krieges außer dem Leben nichts retten konnte. In der damals haßerfüllten Zeit ist er nach über einjährigem Kriegseinsatz mit seiner Mutter aus Böhmen nach Halle an der Saale vertrieben worden. Sein Vater starb 1946 im Konzentrationslager Bautzen in der damaligen sowjetischen Besatzungszone.

In Halle an der Saale hat Reinfried Pohl 1946 sein Abitur gemacht. Er gehörte schon im Herbst 1945 zu den Gründern der Liberal-Demokratischen Partei in Sachsen-Anhalt und wurde 1948 in den damaligen Reichsvorstand der LDP berufen. Dieses Wirken zugunsten einer demokratischen Partei in einem Land, das die Kommunisten zunehmend rigoroser in den Griff nahmen, wäre Reinfried Pohl fast zum Verhängnis geworden. Ein Hinweis auf seine bevorstehende Verhaftung zwang ihn zu seiner zweiten Flucht, die ihn nach Marburg an der Lahn führte, jene beschauliche Universitätsstadt, der er bis heute die Treue hält, in der er mit seiner Familie lebt und in der seine beiden Söhne eigene Familien gegründet haben. In Marburg hat Reinfried Pohl studiert und zum Dr. jur. promoviert. Sein Studium hat er als Werkstudent finanziert.

Der Einstieg ins Berufsleben war eher untypisch für einen Juristen. Im Außendienst eines der namhaftesten deutschen Industrieversicherers lernte er das Versicherungsgeschäft von der Pike auf kennen. Die Faszination des Verkaufens ließ ihn von da an nicht mehr los. Er lernte mit dem dauernden Auf und Ab von Erfolg und Mißerfolg umzugehen. Er erkannte seine Gabe, auf Menschen zuzugehen und durch Vertrauen zu überzeugen. Seine Beharrlichkeit, ja Hartnäckigkeit half ihm, mit Rückschlägen zu leben und sie positiv umzukehren. Das Wissen, daß auch derjenige vorankommt, der einmal stolpert und hinfällt, hat ihn bereits damals beflügelt.

Ein Verkäufer ist wie kein anderer darauf angewiesen, ergebnisorientiert zu denken und zu handeln. Erfolgreich ist, wer nicht nach Schuldigen für Niederlagen und Problemen sucht, sondern sich der Problemlösung zuwendet. Reinfried Pohl entwickelte bereits in dieser frühen Zeit ein hohes Maß an Zähigkeit und Willenskraft.

Er lernte aber auch, mit Widerständen und Vorurteilen umzugehen. Das Image eines vermeintlichen Klinkenputzers ist ihm nur zu gut vertraut. In dem Bewußtsein, eine nützliche Dienstleistung zu erbringen, hat er sich darüber hinweggesetzt. Widerstände als Chance zu nutzen, sollte sich daher zu einem seiner Prinzipien entwickeln. Das Wissen um die Psyche eines Verkäufers ist einer seiner Erfolgsgründe. Es verhalf ihm zu Glaubwürdigkeit und Akzeptanz bei seinen Mitarbeitern, die in ihm nicht den entrückten Unternehmer, sondern das Vorbild und manchmal auch die Vaterfigur sehen.

Im Umgang mit Negativerlebnissen ist Reinfried Pohl gewachsen. Jede Niederlage war ihm seine nutzbringende Erfahrung, die ihn noch erfolgreicher gemacht hat. Er erlebte aus nächster Nähe mit, wie die kriminelle Energie einiger weniger eine der erfolgreichsten Investmentgesellschaften der Welt in den Ruin trieb und Millionen von Anlegern um ihr Erspartes brachte. Schließlich meisterte er 1975 den schwierigen Übergang vom Gründer und Vorstand der »Bonnfinanz« in die unternehmerische Selbständigkeit. Damals war er immerhin schon 47 Jahre alt.

Mit einem Startkapital von 100000 D-Mark legte er den Grundstein für seine »Deutsche Vermögensberatung«, deren Grundkapital heute 100 Millionen D-Mark beträgt. Es war nicht die Position des Etablierten, aus der er das unternehmerische Wagnis einging. Vielmehr war es der Glaube an die eigenen Fähigkeiten und der Drang zur unternehmerischen Freiheit, die ihm die Kraft und den Mut für diesen Schritt gaben. Die schmerzlichen Narben seiner beruflichen Vergangenheit saßen tief. Reinfried Pohl wollte sein eigener Herr sein, seine eigenen Ideen verwirklichen und selbst für Erfolg und Mißerfolg geradestehen.

Die Anfänge waren bescheiden. Zwei angemietete Räume beherbergten die Firmenzentrale. Doch schnell stellte sich der Erfolg ein. Das Unternehmen expandierte und mit ihm die Investitionsbereitschaft und unternehmerische Entschlossenheit von Reinfried Pohl. Er war bereit, neue Wege zu gehen, wissend um die Chancen sowie um die Risiken. Im besten Sinne konservativ und der Tradition verpflichtet, sind ihm übereilte Schritte fern. Sparsamkeit und Bescheidenheit liegen ihm näher als Luxus und ein Leben auf Kredit. Da wundert es nicht, daß das unternehmerische Wachstum ausschließlich aus den im Unternehmen verbliebenen Gewinnen finanziert wurde.

Ich lernte Reinfried Pohl kennen, als ich den Kooperationsvertrag der »Central Krankenversicherung« mit der »Bonnfinanz«, deren damaliger Chef er war, vereinbarte. Aus dieser ersten Erfahrung heraus hat sich dann in den späteren Jahren ein enges partnerschaftliches Miteinander zwischen der »Aachener und Münchener Gruppe« und der »Deutschen Vermögensberatung« entwickelt.

Am Anfang dieser Partnerschaft galt es, enorme Schwierigkeiten zu überwinden, vor allem im Verständnis füreinander. Zu unterschiedlich waren die Denkweisen und die Erwartungen beider Seiten. Nicht nur bei den Verantwortlichen an der Spitze, sondern vor allem in den nachgeordneten Bereichen, in denen die Zusammenarbeit bewältigt werden mußte, war ein generelles Umdenken erforderlich. Das klassische Denkmuster, wonach jede Produktsparte versucht, ihr eigenes Geschäft so gut als eben möglich zu entwickeln und im Markt zu positionieren, war im Hinblick auf diesen neuen Vertriebspartner überholt. Der Versicherungsmarkt war zu diesem Zeitpunkt noch gut abgeschottet und traditionell organisiert. Vertrieb fand durch den Einfirmenvertreter und vielfach durch angestellte Mitarbeiter statt.

Das von Reinfried Pohl gewollte Allfinanz-Konzept war revolutionär und stieß auf breites Mißtrauen. Er entwickelte seine Strategie aus der Bedarfssituation des Kunden und hatte erkannt, daß es in Zukunft weniger um den Produktverkauf als um das Angebot einer Dienstleistung gehen würde. Nur so konnte er sich vom Markt abheben und unverwechselbar werden. Die Bündelung von Wissen im Bank-, Bauspar- und Versicherungsbereich in der Person des Verkäufers war für ihn die Lösung. Er schuf das Berufsbild des Vermögensberaters nach dem Vorbild des Steuerberaters und Rechtsanwalts.

Reinfried Pohl wußte auch um das besondere Vertrauensverhältnis zwischen Kunden und Vermögensberater, wenn es um die persönlichsten finanziellen Angelegenheiten geht. Er führte zum Vergleich immer wieder den Beruf des Arztes an, um die Tätigkeit eines Vermögensberaters zu beschreiben. Der Hausarzt mit seiner Fähigkeit, praktische Hilfe zu erteilen und bei Bedarf den Spezialisten hinzuzuziehen, war Vorbild für sein Allfinanz-Konzept. Diese auf einen sehr pragmatischen Ansatz ausgerichtete Vorgehensweise hatte vor allem zum Inhalt, sich auf die sogenannten »Grundnahrungsmittel« zu beschränken und die »Spezialitäten« anderen zu überlassen. Der Verzicht auf risikobehaftete und spekulative Angebote gehört ebenso dazu wie das Bekenntnis zu staatlich kontrollierten Angebotsformen.

Einmal nach dem Geheimnis seines Erfolges befragt, sagte Reinfried Pohl, daß es eben dieser Verzicht gewesen sei, der ihn so weit gebracht habe. In der Tat spricht einiges für diese These. Die Ausschließlichkeitsbindung, also die Beschränkung auf einige wenige Produktpartner seiner Deutschen Vermögensberatung steht hierfür ebenso wie die Beschränkung im Produktangebot und die Konzentration auf den deutschsprachigen Markt. Dennoch würde man ihm nicht gerecht werden, wenn man nicht auch die andere Seite sehen würde. So hat er die Chance der Investment-Idee rechtzeitig erkannt und großen Bevölkerungskreisen nahegebracht. Die Fondsgebundene Lebensversicherung ist seine Schöpfung und erlebt aktuell zunehmende Bedeutung. Auch hat er bereits zu Beginn der achtziger Jahre die Bedeutung der Technologie für den Verkauf erkannt und in die Entwicklung von leistungsfähiger Hard- und Software investiert.

Reinfried Pohl brachte diese Innovationsbereitschaft in die Zusammenarbeit mit der Aachener und Münchener Gruppe ein. Er fand einen Partner, der ihm half, diese Ideen umzusetzen. Nicht immer mit ungeteilter Begeisterung, aber letztlich im Bewußtsein, daß es um den gemeinschaftlichen Nutzen ging. So ist diese Partnerschaft Stück um Stück gewachsen. Die Wertigkeit und der Erfolg dokumentieren sich in den Geschäftsberichten der einzelnen Unternehmen. Ohne die Leistung der Deutschen Vermögensberatung und von Reinfried Pohl stünde die Aachener und Münchener Gruppe heute nicht auf einem Spitzenplatz im deutschen Finanzgeschehen.

Wie kann es gelingen, über 15000 Menschen für eine Idee zu begeistern und sie zu immer neuen Leistungen anzuspornen? Wer Reinfried Pohl beobachtet, erkennt schnell, daß er versucht, mit Argumenten zu überzeugen. Seine Sprache ist einfach und verständlich. Er meidet Fremdwörter. Es ist weniger rhetorische Brillanz als die Fähigkeit, sich in seinen Gesprächspartner hineinzuversetzen. Er ist ein Mann der leisen Töne, was dazu führen kann, daß er von Gesprächspartnern, die ihm nicht so genau zuhören, unterschätzt wird. Und Reinfried Pohl ist auch in Zeiten großen wirtschaftlichen Erfolgs bescheiden geblieben.

Er verfolgt seine unternehmerischen Interessen hartnäckig, mit großer Energie, aber er hat auch die Gelassenheit und Souveränität, Abstand zu nehmen und Einwände oder Vorschläge zu akzeptieren.

Die Nähe zu seinen Vermögensberatern hat er sich bewahrt. Es ist die Achtung vor der Individualität der Persönlichkeit und der Wille zu helfen, wann immer Not am Mann ist. Er kämpft für die Interessen eines jeden einzelnen, fordert aber ebenso, daß sich jeder der Gemeinschaft unterordnet. Dies schafft eine große Harmonie und Vertrautheit im Umgang miteinander und ist die Grundlage für ein außergewöhnliches Zusammengehörigkeitsgefühl.

Reinfried Pohl hat die Bedeutung des Lebenspartners und der Familie für den beruflichen Erfolg früh erkannt. Die Schulungs- und Ausbildungszentren der Deutschen Vermögensberatung sind aus diesem Grund auch Stätten der Begegnung für die Familien. Den Wert einer harmonischen Beziehung hat er stets betont und dabei aus eigener guter Erfahrung gesprochen. Seine Frau steht seit fast vierzig Jahren an seiner Seite. Sie hat alle Höhen und Tiefen seiner beruflichen Karriere miterlebt und ihm das notwendige Verständnis entgegengebracht. Sie hat ihn unterstützt, wann immer es möglich war. Für sie ist es selbstverständlich, ihren Mann bei seinen vielen Wochenendveranstaltungen zu begleiten. Damit war und ist sie ein großes Vorbild.

Seine Erfahrungen hat Reinfried Pohl bereits frühzeitig an seine beiden Söhne weitergegeben und sie damit zu einem festen Bestandteil seines unternehmerischen Konzepts gemacht. Sie führen das Unternehmen mit ihm gemeinsam und gewähren damit die Sicherheit für die Fortführung seines Lebenswerks. Auch in dieser Frage hat er einmal mehr seinen Weitblick unter Beweis gestellt.

Reinfried Pohl hat gelernt mit Enttäuschungen zu leben. Auch persönliche Anfeindungen bis hin zur Beleidigung sind ihm nicht fremd. Er mußte zulassen, daß er und seine Vermögensberater diffamiert wurden. Zu seinen Erfahrungen gehört, daß Erfolg Neid hervorruft und Mißtrauen sät. Dies zu überstehen konnte nur gelingen, weil er unbeirrt seinen Weg ging und nie die Gabe verlor, sich selbst wieder aufzurichten und immer wieder neu zu motivieren. Er hat bittere Zeiten erfahren, die ich an seiner Seite miterleben konnte. Aber er hat sich durchgekämpft, sich behauptet. Dies alles war nur möglich, weil er ein visionäres Konzept hatte, eine bestechende Idee.

Es gibt die Erfahrung, daß Menschen, wenn sie älter werden, den Blick eher zurück als in die Zukunft richten. Für Reinfried Pohl trifft dies nicht zu. Er ist ein in sich ruhender Mensch mit Wertvorstellungen im besten konservativen Sinn, bei dem Fürsorge und Verantwortung für seine Familie dominieren, der aber zugleich von neuen Techniken und Zukunftsstrategien fasziniert ist.

Zu seinen Visionen gehört die Errichtung der Hotelanlage »Vila Vita Parc« an der portugiesischen Algarve. Er hat damit in wenigen Jahren ein touristisches Refugium von internationalem Rang geschaffen, das in seiner Art einmalig ist. Was zunächst ausschließlich als Schulungsstätte für seine Vermögensberater gedacht war, wurde zu einem mit einer Vielzahl von Auszeichnungen dekorierten 5-Sterne-Hotel. Die Bilder dazu sind in seinem Kopf gewachsen, und er hat die Fähigkeit sie Wirklichkeit werden zu lassen.

Reinfried Pohl führt sein großes Unternehmen so, wie ein Dirigent sein Orchester zu besonders großer Leistung motiviert: Er weiß um die Bedürfnisse der Menschen, auch um solche, die jenseits von Angebot und Nachfrage stehen. Er hält die Fäden geschickt in der Hand, und er begegnet den Menschen großzügig und vertrauensvoll, aber immer auch mit jenem Maß von Distanz, das in den langen Erfahrungen seines Lebens gereift ist. Reinfried Pohl ist auch deshalb eine bedeutende Unternehmerpersönlichkeit geworden, weil er neben all dem, was ich schon charakterisiert habe, die Fähigkeit hat, Gegebenheiten und Entwicklungen früher als andere zu erfassen.

Reinfried Pohl ist als Unternehmer immer schneller und zielstrebiger als viele andere seinen Weg gegangen. Er war mutiger und ideenreicher als die, die mit ihm im Wettbewerb standen. Herausforderungen haben ihn stets beflügelt. Er hat das erfolgreichste Unternehmen seiner Art aufgebaut und sich damit nahtlos in die Reihe der bedeutendsten deutschen Unternehmerpersönlichkeiten der Nachkriegszeit eingereiht. Aber was viel mehr zählt, ist, daß er eine Idee geboren hat, diese Idee zum Erfolg führte und damit zum Vorreiter einer Entwicklung wurde. Reinfried Pohl hat mit seiner Allfinanz-Konzeption Geschichte geschrieben.

DR. REINFRIED POHL
1928 in Zwickau im Sudetenland geboren. Nach der Einberufung zum Luftwaffenhelfer, noch vor Vollendung seines 16. Lebensjahres, und aktivem Kriegseinsatz an der Ostfront kam er im Rahmen der Vertreibung aus dem Sudetenland 1945 nach Halle an der Saale. Im gleichen Jahr starb sein Vater im seinerzeitigen sowjetischen Lager Bautzen. Nach dem Abitur 1946 in Halle mußte er aus politischen Gründen erneut fliehen. In Marburg studierte er als Werkstudent Rechtswissenschaften und promovierte 1953 zum Dr. jur. Nach anschließenden Tätigkeiten in leitenden Positionen der Versicherungswirtschaft gründete er 1970 die Bonnfinanz AG und 1975 die heutige Deutsche Vermögensberatung AG, die er als Alleinvorstand leitet.

Interview mit Dr. Reinfried Pohl

Im folgenden Interview gibt Dr. Reinfried Pohl Antworten auf Fragen nach den Grundlagen und Prinzipien seines unternehmerischen Konzepts.

Herr Dr. Pohl, Sie sind der Begründer der Allfinanz-Konzeption in Deutschland. Diese unternehmerische Strategie hat die Deutsche Vermögensberatung zu großen Erfolgen geführt – über 2,5 Millionen Kunden schenken Ihnen ihr Vertrauen. Die mehr als 15 000 Vermögensberater der Gesellschaft haben im vergangenen Jahr Produkte für über 25 Milliarden D-Mark Vertragsvolumen verkauft. Wo liegt der Schlüssel zu diesem Erfolg?

Sie fragen nach den Essentials. Richtig ist, wir haben inzwischen mehr als zwanzig Jahre Erfahrung mit der Allfinanz-Idee, aber sie ist noch immer revolutionär. Wir haben die Finanzwelt damit beeindruckt. Mit unserer Konzeption haben wir traditionelle Barrieren, zementierte Strukturen überwunden, indem wir die Vorteile der unterschiedlichen Vertriebswege von Banken und Versicherungen miteinander verbunden haben. Das klingt auf Anhieb ziemlich einfach, ist es aber wirklich nicht. Denn aus diesem grundlegend neuen Ansatz ergeben sich viele weitreichende Konsequenzen.

Dann tauchen wir doch ein in die Details. Was macht die Substanz Ihrer Allfinanz-Konzeption aus?

Allfinanz bleibt dann ein Modewort, wenn man sich auf das Angebot von Produkten aus dem Bank-, Versicherungs- und Bausparbereich beschränkt, wie das so manche tun. Aus meiner Sicht ist das eine reine Selbstverständlichkeit und damit noch kein Schlüssel zum Erfolg. Zu dem branchenübergreifenden Angebot an Produkten müssen noch weitere Voraussetzungen hinzukommen. So ist – zum Beispiel – das Allfinanz-Angebot nur dann erfolgreich, wenn es nur von einer Person dem Kunden unterbreitet wird. Deshalb habe ich mit dem Vermögensberater einen neuen Beruf geschaffen, der diesem Anspruch des vielfältigen Angebots aus einer Hand gerecht werden kann.

Welche Vorteile hat der Kunde?

Die Interessen des Kunden müssen absoluten Vorrang vor Produktinteressen haben. Der Vermögensberater muß also unabhängig von einem Produkt beraten und vermitteln können. Diese Voraussetzung nenne ich Branchenunabhängigkeit. Der Vermögensberater muß kein bestimmtes Produkt verkaufen, er kann im Interesse und je nach den persönlichen Zielen und der Leistungsfähigkeit des Kunden auswählen. Das ist ein entscheidender Vorteil für den Kunden.

Branchenunabhängigkeit ist gewiß ein entscheidender Vorteil. Aber es gibt auch Stimmen, die sagen, ein Vermögensberater muß völlig frei sein in seinem Aktionsradius, er sollte nicht mit einem Konzern zusammenarbeiten. Diese Forderungen gehen also über die Branchenunabhängigkeit im Angebot hinaus.

Kritiker sprechen von einer konzernabhängigen Beratung. Ich halte eine solche gewollte Zusammenarbeit mit einem bestimmten Versicherungskonzern oder einer Bausparkasse für ganz normal. Und mit dieser Auffassung befinde ich mich in bester Gesellschaft. Denn wer käme zum Beispiel auf die Idee, daß eine Beratung bei der Deutschen Bank oder einer Sparkasse von vornherein zu kritisieren wäre, nur weil man dort konzerngebunden ist? Die Volksbanken haben sicherlich noch keinen Kunden zu einer Sparkasse geschickt, wenn sie ihn nicht loswerden wollten.

Das billigste Angebot, so heißt es oft, ist das beste für den Kunden ...

Das klingt theoretisch ganz schön, aber es stimmt nicht, und es ist auch nicht zu realisieren. Ich habe großen Respekt vor den Leistungen der Elektronischen Datenverarbeitung, aber aus einem Computer kann doch nur dann etwas Richtiges herauskommen, wenn nichts Falsches oder Unvollständiges hineingegeben wird. Woher bekomme ich Tag für Tag die Daten aller Finanzinstitute, um festzustellen, wo aus Hunderten von Versicherungsgesellschaften, Bausparkassen und Tausenden von Kreditinstituten die besten Konditionen gewährt werden? Wer setzt den Maßstab? Wer beurteilt gleichzeitig, welches Produkt mit welchen Facetten das richtige Angebot für den Kunden ist? Ist das billigste Angebot wirklich das beste? Auf die Automobilindustrie übertragen, würde das bedeuten, daß Mercedes aus dem Straßenbild verschwunden sein müßte. Mit wieviel Instituten, so frage ich, müßte ein Vermögensberater zusammenarbeiten, Tarife und Konditionen und rechtliche Fragen anpassen und abklären, Provisionen abrechnen und Versorgungsansprüche durchsetzen? Das wäre doch völlig unrealistisch.
Die Grundfrage im Interesse des Kunden lautet doch ganz anders: Was nützt einem Kunden die angeblich beste Lebensversicherung, wenn er gar keine gebraucht hätte, sondern einen Bausparvertrag oder ein Investmentangebot! Aus dieser Fragestellung ergeben sich die großen Chancen für die Allfinanz-Konzeption.

Nun steht der Vermögensberater im Einzelfall immer auch vor der Frage, ob er dem Kunden zu einer konservativen oder zu einer risikoreichen Anlage rät. Wo ziehen Sie für Ihr Unternehmen hier die Grenzen?

Schon als Jurastudent lernt man, daß auch Unterlassen ein entscheidendes Handeln ist. Was die Deutsche Vermögensberatung betrifft, so habe ich entschieden, daß wir keine Produkte des sogenannten grauen Kapitalmarkts anbieten. Diese Produkte, die eine höhere Rendite versprechen, sind für den normalen Bürger zu risikobehaftet. Außerdem verzichten wir auf das Angebot von Spezialprodukten, die ein Zuviel an Ausbildungs- und Verwaltungsaufwand erfordern. Wir beschränken uns auf die Basisprodukte im breitgefächerten Finanzdienstleistungsangebot.

Nun trägt Ihr Unternehmen den Begriff »Vermögen« im Firmennamen. Wie verträgt sich dieser Anspruch mit der auf breite Bevölkerungsschichten ausgerichteten Allfinanz-Idee Ihrer Prägung?

Uns geht es nicht darum, jeden zum Millionär zu machen oder Millionäre noch reicher werden zu lassen. Aber »Vermögen« anzustreben oder zu haben – das darf nicht negativ bewertet werden. Unsere Konzeption und Beratung ist auf breite Bevölkerungsschichten ausgerichtet. Ihnen wollen wir den Weg zu einem erreichbaren Vermögen aufzeigen, ohne daß sie sich dabei in ein Risiko begeben. Zugleich achten wir darauf, daß ein Vermögensaufbau immer auch eine Vermögensabsicherung benötigt, wenn man nicht ein Haus ohne Dach bauen will. Wir leisten damit auch eine große gesellschaftspolitische Arbeit und bewirken damit zugleich eine soziale Stabilisierung in unserem Land.

Allfinanz erfordert vom Vermögensberater eine gute Ausbildung und viel Zeit für den Kunden. Ist dies garantiert?

Eine fundierte, breitgefächerte Ausbildung ist die Grundlage für eine hohe Beratungskompetenz und damit für dauerhaften Erfolg beim Kunden. Bei sehr komplexen Sachverhalten sollten Spezialisten zur Beratung hinzugezogen werden. Die Deutsche Vermögensberatung wird in diesem Jahr rund 50 Millionen D-Mark in die Aus- und Weiterbildung der Vermögensberater investieren. Was den Umgang mit dem Kunden betrifft, so ist dafür ein hoher Zeitaufwand notwendig. Ort und Zeit einer Allfinanz-Beratung müssen dem Wunsch des Kunden angepaßt werden. Und das heißt: Beratung auch in der Wohnung, auch am Abend, auch am Wochenende und an Feiertagen.

Sehen Sie wesentliche Unterscheidungsmerkmale zwischen Ihren Leistungen und anderen erfolgreichen Unternehmensgründern der letzten Jahrzehnte?

Vielleicht darin, daß andere neue Unternehmenskonzeptionen nicht für alle unsere Bürger von großer Bedeutung sind. Ein Beispiel: Im Bereich der rasanten Entwicklung der Technologie gibt es ständig neue und erfolgreiche Unternehmensgründungen. Doch was nutzen die damit verbundenen neuen Dienstleistungen dem einzelnen Bürger, wenn dieser etwa im Alter auf Sozialhilfe angewiesen ist?
Meine Konzeption und die damit verbundenen unternehmerischen Ziele haben im Vordergrund das Bestreben, dem Bürger Wege materieller Sicherheit im Alter aufzuzeigen und nicht in erster Linie immer neue technologische Instrumente an die Hand zu geben.

Mit der De-Regulierung im europäischen Versicherungsmarkt, so befürchten deutsche Gesellschaften, könnten ausländische Unternehmen zu ernsten Konkurrenten in Deutschland werden. Was ist aus dieser Befürchtung geworden?

Sie war von Anfang an unbegründet. Dafür gibt es mehrere

Gründe. Den ausländischen Unternehmen fehlt die Vertriebskraft in Deutschland. Außerdem ist dies eine Frage der Mentalität. Vertrauliche Vermögensfragen kann man nicht mit dem Erwerb von materiellen Gütern aus dem Ausland vergleichen. Hinzu kommen die Sprachbarrieren und vor allem die Furcht, daß eventuelle Streitfälle vor einem Gericht im Ausland ausgetragen werden müßten. Diese Grundeinstellung wird sich auch nach der Einführung des Euro nicht verändern.

Wie ist Ihr unternehmerisches Wirken auf Europa ausgerichtet?

Obwohl die von mir begründete Allfinanz-Konzeption inzwischen auch in vielen Staaten Europas große Akzeptanz gefunden hat, sind wir nur in Deutschland und in geringem Umfang im benachbarten Österreich tätig. Ich beabsichtige bis auf weiteres auch nicht, diese Strategie zu ändern. Hierfür sind keineswegs nur sprachliche Barrieren ursächlich. Auch nicht die durchaus inhaltsreiche Erkenntnis der Worte »Bleib im Lande und ernähre dich redlich«.
Es wird vielmehr noch eine lange Zeit dauern, bis in anderen europäischen Ländern die für unsere Allfinanz-Konzeption notwendigen Rahmenbedingungen gegeben sind. Hierzu gehören neben handelsrechtlichen Vorschriften auch vielseitige Veränderungen im Bereich der Haftung bei Vermittlungstätigkeiten und der Umfang von unterschiedlichen Angeboten für eine individuell geeignete Familien- und Altersversorgung.

Wer wird Ihr Lebenswerk sichern?

Natürlich meine beiden Söhne und später – so hoffe ich – meine derzeit fünf Enkel.
Seit 1984 erfüllen meine Söhne in unserer Unternehmensgruppe wichtige Führungsaufgaben. Es war mir vergönnt, ihnen hierbei ständige Unterstützung durch Übermittlung von in Jahrzehnten gewonnenen Erfahrungen zu geben.

Trotz vieler gegenteiliger Tendenzen in unserer technologisierten Zeit setze ich sehr auf die Kraft einer intakten Familie. Und eine solche steht an der Spitze unserer Unternehmensgruppe. Darin sehe ich nicht nur einen ganz entscheidenden Grund für die in der Vergangenheit erzielten Erfolge, sondern zugleich auch die größtmögliche Zuversicht für einen langen Fortbestand meines Lebenswerkes beziehungsweise einen noch erfolgreicheren Ausbau unserer Aktivitäten in der Zukunft.

Bildnachweis

Agenzia Giornalistica Italia, Rom: 20
Arcades, Vevey (Schweiz): 176
Deutsche Bank AG, Frankfurt (Marc Darchinger): 252
Konrad R. Müller: 194
Helmut R. Schulze, Heidelberg: 30
Siemens AG, München: 94

Die Deutsche Bibliothek – CIP-Einheitsaufnahme

Am Anfang unserer Zukunft:
Weichenstellungen für das 21. Jahrhundert.
Reinfried Pohl zum 70. Geburtstag /
hrsg. von Friedhelm Ost. –
Stuttgart : Deutsche Verlags-Anstalt, 1998
ISBN 3-421-05142-9

Druck und Bindearbeit: Clausen & Bosse, Leck
Printed in Germany
ISBN 3-421-05142-9